汽车专业“十四五”精品教材

U0869238

汽车服务企业管理

（微课版）

主　编　李　琦　张　铮　徐明明
副主编　曹永新　赵海军　沙立君　王基月
王子瑞　李　聪　陈　军　胡　宁

哈爾濱工程大學出版社
Harbin Engineering University Press

内 容 简 介

本书根据汽车服务企业特点及其对企业管理提出的特殊要求，融合先进的管理理论和方法，对汽车服务企业的各项管理进行了系统的论述。本书共分为八章，首先对汽车服务企业管理、汽车营销服务与市场进行了概述和分析；接着对汽车服务企业的人力资源管理、设备管理、财务管理及汽车售后服务管理进行了详细介绍；最后对汽车信息化服务及企业文化等理论知识进行了阐述。

本书可作为应用型本科、职业院校汽车专业的通用教材，也可作为汽车服务企业各层次管理人员、基层员工的培训学习参考书。

图书在版编目（CIP）数据

汽车服务企业管理 ： 微课版 / 李琦，张铮，徐明明主编. —哈尔滨 ： 哈尔滨工程大学出版社，2023.3

ISBN 978-7-5661-3850-7

I. ①汽… II. ①李… ②张… ③徐… III. ①汽车企业—工业企业管理 IV. ①F407.471.6

中国国家版本馆 CIP 数据核字（2023）第 038871 号

汽车服务企业管理（微课版）

QICHE FUWU QIYE GUANLI（WEIKE BAN）

责任编辑 张 曦

封面设计 赵俊红

出版发行 哈尔滨工程大学出版社

社 址 哈尔滨市南岗区南通大街 145 号

邮政编码 150001

发行电话 0451-82519328

传 真 0451-82519699

经 销 新华书店

印 刷 唐山唐文印刷有限公司

开 本 889 mm×1 194 mm 1/16

印 张 11.5

字 数 331 千字

版 次 2023 年 3 月第 1 版

印 次 2023 年 3 月第 1 次印刷

定 价 49.80 元

http://www.hrbeupress.com

E-mail:heupress@hrbeu.edu.cn

前　言

随着汽车产业的快速发展，汽车相关产业的价值链在不断延伸，汽车服务行业的地位变得越来越重要，其竞争也日趋激烈，汽车后市场服务正在向连锁经营和网络化方向发展。党的二十大报告指出，构建优质高效的服务业新体系，推动现代服务业同先进制造业、现代农业深度融合。传统的经营方式、管理手段、管理模式已经远远不能适应现代汽车服务市场竞争的需要。生产经营管理者的经营理念和经营素质成为企业发展的关键。为了满足社会对汽车专业复合型、实用型人才的需要，并结合汽车服务企业发展的现状，院校在培养出更多的“懂管理的技术人员”的同时，培养出更多的“懂技术的管理人员”。

本书在编写的过程中，充分考虑了目前职业教育的特点，力求从生产一线对汽车类专业人才知识、能力的需求出发，注重理论知识和实践能力的有机结合。本书具有以下特点。

（1）注重实用。在编写的过程中，本书从企业岗位需求和学生未来发展两个角度进行内容编排，既注重基础理论和专业知识的系统性，又重点考虑职业技能训练的需求，能够提高汽车类专业学生的学习效率。

（2）通俗易懂。在编写的过程中，本书充分考虑学生文化基础的现实状况，降低对学生文化知识水平的要求，用通俗易懂的语言讲解知识点，力求让学生能够学懂。

（3）综合性强。本书理论知识体系完整，实践性强，能够满足汽车服务企业各层次管理人员、员工、大中专院校师生日常工作和学习的需要。

本书共分为八章，主要包括汽车服务企业管理概述、汽车营销服务与市场分析、汽车服务企业人力资源管理、汽车服务企业设备管理、汽车服务企业财务管理、汽车售后服务管理、汽车信息化服务及企业文化等内容，可以满足培养汽车服务企业复合型管理人才的需要。

本书由李琦（新疆交通职业技术学院汽车工程学院）、张铮（河北省机电工程技师学院）和徐明明（烟台文化旅游职业学院）担任主编，由曹永新（甘肃林业职业技术学院）、赵海军（郑州市国防科技学校）、沙立君（鲁北技师学院）、王基月（郑州科技学院）、王子瑞（乌鲁木齐职业大学）、李聪（天津交通职业学院）、陈军和胡宁（德阳通用电子科技学校）担任副主编。本书的相关资料和售后服务可扫描封底微信二维码或登录 www.bjzzwh.com 下载获得。

本书是编者多年教学实践和相关科研成果的结晶，凝聚了编者的智慧、经验和心血。本书在编写过程中借鉴了大量相关图片，参考了很多汽车厂家的汽车维修资料和国内同行的文献资料，在此一并向相关作者表示真诚的感谢。

由于编者水平有限，书中难免存在疏漏或不足之处，恳请广大师生和读者批评指正。

编　者

2023 年 1 月

CONTENTS

目 录

CONTENTS

目 录

CONTENTS

目 录

第一章

汽车服务企业管理概述

本章导读

汽车服务行业也称汽车后市场，是指汽车从主机厂下线以后，围绕汽车使用过程中的各种服务，涵盖了消费者购买汽车后所需要的一切服务。即汽车服务行业是汽车从下线到报废的过程中，围绕汽车售后使用环节中各种服务而产生的一系列交易活动的总称。

学习目标

1. 了解企业、管理、企业管理的概念。
2. 掌握企业设立的条件和类型。
3. 掌握现代企业制度的主要内容、特征及我国汽车服务企业管理的发展现状。
4. 理解企业如何在创新过程中进行管理。

第一节 现代企业管理概述

一、企业概念

企业概念

企业是以营利为目的，为满足社会需要，实行自主经营、自负盈亏、自我发展、自我约束的法人实体和市场竞争主体。汽车服务企业主要是指从事汽车营销的企业为汽车使用者或消费者提供维修和保障技术服务、配件供应及其他相关服务的企业。

（一）管理主体

从人与人之间的关系来说，上级是管理者，下级是被管理者；从人与物或与资金的关系来说，人是管理者，物或资金是被管理者。管理者是管理的主体，包括企业高层管理者、中层管理者和基层管理者等所有参与管理的人。

（二）管理客体

管理客体包括企业生产经营活动的全过程及全部要素。

（三）管理职能

管理活动是管理者通过实施计划、组织、领导、控制等一系列的管理职能进行的，管理者必须正确地运用这些管理职能，才能高效率、高效益地完成管理任务。

（四）管理目的

管理目的是使企业资源得到优化配置和合理利用，与社会需要和市场需求紧密结合起来，实现最佳的社会效益和经济效益。企业管理的任务是，不仅要合理地组织企业内部的全部生产活动，而且必须把企业作为整个社会经济系统的一个要素，按照客观经济规律，科学地组织企业的全部经营活动。

二、企业设立条件和类型

（一）企业设立条件

1. 企业必须具备的条件

（1）具有开展一定规模的生产经营活动的场所。

（2）生产经营活动的目的是获取利润。

（3）具有一定技能、一定数量的生产者和经营者。

（4）具有法人地位，可进行自主经营、独立核算。

（5）从事社会商品的生产、流通、服务等经济活动。

（6）拥有一定数量、一定技术水平的生产设备和资金。

2. 产权清晰、管理科学、权责明确，能够可不断增强企业的活力和实力

（1）产权清晰。投资者将财产投入企业后，便丧失了对该财产的直接支配权，由公司享有对该财产的支配权利，即法人财产权。法人财产权是指公司拥有由股东投资形成的法人财产，并依法对财产行使占有、使用、受益、处分的权利。出资者所有权表现为出资者拥有的股份，即以股东身份依法享有资产受益、参与重大决策、选择管理者和转让股权等权利。

（2）管理科学。首先，通过规范的组织制度，使企业的权力机构、监督机构、决策机构与执行机构之间互相独立、权责明确。其次，建立科学的企业管理制度，包括企业机构设置、用工制度、工资制度和财务会计制度等，各部门之间相互协作。最后，建立科学的管理体制，包括企业内部健全的产销机制、激励机制、约束机制、相互制衡及发展的机制，使企业的整个生产经营活动达到合理化、规范化。

（3）权责明确。企业在其存续期间，对由各个投资者投资形成的企业法人财产拥有占有、使用、收益、处分的权利。经营者受所有者的委托在一定时期和范围内拥有经营企业资产及其他生产要素并获取相应收益的权利。劳动者按照与企业的合约拥有就业和获取相应收益的权利。

除了明确界定所有者、经营者、劳动者和其他企业利益相关者各自的权利与责任外，还必须使权利和责任相对应或相平衡。在所有者、经营者、劳动者和其他利益相关者之间，建立相互依赖又相互制衡的机制，明确这些利益主体之间的关系，合理分配利益，既相互制约、相互监督，又相互配合、协同一致。

（二）企业类型

在市场经济条件下，企业作为生产经营的主体，拥有在一定法律形式下自主经营和发展所必需的各种权利与义务。由于现代社会经济系统十分复杂，因此作为基本经济单位的企业有着多重属性与复杂形态，按照不同的划分标准，企业可划分为不同的类型。

1. 按照企业制度分类

按照不同的企业制度，可将企业分为个人业主制、合伙制和公司制三种基本类型。

（1）个人业主制企业。个人业主制企业是指个人出资兴办，完全归个人所有和控制的企业，在法律上称为自然人企业，也称个体企业或独资企业。

（2）合伙制企业。合伙制企业是由两个以上的合伙人共同出资，为了利润共同经营，并归若干合伙人共同所有的企业。合伙人出资可以是资金或其他财物，也可以是权利、信用和劳务等。

（3）公司制企业。公司制企业是由许多人集资创办并且组成一个法人的企业，在法律上具有独立人格。公司制企业与个人业主制企业、合伙制企业的重要区别在于，个人业主制企业和合伙制企业都是自然人企业，而公司制企业是法人企业。

2. 按照生产资料所有制的性质分类

按照生产资料所有制的性质不同，可将企业划分为国有企业、集体所有制企业、个人私营企业、混合所有制企业等。

（1）国有企业。国有企业的基本特点是国家作为全体人民的代表拥有企业的财产所有权，企业规模较大，技术设备较为先进，技术力量强，是国民经济的主导力量。

（2）集体所有制企业。集体所有制企业简称集体企业。在集体所有制企业里，企业的生产资料归一定范围内的劳动者共同所有。我国集体所有制企业存在多种具体形式，乡镇企业是集体所有制企业的典型代表。

（3）个人私营企业。个人私营企业是指企业的生产资料属于私人所有，并主要依靠雇员从事生产经营活动的企业。目前，我国私营企业一般有三种形式，即独资企业、合伙企业和有限责任公司。

（4）混合所有制企业。混合所有制企业是指具有两种或两种以上所有制经济成分的企业，如中外合资经营企业、中外合作经营企业及多种经济成分的股份制企业。

3. 按照生产力各要素所占比例分类

按照生产力各要素所占比例的不同，可将企业分为劳动密集型企业、资金密集型企业和技术密集型企业。

（1）劳动密集型企业。劳动密集型企业是指技术装备程度较低、用人较多、产品成本中劳动消耗所占比例较大的企业。换言之，劳动密集型企业是单位劳动力占用的固定资产少、占产品成本比例大及资本有机构成较低的企业，如纺织、食品、服装等企业。

（2）资金密集型企业。资金密集型企业是指在生产中需要投入较多的资金、工人的技术装备程度较高的企业。通常用资金与劳动力的比例来衡量企业的类型，比例高的为资金密集型企业。随着社会生产力的发展和科学技术的进步，各个国家的企业在发展过程中都有一个从劳动密集型转变为资金密集型的过程。资金密集型企业具有技术装备先进、工艺过程复杂、原材料消耗量大和劳动生产率高等特点，如钢铁企业、石油化工企业等。

（3）技术密集型企业。技术密集型企业又称知识密集型企业，是指综合运用先进科学技术成就的企业。这类企业拥有大量的科技人才，需要花费较多的科研时间和产品开发费用，能生产出高、精、尖的产品，如航天企业、大规模集成电路企业等。

我国是发展中国家，目前还是以劳动密集型企业为主。但事实证明，只有大力发展技术密集型企业，才能适应信息化、网络化、全球化的经济发展要求。

（三）汽车服务企业的主要类型

1. 整车销售

企业整车销售（sale）企业可分为新车销售企业和二手车交易企业，其中新车销售企业又分为品牌专营和多品牌经销企业。品牌专营企业具有整车销售、配件供应（spare part）、售后服务（service）、信息反馈（survey）四项主要功能，所以称为 4S 店或四位一体店。这种企业专营某一品牌汽车，集汽车销售与服务于一体，且能得到汽车生产商在技术和商务上的支持，能为消费者提供专业化的服务及优质服务，适合于经营市场保有量较大的汽车品牌和单车价格较高的汽车品牌。多品牌经销企业难以提供专业化的技术服务，容易让消费者产生顾虑。这种经营形式适合于经销技术和服务网络比较规范与完善的汽车品牌或社会拥有量较少的汽车品牌。二手车交易企业的主要业务为二手车回收、车辆评估、技术状况鉴定、二手车买卖、合同拟定、代办过户手续、必要的检测或维修等。

2. 汽车配件销售企业

汽车配件销售企业可分为独立销售企业和连锁销售企业，亦可分为单品种或少品种销售企业和多品种销售企业。

（1）汽车配件独立销售企业。这类企业又可大致分为两大类型：一是批发商或代理商型，主要从事汽车一般配件及精品配件的批发业务，其服务对象是汽车配件零售商中各类汽车维修、美容、装饰企业；二是汽车配件零售商中主要从事汽车一般配件及精品配件的零售业务，其服务对象主要是私车车主。

（2）汽车配件连锁销售企业。连锁销售是经营汽车配件的若干企业在核心企业或总部的领导下，通过规范化经营实现规模效益的经营形式或组织方式。连锁系统像锁链似的分布在各地，形成强有力的销售网络，利用资本雄厚的特点，大批量进货，大量销售，具有很强的竞争力。这种形式在国内外汽车配件销售企业中广泛采用，国外许多经销商已采用这种配件经营方式涌入我国的汽车配件市场。无论国内、国外，汽车配件连锁销售形式都很有发展前景。

3. 汽车维修

按照经营技术条件，汽车维修服务企业可分为三个类别：一类维修服务企业，可以从事汽车大修、总成大修、一级维护和二级维护、车辆小修等综合维修服务业务；二类维修服务企业，可以从事汽车一级维护、二级维护和小修等维修服务业务；三类维修服务企业，只能从事专项修理业务，这种形式的维修企业在我国占有很大的比例。连锁维修服务企业像锁链似的分布在各地，形成强有力的维修服务网络，其利用雄厚的资本，大批量进货和销售，以规范化的维修作业方式、统一低廉的服务价格赢得消费者的信赖，并占领市场。

三、管理的概念与作用

（一）管理的概念

管理作为一种社会实践活动，是伴随着人类的产生而出现的，但是人们对管理形成科学认识的时间还很短暂，管理的理论还很不完善。本书对管理做如下定义：管理是指在社会组织中，管理者为了达成组织的既定目标，通过计划、组织、领导和控制等职能来协调人力、物力与财力等资源的过程。这个定义有四层含义。第一层含义说明了管理采用的措施与手段是计划、组织、领导和控制四项基本活动。这四项活动又被称为管理的四项基本职能。第二层含义指出了第一层含义的对象，即组织中可供支配的各种人力、物力和财力等方面的资源。第三层含义又是第二层含义的目的，即协调人力、物力和财力资源是为使整个组织活动更加富有成效，这也是管理活动的根本目的。第四层含义是指管理是由管理者开展的，有效的管理必须与所处的环境相适应，并根据环境的特点进行活动。

（二）管理的作用

美国国际商业机器公司的创办人托马斯·约翰·沃森曾经讲过这样一个故事，这个故事深入浅出地说明了管理的作用。

有一个男孩买了一条长裤，穿上一试，裤子长了一些。他请奶奶帮忙把裤子剪短一点儿，可奶奶说现在的家务太多，让他去找妈妈帮忙。男孩找到妈妈，而妈妈却说，她今天已经同别人约好了打牌。男孩又去找姐姐，姐姐说自己今天有约会，没有时间帮忙。这个男孩非常沮丧，他担心明天穿不上这条裤子，于是带着这种心情睡着了。

奶奶忙完家务，想起了孙子的裤子，就去把裤子剪短了一点儿；姐姐心疼弟弟，回来后也把裤子剪短了一点儿；妈妈回来后也把裤子剪短了一点儿。可以想象，第二天早上大家会发现这种没有管理的活动所造成的恶果。

由这个故事可以看出，任何集体活动都需要管理。在没有管理者协调时，集体中每个成员的行动方向并不一定相同，甚至可能互相抵触。即使目标一致，由于没有整体的配合，也达不到总体的目标。具体来讲，管理的作用有以下几点。

（1）管理是社会化大生产的客观要求，是人类社会活动和生产的必要条件。从理论上讲，人类的活动不但具有目的性，而且具有相互依存性。这一特征说明，只有有效的管理才能协调人们共同的劳动，最大限度地发挥人力资源的作用，促进人类社会和文明的发展。这同时回答了为什么管理实践与人类历史同样悠久。

（2）管理水平和社会生产的效益水平直接相关，管理在社会生产过程中实质上起到了放大和增效的作用：放大组织系统中人、财、物、信息、技术等要素的作用，增强人与人、人与物、物与物之间的组合效果。第二次世界大战后，日本几乎沦为一片废墟，可在随后的几十年间，日本的经济飞速发展，日本的汽车、家电产品等遍布全世界，国民生产总值跃居世界前列。这一经济奇迹不只是来源于技术领先、资源丰富，还有赖于在相同的物质条件和技术条件下，由于管理水平的不同而产生的效益、效率或速度的差别。这就是管理所产生的作用。

（3）管理是实现企业目标的前提条件。管理和技术是企业发展的两个车轮。美国前国防部部长罗伯特·斯特兰奇·麦克纳马拉说过，美国经济的领先地位三分靠技术，七分靠管理。美国经济竞争力的强大在于其管理方面做了大量工作。多年来，美国对破产企业进行的大量调查结果表明，在破产企业中，几乎有 90% 是管理不善所致。我国许多国有企业陷入了困境，调查显示，80% 以上的亏损企业也是管理不善所致。可见，要想提高我国企业的经济效益，增强市场竞争力，就必须充分认识到管理的重要性，建立适合我国国情的现代管理制度和体系，使管理成为经济发展的有力支持。

（4）管理是实现个人目标的前提条件。人们之所以要加入组织，是因为组织能帮助他们实现自己的目标。但是，一旦人们加入了组织，他们个人目标的实现情况往往取决于组织的管理状况。管理不好，可能使组织成为一大群孤立个人的简单集合体，组织无法发挥群体优势，也无法满足组织成员实现个人目标的愿望。

第二节 现代汽车服务企业管理概述

一、汽车服务企业的概念

广义的汽车服务企业涉及与汽车有关的一切行业。本书从狭义的角度来讨论汽车服务企业。

汽车服务企业是指为潜在和现实汽车使用者与消费者提供服务的企业，主要是指从事汽车营销的企业和为汽车使用者或消费者提供维修与保养技术服务、配件供应及其他相关服务的企业。

汽车产业为国家的支柱产业，在国家经济发展过程中起着举足轻重的作用。汽车工业的飞速发展给汽车后市场带来了前所未有的发展机遇。汽车属于高档耐用消费品，技术含量高，在整个使用寿命期内，都需要专业的技术人员提供专业的帮助，这就给汽车服务企业的生存与发展提供了良好的基础。

我国汽车服务企业从企业经营形式到管理理念经历了由传统经营管理向现代企业公司制管理、由单一经营形式向复合经营形式的转变。汽车品牌专营、多品牌经销、连锁经营、二手车交易、特约汽车维修站、综合汽车维修企业、快捷维修及汽车改装、装饰美容店、汽车金融、汽车保险、汽车租赁及汽车俱乐部等已形成适应汽车消费者多层次需求的服务体系。

据不完全统计，近年来，我国汽车服务企业数量以每年 10% 左右的速度增长。另外，随着国际服务贸易堡垒的打破，国外汽车服务企业也在大量涌入我国市场，致使汽车服务市场竞争日趋激烈。

在竞争日益激烈的汽车服务市场中，汽车服务企业提高市场竞争力的重要手段是加强企业经营管理。

二、汽车服务企业的分类

汽车服务企业的分类方式很多，常见的有以下几种。

（一）按照服务的技术密集程度分

按照服务的技术密集程度，汽车服务企业可分为技术型服务与非技术型服务。

技术型服务包括汽车厂商售后服务、汽车维修检测服务、智能交通服务、汽车故障救援服务和二手车交易服务等。除技术性服务以外的其他服务为非技术型服务，如汽车金融服务、汽车广告服务、汽车信息服务等。

（二）按照服务行业的资金密集程度分

按照服务行业的资金密集程度，汽车服务企业可分为金融类服务和非金融类服务。

金融类服务包括汽车消费信贷服务、汽车租赁服务和汽车保险服务等，其他服务为非金融类服务。

（三）按照服务的知识密集程度分

按照服务的知识密集程度，汽车服务企业可分为知识密集型服务和劳务密集型服务。

知识密集型服务包括售后服务、维修检测服务、智能交通服务、信息咨询服务和汽车文化服务等。劳务密集型服务则包括汽车物流服务、报废汽车的回收与拆解服务、汽车驾驶培训服务、汽车会展服务、场地使用服务和代办各种服务手续的代理服务等。

（四）按照服务的作用特性分

按照服务的作用特性，汽车服务企业可分为生产作业型服务和实体（企业）经营型服务。

生产作业型服务包括汽车物流服务、售后服务、维修检测服务、美容装饰服务、废旧汽车的回收与拆解服务、二手车交易服务、汽车配件营销与精品销售服务等，其他服务为实体（企业）经营型服务。

（五）按照服务的载体特性分

按照服务的载体特性，汽车服务企业可分为物质载体型服务和非物质载体型服务。

物质载体型服务是通过一定的物质载体实现的服务，如技术型服务、生产作业型服务、交易经营型服务、汽车租赁服务、汽车广告服务、展会服务、场地使用服务等。非物质载体型服务没有明确的服务物质载体，如汽车消费信贷服务、汽车保险服务、信息咨询服务、汽车俱乐部等。

（六）按照服务内容的特征分

按照服务内容的特征，汽车服务企业可分为汽车销售服务、汽车检测维修服务、汽车使用服务和汽车延伸服务。

三、汽车服务企业管理的内容

根据汽车服务企业生产经营的内容和特点，汽车服务企业管理包含以下几个方面的内容。

（一）运作管理

运作管理是根据不同的汽车服务企业的运作特点，对生产运作过程进行的管理。例如，汽车 4S 店的主要管理内容包括以下几方面。

（1）营销过程管理，涉及整车或配件销售过程、汽车消费信贷等的管理。

（2）维修生产管理，包括生产计划、作业组织、生产调度、工时定额等的管理。

（3）售后服务管理，包括保险理赔、二手车交易、维护修理、检测诊断、美容装饰等服务过程的管理。

（二）质量管理

质量管理是指确定质量方针、目标和职责，并通过质量体系中的质量策划、控制、保证和改进来使其实现的全部活动。通过建立质量保障体系、设计与推行标准服务流程、完善服务补救程序等提高服务质量，从而提高客户满意度，让客户感动，直至成为企业的忠诚客户。

（三）财务管理

财务管理是指企业在生产过程中对资金运作的管理，是企业在生产过程中以价值形态表现的全部活动，包括物质配置、生产经营过程、经营活动成果等在账面上的正确反映。现代财务管理的主要内容包括资金的筹集、运用、分配，资产的管理、收入、成本、利润的管理等。

（四）人力资源管理

寻找到优秀的员工，并创造有利条件，充分调动员工的主观能动性，发挥各自的优势，对企业的市场竞争力有着巨大的影响。人力资源管理包括人员的招聘与选拔、岗位设计和职能划分、人员薪酬和考核评估设计、人员的培训等。

（五）信息化管理

信息化管理是汽车服务企业管理的重要内容之一。汽车服务企业信息化管理的主要内容：对汽车消费者服务的信息化、汽车购买的电子化、与整车制造商的信息传递与共享、汽车服务企业内部管理的信息化及汽车物流控制的信息化等。

四、我国汽车服务企业管理的发展现状

我国汽车服务企业的管理水平与国际先进水平相比仍存在一定的差距，主要体现在以下几个方面。

（一）服务管理理念尚未深入普及

目前我国汽车服务业与国外汽车服务业相比，最大的差距是服务管理理念的落后。“以人为本，客户至上”和“全面实施用户满意工程”等先进服务理念，没有深入员工心中，不能完全体现在实际工作中。尽管大家都在争取“与国际接轨”，都在引进国际先进的服务理念，可实际上很多厂商只重视生产、轻视服务，对汽车的售后服务投入不足，缺乏主动、及时处理客户意见的态度；经销商只看到眼前的利益，注重销售网点和营业厅的建设，忽视了在售后服务等方面的投入，没有真正发掘汽车后市场这个利润增长点。而政府的服务管理部门，近几年才开始着手汽车召回体系等的建设，在之前的很长一段时间内，我国汽车服务领域的相关法律、法规操作性差，缺乏强制性，不能充分保障广大消费者的合法权益。

（二）相关管理法律、法规不健全

我国汽车服务行业起步较晚，与之相关的法律、法规还不够健全。在技术性服务领域，至今还没有关于维修项目定额、工时标准、价格标准、质量标准等统一的行业规范，各地区、各部门只能自行订立

标准。在非技术性服务领域，同样没有一个统一的行业规范，使得各地在服务项目的品种、收费、服务质量、纠纷处理等环节上得不到协调。在宏观管理政策方面，政府对汽车服务业的重视还不够，在很多领域还存在盲点。从“三菱帕杰罗召回事件”之后，汽车召回制度受到了广大消费者的关注。最终，国家质量监督检验疫总局、国家发展和改革委员会、商务部和海关总署共同发布了《缺陷汽车产品召回管理规定》，并于2019年10月1日起开始实施。

（三）企业从业人员综合水平较低

汽车属于技术密集型产品，因此对汽车服务行业从业人员各方面的能力有着相当高的要求，特别是技术方面。在我国从事汽车维修的人员，很多都是以师父带徒弟的方式传授技艺的。近几年来，尽管很多中高级技术学校开设了汽车维修专业课程，但是目前社会上的汽车服务业从业人员技术水平仍然偏低。我国汽车服务业从业人员中接受过中等职业教育的不多，接受过高等教育的就更少。中国汽车维修行业协会对部分一、二类汽车维修企业的抽样调查结果显示，在从事技术管理工作的人员中，初中及以下文化程度的占26.2%；在一线工人中，初中及以下文化程度的占38.5%；而二、三类汽车维修企业的从业人员大多是农民工、城市普通中学毕业生、转岗择业的工人等。这些人员普遍存在文化水平不高、专业知识匮乏、服务意识不强的问题。对于现代车辆的电控发动机、自动变速器、ABS系统、自动空调等技术含量高、制造精密的零部件，故障诊断应是维修工作的要点，即所谓“七分诊断，三分修理”，如果不经过诊断就盲目拆卸，不但很难排除故障，反而会增加新的故障。而我国真正具备汽车故障判断能力的技术人员不超过30%，大多人员停留在只会“换件”的水平上，这种现象急需改观。

另外，汽车配件经营者存在缺乏配件基本知识的现象，不能为用户提供专业的咨询服务。高素质的专业人员也是极度缺乏，如二手车交易服务业严重缺乏受过专业培训的具有资质的估价师，很多交易服务商都不能为客户提供估价等深层次的服务。在汽车服务企业的管理上，我国缺乏能够驾驭市场走势的领导者，而管理手段依然是传统的方式，现代信息技术的普及率也较低。整个行业的综合素质偏低是无法提供高水平服务的重要原因。

综上所述，我国汽车行业人才存在的突出问题：一是缺乏领军人才，尤其是既懂现代汽车技术，又懂现代管理的人才；二是缺乏交叉学科的复合型人才；三是汽车研发、汽车营销、汽车服务、汽车体育、汽车博览和汽车文化等领域的人才远远不能满足汽车行业发展的需求，不能满足经济全球化的要求。

（四）市场秩序混乱

1. 缺乏管理

在整车流通领域，尽管很多汽车厂商建立了厂商主导的销售服务体系，如实行特约经销制度，但还不能真正做到有效管理、监控经销商的行为，所以在紧俏车型因市场需求旺盛而供不应求的时候，加价销售等行为时有发生。在汽车配件流通领域，质量问题十分突出，假冒伪劣配件可谓充斥市场。

2. 价格体系混乱

在我国汽车流通领域，存在诸如加价销售等现象；在汽车维修服务领域，服务和价格的透明度很低，没有一个统一的行业规范。在服务过程中，常常出现服务欺诈、乱收费、理赔不当等侵害消费者利益的行为，“诚信”的理念还处在宣传教育阶段，要使从业人员真正做到尚需时日。

3. 市场机制与竞争秩序混乱

特别是在汽车维修与配件经营等行业，由于从业者数量众多，竞争日益激烈。从业者实力相差无几，往往采取低价竞争策略，以求吸引客户，却导致了恶性循环，使得假冒伪劣配件大行其道，服务质量低下，不仅损害了消费者的利益，服务商本身也得不到多大的好处。

第三节 汽车企业管理的要素及特征

一、现代企业管理体系

（一）现代企业管理体系特点

所谓管理体系，就是企业系统的具体划分模式，以及子系统与母系统、子系统与子系统之间的关系。就现代管理而言，企业总系统可分为经营决策、计划管理、生产经营、过程监控、经济核算、信息管理和后勤保障等子系统，形成一个围绕企业宗旨和目标运转的有机体系。

从系统论的观点出发，完整的系统对外界变化的反应应该呈整体状态，也就是说，各子系统对同一信息的反应应该是一致的、协调的和均衡的。如果内部子系统之间相互制约、混乱和不协调，将导致传递信息或指令的通道不畅甚至中断。以汽车服务企业为例，组成各子系统的部门与机构，如计划决策、运输生产、机务管理、经济核算、资金管理和后勤保障等应该职责分明、相互配合、相互补充、相互监督，这样，就不会因为内部因素不完善而出现市场信息输入迟滞、混乱甚至错误，从而产生负面影响。完善和健全企业管理体系，可以使企业在市场竞争中及时、迅速、准确地把握信息，极大地提高企业的竞争实力，保证企业目标得以顺利实现。

（二）现代企业的经营管理机制

科学的企业经营管理机制，可以使管理者从繁忙的事务性工作中解脱出来，把精力集中到科学管理中去，从而不断地创新、改革与完善现有的管理机制，使企业管理走向良性循环。

健全而完善的企业经营机制应该包括以下几方面内容。

1. 经营目标

企业经营目标可分为远期目标和近期目标。远期目标一般是企业未来若干年的大致规划，它的方向性一般较为明确，用于指导近期目标并作为近期目标的制定依据。而近期目标是短期内的执行目标，由一系列具体指标组成，较为精确，要准确把握，严格执行。

在确定企业经营目标时，我们需要把握两个原则。

（1）销量原则。企业是商品生产者，商品生产的目的不是为了拥有使用价值，而是为了获得交换价值，即通过商品交换获取最大利润。这是确立企业经营目标的基本前提。

（2）利润原则。企业要获取最大利润，生产的商品必须能使消费者接受，最大限度地满足消费者的需求。这中间贯穿了一个社会效益与经济效益的关系问题，二者之间的辩证关系是不追求社会效益，则无法满足社会需求，从而无法产生经济效益；过分强调经济效益而无视社会效益，将会导致企业社会环境的恶化，最终导致经济效益的丧失。

2. 内部经营

（1）分配机制。分配机制包含资源的分配和利益的分配。资源的分配强调资源利用效果，并对资源利用的责任与目标等原则性问题做出了明确的规定，以确保利用效果。利益的分配将资源利用效果与利用者本身的利益挂钩，且分配中往往包含资源的再分配，二者相辅相成，不可分离。

（2）竞争机制。市场竞争实际上是资源利用的竞争，竞争的过程就是寻求资源利用最佳效果的过程，而资源利用效果又导致资源的再分配。这就是竞争的实质，体现了市场竞争及人类社会所有竞争的规律。

（3）制约机制。制约方式包括财产制约和利益制约。前者针对生产资料所有者而言，约束其行为，促使其自觉地寻求确保财产不断增值的方法；后者针对经营者和劳动者而言，促使其不断地提高资源的利用效益。

（4）动力机制。随着社会和人类行为的不断发展，社会形态的动力源（如使命感、荣辱观、责任感和创造欲等）所占的比例日益增大。经济形态和社会形态的动力源是相互关联、相互制约和相互促进的辩证矛盾关系，二者的作用与地位均因时而异、因事而异、因人而异和因地而异。

二、现代企业制度的特征

（一）产权明晰

产权明晰是指要以法律的形式明确企业的出资者与企业的基本财产关系。完整意义上的产权关系是多层次的，应表明财产最终归谁所有、由谁实际占有、谁来使用、谁享受收益、归谁处置等财产权中的一系列关系。建立现代企业制度，应该明确企业与其所有者之间的基本财产关系，理顺企业的产权关系。企业中的国有资产属国家所有，即全民所有。由代表国有资产所有者的政府所授权的有关机构作为投资主体，对经营性国有资产进行配置和运用，作为企业中国有资产的出资人，依法享有出资者权益，并以出资额为限对企业承担有限责任。

（二）政企分开

政企分开是指在理顺企业国有资产产权关系、产权明晰的基础上，实行企业与政府的职能分离，建立新型的政府与企业的关系。首先，要把政府的社会经济管理职能与经营性国有资产所有权职能分开，通过构筑国有资产出资人与企业法人之间规范的财产关系，强化国有资产的产权约束。其次，要把政府的行政管理、监督职能与企业的经营管理职能分开。政府主要通过法律、法规和经济政策等宏观措施，调控市场，引导企业，规范国家与企业的分配关系，政府依法收税，企业依法纳税。把企业承担的社会职能分离出来，分别由政府和社会组织承担。实行政企分开，建立企业与政府之间的适应社会主义市场经济体制的新型的政企关系，要求在明晰企业产权的基础上，实行政府对企业的调控、管理和监督。

（三）权责明确

权责明确是指在明晰产权、理顺产权关系、建立公司制度、完善企业法人制度的基础上，通过法律、法规确立出资人和企业法人对企业财产分别拥有的权利、承担的责任和各自应履行的义务。

企业拥有法人财产权，以全部法人财产独立享有民事权利、承担民事责任，依法自主经营。企业以独立的法人财产对其经营活动负责，以其全部资产对企业债务承担责任。通过建立企业法人制度和公司制度，形成企业的自负盈亏机制和对企业经营者的监督机制。同时，企业法人财产权的确立也是建立现代企业制度的基础。企业法人行使财产权要受出资人所有权的约束和限制，对出资人履行义务，依法维护出资人的权益，承担资产保值和增值的责任，绝不能损害出资人的合法权益。

（四）管理科学

管理科学是建立现代企业制度的保证。管理科学是指把改革与企业管理有机地结合起来，在产权明晰、权责明确、政企分开的基础上，加强企业内部管理，形成企业内部的一系列科学管理制度，尤其要形成生产关系方面的科学管理制度。

一方面，要求企业适应现代生产力发展的客观规律，按照市场经济发展的需要，积极应用现代科技成果，在管理人才、管理思想、管理组织、管理方法、管理手段等方面实现现代化，并把这几方面的现代化内容同各项管理职能有机地结合起来，形成有效的现代化企业管理；另一方面，要求建立和完善与现代化生产要求相适应的各项管理制度。

现代企业制度的四个特征有较强的关联度，既互为因果，又互为条件，只有将四个特征都充分地体现出来，才能从根本上解决我国企业改革面临的深层次问题。

本章小结

汽车服务企业管理是企业管理的一个分支，是汽车服务企业的全体员工（包括管理人员）根据汽车服务经营的特点，应用管理学的理论与方法，对企业的汽车服务经营等活动所进行的计划、组织、指挥、控制、协调和激励等工作的总称。汽车服务企业涉及的服务门类广泛。汽车既可作为消费品供私人使用，也可作为生产资料在经济生活中扮演重要角色。汽车服务业产业规模大，实现的经济利润也大，汽车服务企业提供的就业机会多，社会效益良好。这就要求汽车服务企业密切关注社会环境、技术环境、法律环境的变化，及时调整经营策略，完善与改进经营服务内容，以适应外部环境的变化。

课程思政

途虎养车：发力数字化升级 推动汽车服务与数字经济融合

近年来，随着我国汽车保有量和车龄不断攀升，汽车后市场规模突破万亿关口，但“维保门店管理效率低和服务标准不统一、制造商库存管理滞后且难以感知消费者需求、消费者对行业认知度和信任度不高”等问题依然突出。如何将技术运用到传统产业转型升级的实践中，是行业面临的首要问题，更是不可多得的机遇。

作为一家自成立之初即专注于数字化实践的企业，途虎养车构建起智慧门店体系，通过建立数字化能力参与到行业基于数字化的变革当中，加速布局数字技术和汽车服务业务场景融合，实现门店智能化管理，让门店运营效率和用户体验双提升。

在助力门店数字化升级之外，途虎养车继续发挥服务业连接制造业优势，让需求侧数据反向指导供给侧生产，服务于制造商等上游企业的数字化转型、产品创新及品牌建设等。

国务院发展研究中心市场经济研究所副所长王青认为，汽车后市场是一个关系到汽车产业未来发展的万亿级庞大市场，它的转型升级事关重大。未来汽车后市场的服务，将从汽车本身向外延伸，特别是一些基于新经济、新技术的增值服务。

来源：人民网

思考练习

1. 简述企业及管理的概念。
2. 汽车服务企业管理的内容包括哪些?
3. 我国汽车服务企业管理的发展现状如何?
4. 简述现代企业管理体系。
5. 企业管理怎样做到推陈出新?

第二章

汽车营销服务与市场分析

本章导读

汽车营销是指对汽车市场调研、分析与竞争进行研究，为企业生产经营决策提供咨询，并可进行汽车产品营销策划及实施汽车销售的全过程。

学习目标

1. 了解汽车分销渠道与营销模式。
2. 掌握市场调查的内容、方法及程序。
3. 掌握市场销售的流程及技巧。
4. 掌握汽车生产企业的营销管理与电子商务及汽车网络销售流程。

第一节 汽车厂商的分销流通与营销模式

一、汽车分销渠道

汽车分销渠道，是指汽车产品从生产企业向最终消费者或产业客户移动时，直接或间接转移所有权所经过的过程。

（一）汽车分销渠道的分类

1. 直接渠道和间接渠道

直接渠道又称零级渠道，是指没有中间商参与，产品由生产者直接售给消费者（客户）的渠道类型。间接渠道是指生产者利用中间商将产品销售给消费者（客户），中间商介入交换活动。

直接渠道的优点是厂家可以直接与客户沟通，获得客户的需要；还可以采用订单式生产，降低销售成本。其缺点是不利于产品推广和客户购买，市场占有率低。

间接渠道的优点是有中间商参与推广和促销，市场占有率高，有利于产品的迅速推广；中间商购买厂家的产品，有利于缓解生产者人、财、物等方面的不足；厂家可以从中间商那里获得大量的市场信息，有利于其进行产品改进和新产品开发。其缺点是增加了销售成本；产品有可能积压在中间商手中，造成“需求滞后差”，即产品过剩。

2. 长渠道和短渠道

分销渠道的长短一般是按通过流通环节的多少来划分的。渠道的级数越高，渠道越长；反之，则渠道越短，如图 2-1 所示。

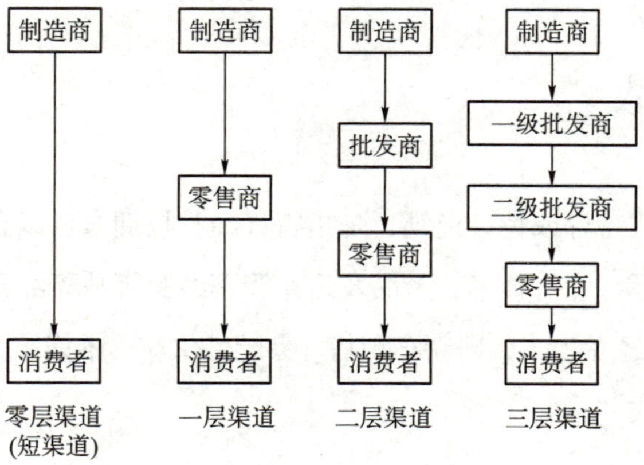

图 2-1　分销渠道的长短

渠道越长，企业产品的市场扩展可能性就越大，但是企业对产品销售的控制性和信息反馈性就越差；

相反，渠道越短，企业对产品销售的控制性和信息反馈性就越好，但是，市场扩展性就会下降。

3. 宽渠道与窄渠道

分销渠道的宽度，取决于分销渠道中每个层次上使用同种类型中间商数目的多少。在分销渠道的每个层次上，使用同种类型中间商（在生产者与消费者之间参与商品交易业务，促使买卖行为发生和实现的、具有法人资格的经济组织或个人，此处指各级批发商和零售商）数目越多分销渠道越宽，反之分销渠道就比较窄。

一般日用消费品都采用宽渠道，由多家批发商经销，又转卖给更多的零售商，能大量接触消费者，大批量地销售产品。通常专业性强的产品，或贵重耐用的消费品，一般都采用窄渠道。窄渠道生产企业容易控制分销，但市场分销面受到限制。

（二）影响汽车分销渠道选择的因素

任何一家汽车制造企业在选择各区域市场的分销渠道时，都会受到一系列因素的制约。

1. 产品因素

一般来说，汽车产品由于体积大、质量大、价值大、运输不便、储运费用高、技术服务专业性强等原因，对分销商的设施条件、技术服务能力和管理水平要求较高，因此，汽车产品的销售渠道宜采取短而宽的销售渠道类型。

2. 市场因素

不同企业的不同产品，其市场特性不同。当前我国汽车市场迅猛发展，特别是轻型汽车和轿车成为汽车市场的主角，其市场分布面广，这就要求汽车企业的销售渠道范围相应地宽一些，以提高市场覆盖率。而对重型汽车、专用汽车等汽车产品的生产企业而言，因其应用市场相对集中，故可以选择窄和短的销售渠道。

3. 环境因素

宏观经济形势对渠道的选择有较大的制约作用，如在经济不景气的情况下，制造商要控制销售成本，降低产品售价，因此必然减少流通环节，使用较短的渠道。

二、汽车营销模式

（一）特许经营制模式

1. 特许经营的概念

特许经营也称为经营模式特许或特许连锁，是指特许经营权拥有者以合同约定的形式，允许被特许经营者有偿使用其名称、商标、专有技术、产品及运作管理经验等从事经营活动的商业经营模式。当前我国汽车销售多采用 4S 特许经营模式，即新车销售、零配件供应、维修服务、信息反馈与处理为一体，受控于制造商的分销渠道模式。

2.4S 特许经营的标准

4S 汽车特许经营模式兴起于 19 世纪末。汽车 4S 店在外观形象和内部布局上，统一规范、统一标识，给人强烈的视觉冲击，有助于提升品牌形象魅力。经过二十多年的发展，4S 汽车特许经营模式逐渐完善，已经形成了比较完善的执行标准，如图 2-2 所示。

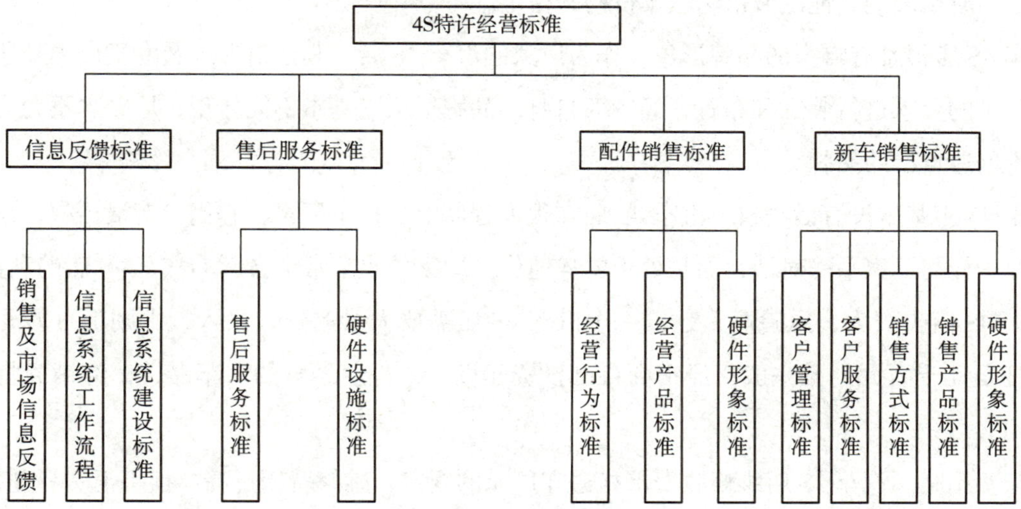

图 2-2　4S 特许经营的执行标准

3. 特许经营的特点

（1）特许经营的优点

①具有高度专业的维修技术。4S 店只针对一个汽车生产厂家的系列车型，有专业设备，有配套的零部件，有汽车生产厂家的系列培训和技术支持，对汽车的性能、技术参数、使用和维修方面都非常专业，做到了“专而精”。

②可以减少流通环节，降低经营成本。特许连锁经营中，汽车生产企业一般通过物流公司统一配送资源，经销店面向直接客户，销售渠道短，经营成本低。

③市场信息反馈准确、及时。特许连锁经营规定统一反馈市场信息，并对市场信息集中处理，各经销店及生产企业能够及时、全面了解市场动态，为市场决策提供了必要依据。

④具有热情周到的人性化服务。4S 店豪华气派，让客户真正享受到“上帝”的感觉。同时 4S 店还有一系列的客户投诉、索赔等管理，确保了客户的利益。

（2）特许经营的局限性

①汽车制造商的“道德风险”。在国家政策、市场信息、产品技术等方面，汽车厂家掌握的信息往往比经销商更多。汽车厂家可能因此产生“道德风险”。

经销商加盟汽车厂家的特许体系后，厂家可能利用掌握的信息及特许合同所赋予厂家的权利而侵犯经销商的利益。比如，由于不允许经销商跨区域销售汽车，导致区域市场内授权经销商的数量及网点分布变得至关重要。汽车厂家为了扩大销售网络，总是趋向于多设经销商网点，以提高市场占有率，极大地影响了经销商的利益。特别是汽车产品进行技术革新时，或者汽车厂家需要改造整个经营网络体系时，需降低差价进行，而市场营销能力较差的经销商无法满足汽车厂家的要求，汽车厂家就可以名正言顺地达到取消劣质经销商资格的目的。

②经销商的“道德风险”。经销商的“道德风险”主要表现在经销商低价销售和跨区域销售（窜货）两个方面。经销商在销售汽车时不仅要考虑销售一辆汽车所能够带来的利润，同时还要考虑汽车销售数

量的增加所带来的年底结算时汽车厂家的返利（又称价格折扣）。跨区域销售会导致经销商在区域销售上的冲突，同时也影响其他区域市场汽车价格的稳定。

③汽车 4S 店很难有自身的品牌形象。作为厂家的汽车 4S 店，其建筑形式及专卖店内外所有的形象均严格按厂家的要求进行装饰和布置，经销商自身的品牌形象则基本不能体现，厂家也不允许其体现，因此其很难创造自己的品牌。

④汽车 4S 店基本没有话语权。汽车 4S 店在很大程度上受控于厂家，它们没有话语权，没有实力像电器经销商一样与厂家平等对话，而是处于弱势地位。厂家的政策常常会影响汽车 4S 店的利益。

⑤汽车 4S 店投资大，风险高。建设一个汽车 4S 店需要大量的资金投入，少则上百万元，多则上千万元，甚至几千万元，且一般由经销商自己投资建设。一旦所经营的汽车滞销，经销商将背上沉重的经济负担。

⑥维修费用高。汽车 4S 店维修收费严格遵守厂家的规定，维修费用过高，损害消费者利益。

（二）代理制模式

1. 代理制的概念

代理制是指买方或卖方委托流通企业在其代理权限范围内从事商品交易业务的一种商流形式，接受买方或卖方委托的流通企业称为代理商。汽车营销代理就是汽车生产企业委托区域市场上的某些分销能力较强的代理商为其销售产品。进口汽车通常采用这种模式。

2. 代理制的特点

（1）汽车代理商是独立的法人组织，与汽车厂家有较长期稳定的关系。

（2）实现工商分工合作，充分调动汽车生产厂家和代理商的积极性。

（3）通过代理，可以使汽车的销售网点增加，增强营销网络的功能，使汽车营销活动更加灵活，更贴近消费者。

（4）汽车生产企业可以通过合理的管理和控制代理商，保证生产的顺利进行，有利于分担经营风险。

（5）厂家的经营信息和经营规划代理商完全不知道，但代理商的经营信息厂家完全掌握。这样厂家可以随时根据代理商的经营信息调整经营策略，并规避风险，有时可将风险转嫁给代理商。

（三）汽车超市模式

汽车超市又称汽车商场或汽车大卖场，其将各品牌的汽车产品集中在一起销售，在同一时间，给消费者提供各种品牌、车型、价格等方面更多的选择权。图 2-3 为某汽车超市展厅。

图 2-3　某汽车超市展厅

1. 汽车超市模式的优点

（1）提供“一站式”服务。汽车超市里配备有配套的商务办公楼，工商、税务、公安、交管、银行、保险等政府、金融机构入场办公，为消费者提供汽车美容、保养，以及贷款、保险、办理牌照等一站式服务功能，帮助消费者办理购车手续，方便消费者购车。

（2）多品牌同场经营。将不同品牌、不同价值、不同性能的汽车汇集在一起，给消费者提供了一个充分比较、判断、筛选的机会，选择余地多，范围广，节省购车时间。

（3）汽车超市凭借规模效益，可以降低经销商的费用，从而降低汽车的售价。

（4）经销商的经营风险大大降低。投资一个汽车 4S 店，在土地、厂房、资金、人力资源等方面的投入很大，并且经销商只能经营单一品牌的汽车，如果该品牌的汽车市场销量不好，经营风险全部由经销商来承担，风险较大。

（5）将汽车营销与日常生活融合在一起。汽车超市既是汽车销售中心，又是休闲娱乐的场所，客户在这里可以充分体验汽车文化。汽车超市以汽车服务贸易为主体，并千方百计地拓展服务的外延，促使服务效益最大化，这是对传统汽车销售方式的有利补充。

（6）提高了经销商的话语权。经销商相对汽车企业来说还是弱者，话语权较低。由于汽车市场里的经销商可以经营多种品牌的汽车，因此拥有较高的话语权。

从长远看，随着我国汽车工业的迅速发展，汽车厂家的卖方市场地位也在逐渐减弱，汽车特许经营模式必然会受到冲击，拥有完善流通渠道的经销商必将获得市场优势，汽车厂家将会低下高昂的头，经销商的市场话语权将逐渐提高。

2. 汽车超市模式的缺点

由于汽车超市价位相对较低，利润空间较小，汽车厂家不愿将汽车交给汽车超市经营，经销商只有从一级经销商那里获得汽车资源，这不仅增加了汽车超市的进货成本，而且在市场旺季或商品车供不应求时很难获得汽车资源。更为重要的是，汽车超市在售后服务方面还无法做到汽车 4S 店那样规范和有保障。

（四）汽车工业园区模式

汽车工业园区结合我国市场“既集中又分散”的特点，将国内外几种渠道模式有机结合，成为集约式汽车交易市场发展的新方向。汽车工业园区模式有五种：汽车＋制造园、汽车＋商贸园、汽车＋研发园、汽车＋文化园、未来汽车小镇，如图 2–4 所示。

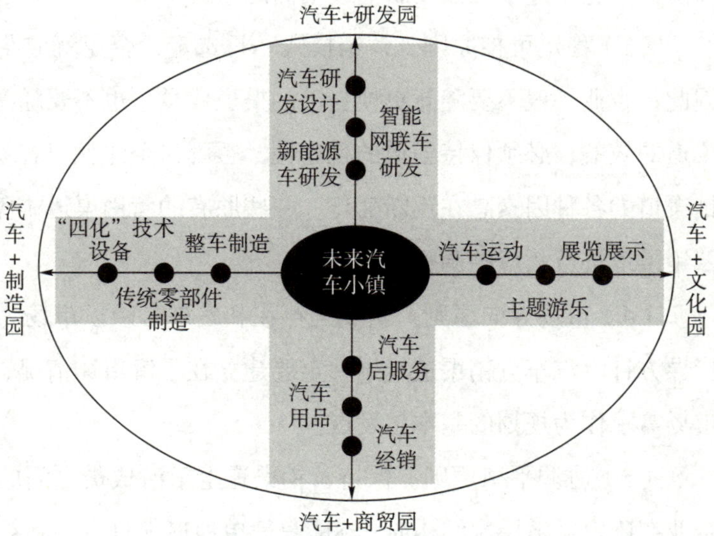

图 2–4　汽车工业园区模式

目前，我国汽车园区的构想刚刚起步，不少地区正积极筹建当地的汽车工业园区。这种模式会发挥出它潜在的巨大功效。

苏州东德智能电动汽车科创园位于苏州吴江区汾湖高新区，规划面积约 904 667 平方米。园区以无人驾驶技术和智能技术为主，融制造、科研、测试、展销、服务等功能于一体，科创园打造两个中心（汽车文化博览中心和智能电动汽车技术研究中心）、三个基地（中小企业创新基地、汽车物流仓储基地和人才培养聚集基地）、四个平台（展示和销售平台、汽车金融平台、大数据平台、汽车核心技术及产品平台）。

三、汽车分销渠道的管理

渠道管理是指制造商为实现公司分销的目标而对现有渠道进行管理，以确保渠道成员间、公司和渠道成员间相互协调与通力合作的一切活动，其意义在于共同谋求最大化的长远利益。

（一）汽车分销渠道规划

1. 汽车分销渠道规划的原则

（1）畅通高效原则。畅通高效原则是渠道选择的首要原则。任何正确的渠道决策都应符合物流畅通、经济高效的要求。商品的流通时间、流通速度、流通费用是衡量渠道效率的重要标志。畅通的营销渠道应以消费者的需求为导向，将产品尽快、尽好、尽早地通过最短的路线，以尽可能优惠的价格送达消费者方便购买的地点。畅通高效的营销渠道模式，不仅要让消费者在适当的地点、时间以合理的价格买到满意的产品，而且应努力提高企业的营销效率，争取最大限度地降低营销成本，获得最大的经济效益，从而赢得长期竞争优势。

（2）覆盖适度原则。随着市场环境的变化和整体市场的不断细分，以及人们生活水平的提高，消费者的消费心理和消费行为都发生了翻天覆地的变化，如要求购买方式更便捷、产品更物超所值、拥有更大的选择空间等。因此，企业应认真考察目标市场的变化，及时把握原有渠道的覆盖能力。另外，企业在选择营销渠道的模式时，仅仅考虑加快速度、降低费用是不够的，还应考虑及时、准确地送达的商品能不能尽快地销售出去，能否获得较高的市场占有率。因此，企业不能一味强调降低营销成本，这样可能导致销售量下降、市场覆盖率不足的后果。在分销渠道模式的选择中，也应避免经销商扩张过度，以防由于竞争过于激烈而影响经销商的效益。

（3）稳定可控原则。营销模式一旦选定，企业就应花费相应的人力、物力和财力去建立与维护。因此，企业一般不要随意更换自己的渠道成员，也不要随意转换渠道模式。事实上，任何企业若要提高渠道的效益，必须保持渠道的稳定性，否则，企业就很容易在渠道竞争中“翻船”。当然，由于影响营销渠道的各种因素总在不断变化，一些原有的营销渠道难免会出现某些不合理的问题，这时，就需要对营销渠道进行相应的调整。

（4）市场导向原则。企业的存在和发展必须以市场为导向，这是市场经济条件下企业主体的根本指导方针。汽车分销渠道规划一定要建立在了解市场情况、预测市场未来、分析市场动态的基础上，以市场需求作为规划的基本出发点。

（5）协调平衡原则。保持营销渠道上下游成员之间的协调与合作是保证渠道畅通的关键。因此，企业在确定渠道层次结构时，不能只简单地追求自身的利益最大化，忽视乃至损害其他渠道成员的利益，这无益于整合渠道的高效运转。企业在选择渠道模式时，应综合考虑各渠道成员之间的利益，尽量使各成员之间的利益达到平衡。

（6）精耕细作原则。市场覆盖面大了，如果缺乏管理，缺乏精耕细作，那么分销渠道的危机就会凸现出来。在精耕细作的网络设计中，所有的网络管理工作必须做到定点、定时、定人、定路线、定效应，推行细致化、个性化服务，及时、准确地反馈市场信息，全面监控市场的动向。

（7）不断创新原则。企业在不同的发展阶段，分销渠道的设计应该有所不同。分销渠道的设计应该注重求新、求变的原则。企业应根据竞争和市场的发展，根据消费者的变化和个性化需求，不断调整分销渠道，让分销渠道和企业、产品、品牌共同进步。

2. 影响分销渠道设计的主要因素

影响分销渠道设计的因素很多，其中主要因素有以下几种。

（1）企业特性。企业规模大、实力强，往往有能力担负起部分商业职能，如仓储、运输、设立销售机构等，有条件采取短渠道；而规模小、实力弱的企业无力销售自己的产品，只能采用长渠道。

（2）产品特性。产品的特性不同，对分销渠道的要求也不同。汽车产品质量大、价值高、运输不便、储运费用高、技术服务专业性强，对中间商的设施条件、技术服务能力和管理水平要求较高，所以汽车产品的销售渠道宜采取短而宽的销售渠道。

（3）市场特性。近年，我国汽车行业及汽车市场快速发展，市场竞争日趋激烈，市场需求呈多元化格局。因此，汽车的市场分布面广，这就要求汽车企业的销售渠道应力求宽一些。

（4）生产特性。汽车生产在时间或地理上比较集中，而在使用上比较分散，其销售渠道一般应有中间环节，不宜采用直接环节。

（5）客户特性。渠道设计深受消费者人数、地理分布、购买频率、平均购买数量等因素的影响。在消费者人数多、购买力强的大城市，宜采用每一层次都有许多中间商的长渠道。

（6）中间商特性。汽车技术性强的，一般要选择具备相应技术能力或设备的中间商来完成销售任务。

（7）竞争特性。渠道设计要考虑同区域竞争者的情况，如果自己的产品比竞争者有优势，可选择同样的渠道；反之，则应尽量避开。

（二）渠道设计的步骤

渠道设计的步骤有确认渠道设计的需要、确认渠道目标、明确渠道任务、制定可行的渠道结构和选择渠道成员，如图 2–5 所示。

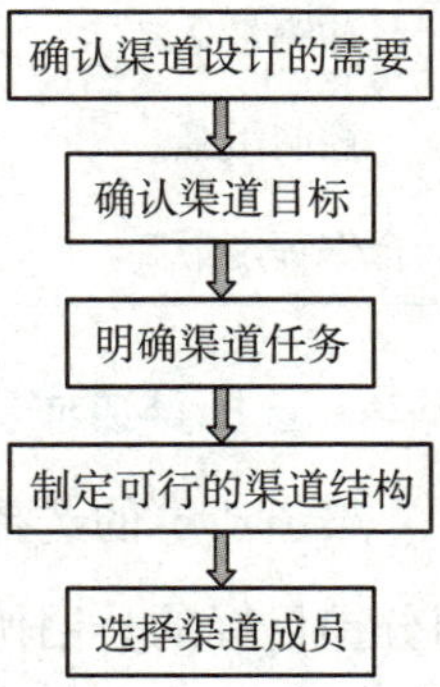

图 2–5 渠道设计的步骤

1. 确认渠道设计的需要

对于新企业必须设计销售渠道。对于老企业，当有新产品上市、价格政策发生变化、企业渠道政策发生变化和老渠道出现危机时，都需要重新规划设计新的销售渠道。

十年前，“汽车人”将目光瞄准一、二线城市，大量建设汽车 4S 店，十年来这些汽车 4S 店的建设和管理在营销中成效显著，渠道在产品的销售、品牌价值提升中发挥着重要的作用。当前，“汽车人”将目光瞄准二、三线城市，准备进行渠道的二次扩张，因此渠道的建设与管理便成为目前汽车企业、集团经销商的重要工作内容。

2. 确认渠道目标

（1）销售渠道从空间到时间都要方便消费者购买，汽车销售一般采用比较宽的渠道。

（2）规划汽车销售渠道时，要坚持售后先行的原则，打消消费者的后顾之忧。

（3）考虑自身的经济效益和消费者利益。若销售渠道过长、过宽，营销费用过高，会使销售价格升高；销售渠道过短、过窄，会影响消费者购买的方便性和销售量。因此，在规划销售渠道时，一定要进行经济性预测。

（4）合理确定市场经营目标，具体包括市场竞争情况、销售量的大小和经销商的效益、成本的高低、对中间商的可控程度、各渠道冲突的大小等。

3. 明确渠道任务

在规划流通渠道时，要明确各个环节，如生产商、物流和经销商的任务、权利、责任，并明确相互协作的方法制度。

4. 制定可行的渠道结构

做任何决策时，设计几个可行的方案，然后进行分析筛选，确定最佳的方案。渠道方案的选择见表 2–1。

表 2–1　渠道方案的选择

内容项目	广度		长度			宽度	
	直接	间接	集中性	选择性	密集性	单元	多元
销量最大		√			√		√
成本最低		√	√			√	
信誉最佳	√		√			√	
铺货率最强		√			√		√
冲突最低	√		√			√	
控制最强	√		√			√	
合作程度最高	√		√			√	

5. 选择渠道成员

渠道成员的选择，就是从众多的相同类型的分销成员中选出适合公司渠道结构的能有效帮助完成公司分销目标的分销伙伴（中间商）的过程。中间商选择得是否得当，直接关系到生产企业的市场营销效果的好坏。选择中间商首先要广泛搜集有关中间商的业务经营、资信、市场范围、服务水平和财务状况等方面的信息，确定审核和比较的标准。

（三）汽车分销渠道的评价

在汽车的日常营销中，常常用“经验”来对营销渠道进行管理，这样的管理手段和方法缺乏全面性、科学性、针对性和准确性，所以对各个销售成员无法进行正确的甄别，更谈不上制定改进措施了。

从渠道的数量、质量、政策力、执行力四个方面完全能够做到对渠道进行系统、量化、准确的评估，在量化评估的过程中诊断出渠道存在的问题，并制定出改善这些问题的具体措施。

1. 渠道数量

通过以下几个指标进行评估渠道数量。

（1）渠道比例。渠道比例 = 本品某区域内渠道数量 /（本品 + 竞品）某区域内渠道数量，这个比例的高低是与竞品进行比较取得的。这个指标与区域销量结合程度的高低是判断渠道多少的重要指标。

（2）渠道新增率。渠道新增率 = 本期本品本区域渠道数量 / 去年同期本品本区域渠道数量。按照此法可以取得本品、竞品的新增率，然后进行比较，通过新增率的比较可以了解本品及竞品的渠道发展趋势。

（3）重点经销商比例。重点经销商比例 = 本品本区域重点渠道数量 / 本品本区域渠道数量。这是判断渠道健康度的一个重要指标。此指标的取值在 30% ～ 40% 比较好。

（4）重点区域覆盖率。重点区域覆盖率 = 重点区域内渠道数量 / 重点区域数量。此指标是个绝对指标，同时，也可与竞品进行比较，以便了解为什么有些重要地区不能建渠道的真实原因。

注：在弱势市场里，渠道比例、新增率一般比竞品低，否则，渠道的质量就会存在严重的问题。这两个指标可以帮助企业判断出渠道在数量、结构、位置方面存在的问题。

2. 渠道质量

评价渠道质量的指标如下。

（1）分销能力率。分销能力率 = 某区域某渠道时间销量 / 某区域所有渠道时间销量。此指标是判断在某区域里本品各渠道（本品各渠道之间的比较）的销售能力。

（2）销售能力率。销售能力率 = 某区域某渠道时间销量 / 某区域（本品所有渠道 + 竞品所有渠道）时间销量。此指标是判断在某区域里某渠道（包括竞品）的市场销售能力。

（3）渠道效率。渠道效率 = 开票数 / 零售数。这是一个纵向比较的指标，用来判断渠道库存增加的速度及渠道的长度是否合理。

（4）渠道健康度。这个指标是指渠道的市场控制能力，可以从主推能力、消费者二次购买数量、推荐购买数量、成交率等指标来判断。

注：分销能力率、销售能力率这两个指标除了按照它们自身的高低来判断销售能力以外，通过这两个指标的比较还可以判断出其他问题。例如，经过评估，渠道甲的分销能力率很高，但销售能力率非常低（这种情况在市场中非常多）。

3. 渠道政策力

渠道政策力并不是渠道政策，而是指渠道政策（商务政策、区域政策）在该地区的作用，它包括以下几个方面。

（1）渠道组织设计是否合理。

（2）渠道激励政策是否有效落实。

（3）渠道管理政策的合理性、针对性、有效性。

（4）渠道政策是否取得沟通作用。如果有，它在解决渠道冲突与沟通方面的作用如何？

（5）渠道销售、推广、技术支持政策怎么样？

（6）渠道服务政策如何？

4. 渠道执行力

渠道执行力是指渠道对以下几方面问题的执行能力。

（1）渠道的考核，包括信息渠道的质量、服务质量、促销效率、合同管理。

（2）渠道管理方面，包括营销人员的管理和终端销售的管理。

（3）渠道的惯性。运动的物体都有自己的惯性，发展着的渠道也有自己的惯性。这个指标是指渠道在无作为的情况下销售能力的大小。

以上评估有些可以量化，有些需要定性评估。定性评估的部分可以采取抽查、问卷、座谈等形式。需要强调的是，对任何一个环节的评估都要得出一个明确的结论，但不要急于制定改善措施，必须待整个系统评估结束，进行综合评价时才能制定各个环节的改善措施。

四、分销机构的权利和义务

（一）汽车特许经销商的含义

我国的“特许经营”汽车销售制度，是指汽车销售企业要想经销某品牌的汽车，必须先取得该汽车供应商的许可，工商行政部门才能进行工商登记并颁发工商执照。若不进行工商登记，也不颁发工商执照，汽车供应商不会向该企业发货，汽车销售企业也无法经销该品牌的汽车。

（二）汽车特许经销商的条件

对于汽车经销商来说，只有具备以下条件才可以成为汽车特许经销商。

1. 独立的企业法人

独立的企业法人，能自负盈亏地进行汽车营销活动。

2. 有足够的资金

能拿出足够的资金开设统一标识的特许经营店面，具备汽车市场营销所需的周转资金。

3. 有汽车营销经验

有一定的汽车营销经验和良好的汽车营销业绩。

普通经销商符合以上条件，可以通过履行特许经销商申请和受许人审核等手续，经双方签署汽车特许经营合同（或协议）后，就可正式成为某品牌汽车的特许经销商。

（三）汽车特许经销商的权利

1. 特许经营权

汽车特许经销商有权使用特许人统一制作的标记、商标、司标和标牌；有权在特许经营系统的统一招牌下经营，从而享受由著名品牌带来的利益；有权获得特许人的经营秘诀，以加入统一的运作（包括统一进货，以享受大量进货的折扣；统一促销；统一的市场营销策略等）；有权依照特许人的统一运作系统分享利益；有权按特许人的规定取得优惠政策，对特许人经销的新产品享有优先权。

2. 地区专营权

汽车特许经销商有权要求特许人给予在一定特许区域内的专营权，以避免在同一地区内加盟商过多而导致相互竞争。

3. 取得特许人帮助的权利

汽车特许经销商有权得到特许人的经营指导援助、技术指导援助及其他相关服务，如参加特许人的各种定期培训，使用特许人的各种信息资料和市场运作情报；在经营中遇到问题时，随时和特许人的专职指导部门联系，以获得解决；资金缺乏时，可以采取连带担保等方式，取得贷款；其他援助。

（四）汽车特许经销商的义务

1. 必须维护特许人的商标形象

汽车特许经销商在使用特许人的经营制度、经营策略，以及与其相关的标记、商标、司标和标牌时，应当积极维护特许人的品牌声誉和商标形象，不得有损害特许人商标形象和统一经营制度的行为。

2. 只能销售特许人的合同产品

汽车特许经销商在参加特许经营系统统一运营时，只能销售特许人的合同产品；必须按特许人要求的价格出售；必须从特许人处取得货源；不得跨越特许区域销售；不得自行转让特许经营权。

3. 应当履行与特许经营业务相关的事项

汽车特许经销商应当履行与特许经营业务相关的事项，随时和特许人保持联系，接受特许人的指导和监督；按特许人的要求，购入特许人的商品；积极配合特许人的统一促销工作；负责店面装潢的保持及定期维修。

4. 应承担相关费用

汽车特许经销商应承担相关费用，如加盟金、年金、加盟店包装费等。

第二节　汽车市场调查

市场调查，就是运用科学的方法，有目的、有系统地搜集、记录、整理有关市场营销的信息和资料，分析市场情况，了解市场的现状及其发展趋势，为市场预测和营销决策提供客观的、正确的资料与依据。

一、汽车市场调查的内容

（一）经营环境调查

1. 政策、法律环境调查

调查汽车行业和服务业有关的政策与法律法规，只有汽车行业和服务业有关的政策与法律法规完善，才能做到依法经营。

2. 行业环境调查

调查汽车行业的发展状况和发展趋势，预测未来市场可能发生的变化，以抓住新的发展机会，并对可能发生的不利情况及时地采取应变措施。

3. 宏观经济状况调查

宏观经济状况是否景气，直接影响消费者的购买力，汽车销售会大受影响。

（二）汽车产品调查

汽车产品调查包括对现有汽车产品的销售情况、使用维修情况、客户的反应进行调查，为汽车新产品的设计开发、对现有汽车产品进行改良提供依据；对现有汽车产品的价格、供求关系进行调查，以便对自己的汽车产品价格定位提供依据。

（三）市场需求调查

了解市场的最大和最小需求量，消费者现有和潜在的购买力、购买原因或动机，同类产品市场分布及占有率。市场需求调查的关键问题是产品购买力，因为它集中反映着市场产品需求的总量。

（四）消费者情况调查

消费者情况调查包括对消费心理、消费行为的特征进行调查分析，研究社会、经济、文化等因素对购买决策的影响及其影响的具体环节和领域。了解潜在消费者在产品款式、性能、质量、包装等方面的偏好趋势，了解消费者的品牌偏好及对企业产品的满意度等。

（五）竞争对手调查

竞争对手调查主要是对竞争对手的营销组合、产品的市场占有率和企业实力、竞争对手的优缺点及营销策略等进行调查，以便于有的放矢地采取一些竞争策略。

（六）市场销售策略调查

调查了解目前市场上的促销手段、营销策略和销售方式等，如销售渠道、销售环节、广告宣传方式和重点、价格策略等，为决策采取什么经营策略、经营手段提供依据。

二、汽车市场调查的方法

（一）汽车市场调查的方法

1. 问卷法

问卷法是指通过设计问卷的方式向被调查者了解市场情况的一种方法。按照问卷发放的途径不同，可以分为当面调查、通信调查、电话调查、留置调查四种。当面调查，是按事先设计好的问卷，有顺序地依次发问，让被调查者回答；通信调查，是将调查表或问卷邮寄给被调查者，由被调查者填妥后寄还的一种调查方法；电话调查，是指按照事先设计好的问卷，通过电话向被调查者询问或征求意见的一种调查方法；留置调查，指调查人员将问卷或调查表当面交给被调查者，由被调查者事后自行填写，再由调查人员约定时间收回的一种调查方法。

2. 观察法

观察法是指通过直接观察取得第一手资料的调查方法。市场调查人员直接到商店、订货会、展销会等消费者比较集中的场所，借助照相机、录音机或直接用笔录的方式，身临其境地进行观察记录，从而获得重要的市场信息资料。对汽车市场来讲，在马路上或停车场上观察，就可以大体了解各厂家生产出的汽车产品的市场占有率，以及人们对生产出的汽车产品款式、外形、颜色的偏好，这些很可能是厂家开发产品的依据。观察法的优点是可以客观地收集资料，集中地了解问题。

3. 座谈法

座谈法是采用小组座谈会的形式，挑选一组具有代表性的消费者或者行业专家，由主持人对到会人员进行询问，从而获得对有关问题的深入了解的一种调查方法。小组座谈会是资料收集中一种比较独特的形式，它远不止是一问一答式的面谈，而是在主持人的引导下，进行深入讨论，是一种主持人与被调查者之间、被调查者与被调查者之间互动的过程。

4. 资料研究法

资料研究法是间接调查的方法，它是利用已有的市场统计资料对调查的内容进行分析研究，以获取市场情况。资料通常来源于政府机关或者统计部门的统计数据、报纸杂志、以往的行业报告、互联网等。

三、汽车市场调查的程序

市场调查程序，是指从调查准备到调查结束全过程工作的先后阶段和具体步骤。整个调查过程一般分四个阶段进行，即确定调查目的、做好调查前的准备工作、实施调查及处理资料与撰写调查报告。

（一）确定调查目的

先要就市场状况和存在问题的背景做初步的分析并进行非正式的探测性调查，以明确问题所在，然后确定调查目的，这样可避免实际操作中的调查工作走弯路，保证调查结果的准确性和时效性。

（二）做好调查前的准备工作

调查前的准备工作主要包括制订调查计划、确定调查项目、组织并培训调查人员及具体的工作安排等。制订市场调查计划是对整个调查工作的事先设计，目的是使调查工作能有计划、有组织地进行，以确保调查任务的完成。制订市场调查计划主要应解决以下问题。

1. 确定调查对象

调查对象是由性质相同的各个调查单位或者个人组成，是拟定的实际被调查者。调查中实际观测或调查的一部分个体称为样本，也可解释为按一定的程序、方法从总体中随机抽取的部分个体。调查对象的选取首先应根据调查的目的确定调查对象的母集团，然后再根据调查所要求的精确度和调查范围确定需要调查的个体。

2. 确定调查的方法

调查方法包括样本大小的确定、调查地点、调查时期的选择和次数、调查方式的确定（即采用询问法、观察法还是座谈法），以及资料统计分析方法等。

3. 拟定调查大纲或表格

为了提高调查效率和确保调查内容全面、具体、真实，实施调查前要拟定调查大纲或调查表格。

4. 确定日程进度

市场调查时效性很强，故每次调查的时间不宜过长。在准备阶段，项目组对调查过程的每个环节要做出合理的具体的日程安排，以确保按时完成调查任务。

（三）实施调查

组织调查人员按照拟定的方法实施调查，按照计划收集各种可靠的资料和数据。首先要收集现成的二手资料，包括地方统计年鉴及各种报纸和期刊等。其次，进入实地调查阶段，这是最为关键的一环，因此必须加强组织管理，掌握好进度，以确保能够实现目标。

（四）处理资料与撰写调查报告

处理资料大体可分为两个步骤：第一，对资料或数据进行整理、统计、分析（即对收集的资料进行检查、辨析、核实、校订、编号、归类等）；第二，通过讨论或数据处理进行统计、分析，从中得出合乎实际的结论。

调查报告是调查研究之后的书面报告，要以事实材料为基础，对所调查的问题做出系统的分析说明并提出结论性的观点。

第三节 汽车销售实务

一、汽车销售流程

汽车销售流程如图 2-6 所示。

图 2-6 汽车销售流程

（一）客户开发

汽车销售流程

客户开发过程如图 2-7 所示。下面详细介绍前三个过程。

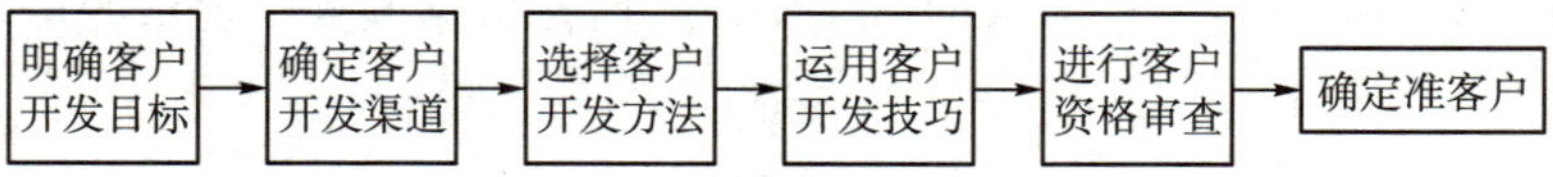

图 2-7 客户开发过程

1. 明确客户开发目标

通常，在销售人员的客户信息中，真正有购买意向的客户可能仅占约 30%，而这 30% 当中真正成交的可能仅占约 40%。由于经验、能力不同，成交率会有所不同，但每个销售人员都要对自己的商谈率和成交率进行分析，并根据自己的销售目标和成交率来制定客户开发目标。

2. 确定客户开发渠道

（1）通过媒介渠道开发客户，主要有网络渠道（公司网站、汽车专业网站、其他网站）、广告渠道和报纸渠道。

（2）在汽车 4S 店外部开发客户。

①在现有客户中寻找潜在客户。

②从市场调查走访中开发客户。

③在认识的人中开发客户。

④从商业联系中开发客户。

⑤善用各种统计资料寻找客户。

⑥利用各种名录资料开发客户。

⑦从各种贸易展销会中开发客户。

（3）在汽车 4S 店内部开发客户。

①企业的财务部门。

②汽车 4S 店的服务部门。

③公司的销售记录。

④客户来电记录。

3. 选择客户开发方法

（1）展销会。展销会是为了展示产品和技术、拓展渠道、促进销售、传播品牌而进行的一种宣传活动。举办展销会是当前汽车行业宣传产品、开发客户的主要方法。

（2）拜访客户。通过拜访客户，主要了解客户的经济实力、客户的工作及购买汽车的用途、客户的人际关系、客户的性格喜好等，从而为客户制定符合其需要的车辆。

（3）情感感动客户。经常给客户发信息、打电话、邀请客户到展厅体验产品，通过感情联络客户，先与客户成为朋友，然后再谈合作。

（4）为老客户提供优质的服务。老客户不但能够给我们再次带来销售的机会，更重要的是老客户的口碑传播可以给我们带来新的客户。特别是互联网时代，如果能把老客户变成“忠实用户”，那么你的营销活动便可达到事半功倍的效果，只需要一个爆款或者一次事件营销就可以引爆销售的增长，因为客户购买的不再是你的产品，而是你传递给客户的信念和价值观。

（二）展厅接待

展厅接待任务分析如图 2-8 所示。

图 2-8　展厅接待任务分析

展厅接待流程如图 2-9 所示。

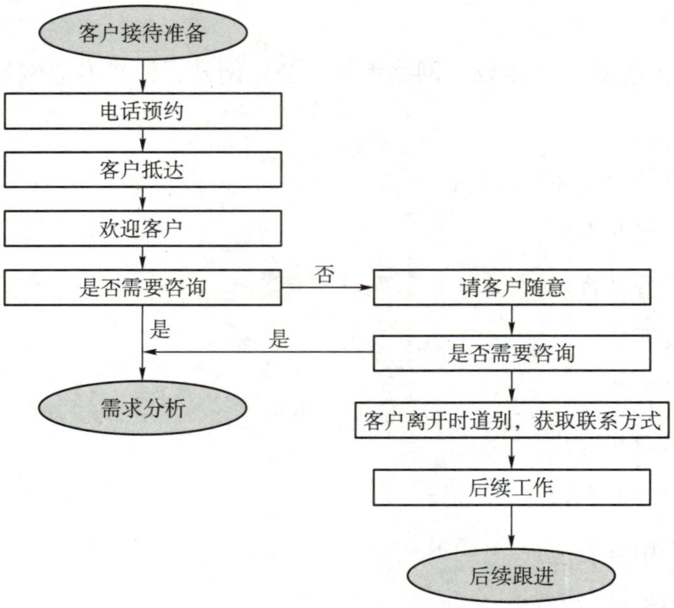

图 2–9　展厅接待流程

（三）需求分析

准确地了解客户的需求是销售成功的基础。

销售人员通过与客户的有效沟通，能够了解客户目前的状况和存在的问题，掌握客户的需求及影响购买的因素，然后对客户进行优先、轻重分析，并向其推荐合适的车型。

（四）车辆展示

车辆展示，又名车辆介绍，是对所推荐车型的外观、性能和特点进行全面介绍的过程。

车辆介绍一般按车前方、发动机舱、车侧方、车后方、车后座和驾驶座的顺序进行，这就是业内常说的车辆六方位介绍，如图 2–10 所示。

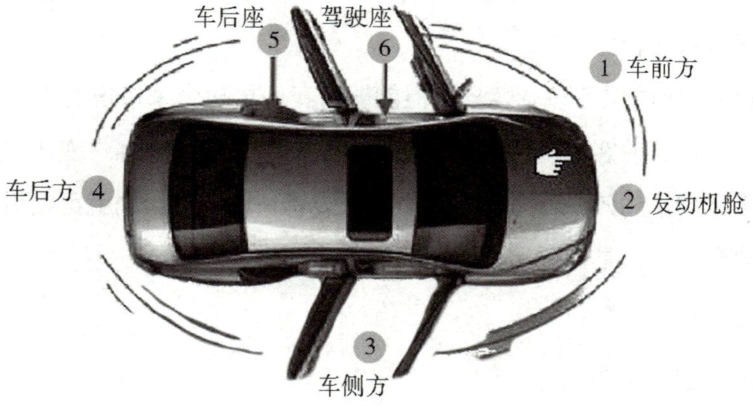

图 2–10　车辆六方位介绍

六方位介绍的主要内容如下。

（1）车前方，重点介绍车辆的外观造型、腰线伸展、大灯造型、品牌及价值所在。

（2）发动机舱，重点介绍发动机性能、技术和油耗等。

（3）车侧方，重点介绍汽车的安全性及侧视效果。

（4）车后方，重点介绍车尾的设计特色及行李箱大小、空间等。

（5）车后座，重点介绍乘坐的空间及舒适性等。

（6）驾驶座，重点介绍仪表台外观特点、驾驶的操控性、乘坐的舒适性等。

（五）试乘试驾

试乘试驾是为了让客户进行新车体验，增强客户的购买信心，同时也是展示该车性能的最佳途径。试乘试驾流程如图 2–11 所示。

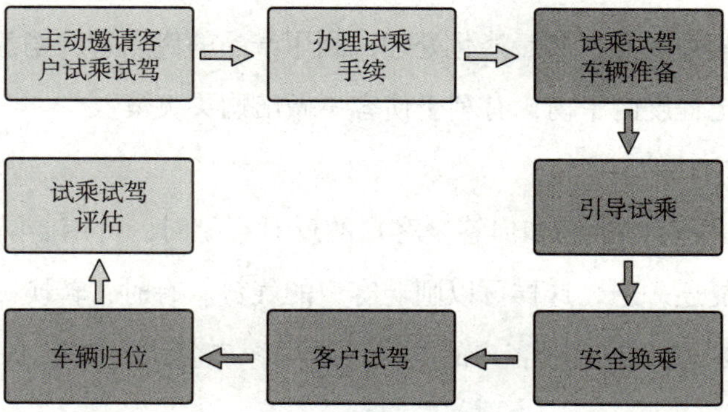

图 2–11　试乘试驾的流程

试乘试驾注意事项如下。

（1）试驾人员须拥有合法的中华人民共和国机动车驾驶证满 2 年。

（2）试乘试驾要有工作人员全程陪同，陪同人员要详细介绍试驾车型的特点。

（3）试驾时一定要遵守交通规则，上车时系好安全带，停车换人时注意来往车辆和行人。

（4）为了保证试驾人员的安全，如无特殊情况，试驾人员不要猛踩油门及刹车。试驾人员在行车途中要保持车速稳定，最高限速 40 km/ h，严禁强行超车。

（5）试驾人员必须严格按照试驾路线行驶。

（6）试驾人员如对车辆状况不熟，不要按与试乘试驾无关的按钮或开关，如有疑问，可向陪驾人员咨询。

（7）注意保护车内装饰，不准在车内吸烟、吃东西，严禁使用手机。

（8）试验刹车性能时，注意保持安全距离，并在刹车前做出有效提示。

在试乘试驾之前，工作人员要提醒试驾人员，如违反试乘试驾规定，由此产生的一切后果将由试驾人员自行负责。

（六）异议处理

客户的异议是多种多样的，处理的方法也千差万别，必须因时、因地、因人、因事采取不同的方法。常见的处理客户异议的方法有以下几种。

1. 转折处理法

转折处理法是汽车 4S 店销售人员根据有关事实和理由来间接否定客户的意见。应用这种方法是首先承认客户的看法有一定道理，也就是对客户做出一定让步，然后再讲出自己的看法。此法一旦使用不当，可能会使客户提出更多的意见。交流中销售人员要保持良好的洽谈气氛，为谈话留有余地。

2. 转化处理法

客户的反对意见是有双重属性的，既是交易的障碍，同时又是一次交易机会。销售人员要是能利用其积极因素去抵消其消极因素，未尝不是一件好事。这种方法是直接利用客户的反对意见转化为肯定意见，但应用这种技巧时一定要讲究礼仪，不能伤害客户的感情。

3. 以优补劣法

如果客户的反对意见的确切中了产品或公司所提供服务中的缺陷，销售人员千万不可以回避或直接否定。明智的方法是肯定相关缺点，然后淡化处理，利用产品的优点来补偿甚至抵消这些缺点。这样有利于使客户的心理达到一定程度的平衡，有利于使客户做出购买决策。

4. 委婉处理法

汽车 4S 店销售人员在没有考虑好如何答复客户的反对意见时，可用委婉的语气把客户的反对意见重复一遍，或用自己的话复述一遍，这样可以削弱客户的气势。有时，转换一种说法会使问题容易回答得多，但要注意，只能减弱而不能改变客户的看法，否则客户会认为汽车 4S 店销售人员在歪曲他的意见而产生不满。

5. 合并意见法

合并意见法是将客户的几种意见汇总成一个意见，或者把客户的反对意见集中在一个时间讨论，其目的是削弱反对意见对客户所产生的影响，但要注意不要在一个反对意见上纠缠不清。由于人们的思维有连带性，因此往往会由一个意见派生出许多种反对意见。摆脱这种状况的方法是在回答了客户的反对意见后马上把话题转移开。

6. 反驳法

反驳法是指汽车 4S 店销售人员根据事实直接否定客户异议的处理方法。理论上讲，这种方法应该尽量避免。直接反驳客户容易使气氛僵化而不友好，使客户产生敌对心理，不利于客户接纳汽车 4S 店销售人员的意见和建议。

7. 冷处理法

对于客户一些不影响成交的反对意见，汽车 4S 店销售人员最好不要反驳，采用不理睬的方法是最佳的。千万不能当客户提出反对意见时，销售人员马上反驳或以其他方法处理，那样就会给客户造成汽车 4S 店销售人员总在挑他毛病的印象。

（七）成交签约

这个阶段，汽车 4S 店销售人员要动作迅速，一切按规范处理，一定要确认资金金额和支付方式，按规定收取订金、签订订单协议与合同，同时应在客户支付购车款前把注意事项说清楚。

（八）新车交车

1. 交车前的文件准备

交车前要对涉及车辆的相关文件进行仔细全面的检查，确认无误后，装入文件袋，以便交给客户。这些文件包括商业单据发票、合同等；临时行车牌照；使用说明手册、保修手册、产品合格证等；完税证明、保险凭证等；销售人员、服务部经理／服务代表的名片；交车确认表和车辆的售前检验记录（PDI）检查表等。

2. 车辆状况检查

交车时，汽车 4S 店销售人员要带领客户按规定对车辆进行检查，检查内容主要包括以下几方面。

（1）车辆细节检查。检查车辆有无漆面划伤、剥落、凹痕、锈点、饰条；内、外观有无划伤或缝隙的大小和均匀度是否符合规定等；车内电线束是否扎紧和吊挂是否牢靠；车窗、引擎盖及行李箱等是否有损失；汽油箱内是否按规定加有规定数量的汽油。

（2）每月经办人员整理 PDI 检查表，按新车汇总表的顺序归档，以备查验。

（3）交车前装配好约定的选用备件，安装选用配件时必须按照作业标准进行。

（4）检查随车出厂合格证、所有的票据、临时牌照、随车工具、各种说明书和手册、备胎等，要齐全完好。

（5）功能演示。在规定的交车区域里演示各项功能的操作，如座椅、方向盘的调整；后视镜调整和电动窗的操作；如何开启空调及除雾装置；车内音响的使用；灯光、仪表、电子钟的使用介绍；特殊配备的功能介绍，如定速巡航功能、GPS 功能等；其他任何客户可能不熟悉的事项。

（九）售后联系

汽车 4S 店销售人员要对使用说明书及保修手册的各项内容和使用方法做详细地说明，以免日后因误解产生不必要的麻烦，说明项目如下。

（1）车辆各部分使用说明并演示基本项目。

（2）400 免费服务电话或其他服务专线电话及 24 小时求援服务说明。

（3）紧急情况处理。

（4）定期保养项目表。

（5）根据不同的品牌，对行驶 1 000 km 或 3 000 km 或公司具体规定的不同的免费保养内容予以说明。

（6）保修时间和保修里程数，说明两者之中只要出现一个，都表示保修期已到。

（7）保修项目和非保修项目，如易损部件和维护材料等。

（8）确定首次保养的日期，并记入《保有客户管理卡》。

（9）当面向客户介绍服务经理和服务代表，并递交名片。

（10）服务经理向客户介绍日常为其服务的服务代表，并说明有任何解决不了的问题都可找服务经理协调解决。

二、汽车销售技巧

（一）第一印象是成功的关键

假如汽车 4S 店销售人员能够在第一次见面时就被客户喜欢，那么他（她）就已经成功了一半。汽车 4S 店销售人员在与客户第一次见面时需要注意以下几点。

1. 服饰得体

汽车 4S 店销售人员的着装要整洁、得体、符合自己的身份，不要过于前卫或者佩戴过多的饰物，更不要穿着奇装异服。汽车销售展厅工作人员服饰厂家有统一的规定。

2. 言谈举止

汽车 4S 店销售人员的一言一行都代表了公司的形象。因此，有些问题是汽车 4S 店销售人员必须避免的。比如，语速太快、语言粗俗、说大话、撒谎、油腔滑调、沉默寡言、与客户勾肩搭背、脚不住地抖动、不停地看表、东张西望、慌慌张张等。

3. 待人礼貌

有礼貌是一个人内在素养的体现，与客户说话时态度要谦逊有礼，让客户觉得汽车 4S 店销售人员很有教养。有礼貌的基本原则是真诚、热情、自信、谦虚。围绕这几个基本原则交往，必然能给客户留下彬彬有礼的印象。

（二）对自己的产品要了如指掌、信心十足

产品是汽车 4S 店销售人员打仗的武器，如果不熟悉产品，在客户面前就先输了一半。信心是能传染人的，如果汽车 4S 店销售人员对自己的产品都没信心，那客户对产品更没信心。汽车 4S 店销售人员的信心来源于三个方面：一是自己的业务能力；二是产品的质量；三是企业的实力。

（三）保持一颗平常心

大量实践表明，一次拜访就成功签约的比例不到 10%，一般汽车 4S 店销售人员都需要拜访客户 3 次以上，才有机会成功签约。所以，初做业务的汽车 4S 店销售人员需要保持一颗平常心，别给自己太大的压力，要抱着“混个脸熟”的思想去拜访客户，但每次拜访一定要给下次留有余地，而且随着访问次数的增加，还可以增加访问的深度，这样才有可能成交。

第四节 汽车电子商务与网络营销

随着网络时代和电子商务的兴起，各个行业都发现了新的商机，电子商务也将成为汽车营销与技术服务新的渠道。汽车网络销售让不少企业取得了辉煌的销售业绩。2010 年，奔驰 smart 在 3 小时 28 分钟内被抢购 205 辆；同年，吉利熊猫汽车某日 0 点刚上线，1 分钟内就卖出 300 辆；2012 年江淮悦悦在天猫“双 11”购物狂欢节活动中热销 1 225 辆。

电子商务是通过互联网进行的各项商务活动，包括广告、交易、物流、支付、服务等活动。其基本框架如图 2-12 所示。

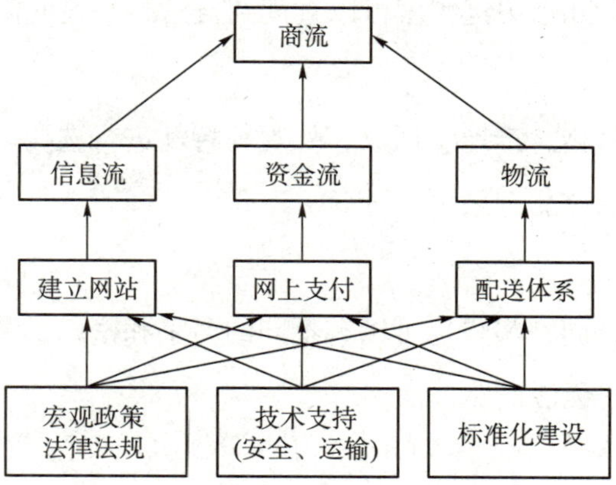

图 2-12　电子商务的基本框架

经济活动中的要素可以用四种方式表达，即信息流、资金流、物流和商流。信息流包括商品信息、技术支持信息、服务信息、企业资信信息等的传递过程，也包括询价信息、报价信息、付款通知书等商业贸易单证信息的传递过程。资金流是指资金的转移过程，包括付款和账单等。物流是商品或服务的流动过程，具体指商品运输的全过程。商流是指商品在流通中发生形态变化的过程，即由货币形态转化为商品形态及由商品形态转化为货币形态的过程，随着买卖关系的发生，商品所有权也发生转移。

一、汽车生产企业的营销管理与电子商务

（一）汽车企业对客户的电子商务

汽车企业对客户的电子商务简称 BTOC（B 即 Business，指生产厂家；C 即 Consumer，指客户）。

汽车厂商建立自己的网站，把信息发布出去，加强与客户之间的信息联系；网站通过建立论坛、公开电子邮件地址等方式，可以收集客户和竞争对手对自己的意见与看法；客户可以通过厂商的网站了解厂家的产品，并提出自己对产品和服务的意见；通过论坛，客户之间可以沟通交流，为买车、驾车提供参考。

（二）汽车企业对经销商和供应商的电子商务

汽车企业通过互联网构筑虚拟专用网络，将分销渠道的内部网融入其中，可以及时了解分销过程的商品流程和最终销售状况，这将为企业及时调整产品结构、补充脱销产品、分析市场特征、实时调整市场策略等提供依据，从而为企业降低库存、采用实时生产方式创造条件。对于分销商而言，网络销售也开辟了及时获取畅销产品信息、处理滞销产品的巨大空间。

汽车厂商网站可实现的功能有产品目录管理、网上洽谈、订单管理等。

汽车电子商务平台可实现的功能包括以下几方面。

1. 前台购物客户登记

客户可以将个人信息存入网上的数据库，用于鉴别自己的身份，厂家对符合条件的客户给予适当的优惠。登记只需进行一次，在以后的购买过程中，系统会根据客户的信息自动加以识别，方便客户的购买。

2. 在线商品查询

在线商品查询包括模糊查询和分类查询，所有的查询条件可以自定义，由数据库自动生成，并可根

据多种组合查询，客户只需输入几个关键字就可以查询到自己感兴趣的商品信息。

3. 在线商品浏览

客户可根据商品的价格、规格、产地、厂家、外观等特性进行选购。显示的商品记录由客户或选择的查询条件产生，可以分页显示商品记录。

4. 客户登录

不同的客户有不同的代码，同一客户也可以有不同的名字和密码，系统可以实现对网站的浏览者进行良好的控制，没有权限的客户无法浏览。

5. 信息发布

信息发布是一个在线交流系统，可分为两部分：一是重要信息，即共同信息，所有的客户都能看到；二是代理商信息，不同的代理商看到的内容不同，具有针对性。

6. 财务查询

不同的代理商可以看到自己的财务账单，可按时间、金额、月份查询。

7. 产品目录

所有的代理商都可以看到商品的概况，包括价格、外观和技术参数等。

二、汽车网络销售流程

（1）汽车经销商将自己所有的产品发布到网页上，包括产品图片、价格、性能描述、使用及维修说明、售后服务等详细信息。

（2）客户通过浏览器输入汽车经销商的地址，进入其网站。

（3）客户通过查看相关车型、款式、价格、配置等，经过详细对比选中某一车型。

（4）客户通过购物对话框填写购物信息，包括个人信息、所选车型品牌、配置、颜色、款式、规格、价格等详细参数，填写完毕提交。

（5）客户选择付款方式，如用网银、信用卡、电子支票，或者办理有关购车贷款等。

（6）汽车经销商确认客户付款后，通知销售部门，销售部门通过物流送货上门。

（7）客户按时收货，确认车款、配置、颜色、价格等后签字收货，完成网上销售全过程。

（8）若客户在使用过程中对技术性能、产品参数等有异议，可以通过汽车经销商的网站参与在线互动，与专业技术人员交流沟通。

本章小结

随着改革开放的深入，我国的汽车行业早已经由计划经济过渡到了市场经济，已经由卖方市场转变为买方市场，汽车企业的竞争已经不是单纯的国内竞争，而是变成了激烈的国际竞争，但市场的竞争离不开市场营销。伴随着商品经济的发展和市场竞争的日益激烈，汽车市场营销也被提到重要的议事日程上来。因此，如何在较短的期限内培养出大批具有现代营销理念，善于捕捉市场机遇，并能够灵活掌控市场营销技能、技巧的汽车销售人才，已经成了当务之急。

课程思政

“云上汽车”：未来汽车营销新模式崛起

“云上汽车”成了目前汽车行业一个最热的话题。近几年，受新冠肺炎疫情影响，云体验、云直播、云发布等非接触的线上方式成为汽车营销的主要方式。虽然没有大场面、大明星、大制作，但这种线上新模式承载了更多的内容和创新，给人一种全新的体验。

尽管最初是应对新冠肺炎疫情的无奈之举，但“云上汽车”却被越来越多的人接受和好评，开始成为一种时尚潮流。多位业内人士表示，这可能并不是简单的场景改变，而将是未来汽车行业营销新模式的崛起。

新冠肺炎疫情之后，传统的模式可能不会马上消失，但“云上汽车”也不仅仅只是一时的应急之策，而是汽车产业创新升级的一次加速。

来源：人民网

思考练习

1. 汽车分销渠道有哪些？
2. 简述汽车营销的模式。
3. 汽车特许经销商的条件是什么？
4. 汽车市场调查的内容有哪些？
5. 汽车销售有哪些技巧？
6. 简述汽车网络销售流程。

第三章

汽车服务企业人力资源管理

本章导读

从经济学的角度看，一切经济活动都涉及五类资源，即人力资源、物力资源、财力资源、时间资源、信息资源。其中只有人力资源是能动的“活的资源”，能够主动地创造和改造世界，并且是难以控制与把握的。其余的均是被动的、机械性的，是容易控制的“物的资源”，是由人力资源去控制和把握的。因此，人才是生产力中最活跃的要素，是构筑企业核心竞争力的基石，是企业最宝贵、最有价值的资源，是在企业生存与发展中起决定性作用的因素。

假如有两个国家或两个相同的汽车服务企业，它们拥有相同数量与质量的“物的资源”，那么决定国家财富状况或者企业效益的就是人力资源开发与利用的情况。人力资源的数量和质量决定了对“物的资源”的使用与驾驭，是浪费、高耗、低效，还是节约、低耗、高效。现代汽车服务企业之间的竞争，很大程度上是人力资源的竞争。因此，人力资源管理是现代汽车服务企业管理的重要内容。现代的人力资源管理的根本点就是以人为本的战略性激励，它不是管人，而是爱人、善待人、尊重人、理解人。

学习目标

1. 了解人力资源和人力资源管理的基本知识。
2. 掌握工作分析的基本知识。
3. 了解人力资源招聘的原则，清楚员工招聘的基本知识。
4. 了解人才测评的方法。
5. 掌握人力资源培训的方法和形式。

第一节　人力资源管理概述

一、人力资源及其特征

在农业经济时代，土地是重要的生产要素；在工业经济时代，资本是重要的生产要素；在知识经济时代，人是最重要的生产要素。社会越发展，人们就越深刻地认识到，人力是一种资源，对推动社会进步和企业发展具有举足轻重的作用。因此，在知识经济时代，企业的成败实际上取决于对人的管理，怎样求才、知才、用才、育才是每个成功的企业管理者必备的素质。把员工看成最宝贵的财富，为提高员工价值而进行投资，加强对员工的评估激励与职业引导，增强员工活力，是现代人力资源（human resources，HR）管理的基本出发点。

汽车是一种对可靠性、安全性要求较高的现代化运输工具，其结构复杂，技术密集。为适应社会发展的需要，车辆的品种日益增加，新技术、新工艺、新材料也在不断被采用，这就决定了汽车服务行业的技术复杂性。现代汽车服务企业的核心竞争力之一是现代人力资源管理，汽车服务企业的组织建设决定着企业的命运，而企业组织的建设依赖的是人力资源管理。

（一）人力资源的概念

人力资源是指在一个国家或地区中，处于劳动年龄、未到劳动年龄和超过劳动年龄但具有劳动能力的人口之和，或者表述为，一个国家或地区的总人口减去丧失劳动能力的人口之后的人口。人力资源也指一定时期内组织中的人所拥有的能够被企业所用，且对价值创造起贡献作用的教育、能力、技能、经验、体力等的总称。从狭义上讲，人力资源就是企事业单位独立的经营团体所需人员具备的能力（资源）。

（二）人力资源的特点

和其他资源相比，人力资源具有以下特点。

1. 时效性

人力资源存在于人的生命之中，是一种具有生命的资源，其形式、开发和利用都要受到时间的限制。一方面，由于人的生命周期呈阶段性发展，能被开发和利用仅是一生的中间阶段，且在能够从事劳动的不同年龄段，其劳动能力也不尽相同。另一方面，随着时间的推移、科技的发展，人的知识和技能因相对老化而导致劳动能力相对降低。

2. 能动性

能动性是人力资源区别于其他资源的最根本所在。这种能动性主要表现在：一是人的自我强化，即人通过学习能提高自身的素质和能力；二是选择职业，即人力资源通过市场来调节，选择职业是人力资源主动与物质资源结合的过程；三是积极劳动，这是人力资源能动性的主要方面，也是人力资源发挥潜能的决定性因素。

3. 持续性

一般来说，物质资源的开发只有一次开发、二次开发，形成产品使用之后，就不存在继续开发的问题了。但人力资源则不同，使用后还能继续开发，是可以持续开发的资源，尤其是智力型人力资源，其使用过程本身也就是开发的过程。在知识更新周期缩短、社会经济快速发展的时代，必须对人力资源持续不断地开发。

4. 两重性

人既是生产者又是消费者，这决定了人力资源的两重性。人力资源一方面可以投入到生产中去，与其他资源相结合，创造社会财富；另一方面，为了保持和维护人力资源，它本身又要消耗社会财富，表现为企业的成本。

5. 复杂性

人力资源的复杂性取决于两个方面：一方面是由人力资源的个体差异性造成的，表现为人与人之间在素质、能力、态度、业绩等各方面的千差万别；另一方面是人的本性，人是自然属性和社会属性的统一体，不但具有自然生理特征，而且具有思想意识、道德和复杂情感，不同于只有机械性和简单性的一般物质资源，人力资源具有特殊的人性和复杂性。

6. 社会性

社会性是人力资源与自然资源的根本区别。人力资源的社会性主要表现为人与人之间的交往及由此产生的千丝万缕的联系。人的社会属性使得在人力资源管理过程中不仅要考虑人的个性，还要考虑人与人之间的关系，以及这种关系对组织的影响。

二、人力资源管理

人力资源管理

（一）人力资源管理的定义

人力资源管理，就是指运用现代化的科学方法，对与一定物力相结合的人力进行合理的培训和调配，使人力、物力经常保持最佳比例，同时对人的思想、心理和行为进行恰当的诱导、控制与协调，充分发挥人的主观能动性，使人尽其才，事得其人，人事相宜，以实现企业的发展目标。

对于某个具体的企业而言，人力资源管理就是通过招聘、录用、培训、绩效考评、福利与报酬等工作，从全社会大的人力资源中获取人才、使用人才、培养人才，并通过全体员工的工作实现企业目标的过程。通常人力资源部门要做的主要工作有：人力资源规划、职务设计与工作分析、招聘与甄选、员工培训与能力开发、工作绩效评价、工资福利、劳资关系、工作安全与保健等。

（二）人力资源管理的目标与任务

明确人力资源管理的目标和任务是做好人力资源管理工作的前提。

1. 人力资源管理的目标

（1）最大限度地满足企业人力资源的需求，保证企业的正常运转。

（2）最大限度地开发与管理企业内外的人力资源，促进企业的持续发展。

（3）最大限度地维护与激励企业内部人力资源，充分发挥员工潜能，使人力资源得到应有的补充和提升。

（4）最大限度地利用人力资源的规律和方法，正确处理和协调生产经营过程中人与人的关系、人与事的关系、人与物的关系，维持人、事、物在时间和空间上的协调，实现最优结合。

（5）最大限度地保障人力资源的环境条件，确保劳动安全，避免生产事故。

（6）最大限度地提高劳动生产率，尽力以最小、最合理的投入获取最佳的经济效益。

（7）最大限度地遵循价值杠杆原理，发掘人才，使用人才，培养人才，留住人才。

（8）最大限度地研究、分析企业生产纲领和规模效益的配比关系，精心进行岗位设计，达到职数、职位的科学、合理配置。

（9）最大限度地从战略高度前瞻企业的发展前景，准确预测人力资源的目标，制订人力资源规划。

（10）最大限度地创造和培育企业人际氛围，塑造良好的企业文化，以利于员工工作、学习和生活。

2. 人力资源管理的任务

（1）做好人力资源规划。对于未正式组建的企业，人力资源管理工作首先是人力资源规划工作，而对于已经存在的企业，人力资源规划仍然是一项重要的常规工作，其主要内容见表 3–1。人力资源部门要认真分析与研究企业的发展战略和发展规划，主动提出相应的人力资源发展规划的建议，积极制订、落实。人力资源部门要积极配合有关部门做好分析、组织、设计工作，指导基层做好岗位设置、设计工作。

表 3–1　人力资源规划的主要内容

规划项目	主要内容	预算内容
总体规划	人力资源管理的总体目标和配套政策	预算总额
配备计划	中长期内不同职务、部门或工作类型的人员的分布情况	人员总体规模变化而引起的费用变化
退休解聘计划	各种原因离职人员情况及其所在岗位情况	安置费
补充计划	需要补充人员的岗位、补充人员的数量、对人员的要求	招募、选择费用
使用计划	人员晋升政策、晋升时间；轮换工作的岗位情况、人员情况、轮换情况	职业变化引起的薪酬福利等支出的变化
培训开发计划、职业规划	培训对象、目的、内容、时间、地点场所、教员情况、骨干人员的使用和培养方案	培养总投入、脱产人员工资及损失
劳动关系计划	减少和预防劳动争议，改进劳动关系的目标和措施	诉讼费用及可能的赔偿

（2）工作和岗位分析。工作分析是确定完成各项工作所需的技能、责任和知识的系统过程。它提供了关于工作本身的内容、要求及相关的信息。通过工作分析可以确定某一工作的任务和性质、适合从事这项工作的人。这些信息都可以通过工作分析的结果——岗位说明书进行描述。

人力资源部门要对企业的工作进行分析，全面、正确地把握企业内每个岗位的各项要求与人员素质匹配的情况，及时、准确地向有关部门与人员提供相关信息。这种具体要求必须形成书面材料，这就是工作岗位职责说明书。这种说明书不仅是招聘工作的依据，也是对员工的工作表现进行评价的标准，还是进行员工培训、调配、晋升等工作的根据。

（3）人力资源配置。人力资源管理部门应该全面掌握企业工作要求与员工素质状况，及时对那些不适应岗位要求的员工进行适当调整，使人适其岗，尽其用，显其效。

（4）员工招聘。招聘包括吸引和录用两部分工作。对于那些一时缺乏合适人选的空缺岗位，人力资源管理部门要认真分析岗位工作说明书，选择合适的广告媒体积极宣传，吸引那些符合岗位要求的人前来应聘，给每个应聘的人提供均等的就业机会。人力资源部门在招聘过程中，应充分理解招聘和应聘工作是一个双方权衡的过程，并非单方面对应聘人条件的衡量。录用时，除考虑人员的应聘条件外，还应考虑企业的承受能力与特点。

（5）员工培训。员工培训是指组织有计划地帮助员工提高与工作有关的综合能力而采取的努力。培训的目的不仅是要帮助员工学习完成工作所必需的技能、知识和行为，并合理地运用到工作实践中，而且更是要通过培训将组织的价值观念和文化传递给员工。

（6）人才维护。全部岗位人员到位，形成优化配置后，如何维护与维持配置初始的优化状态是人力资源管理的核心任务。人才维护包括积极性的维护、能力的维护、健康的维护、工作条件与安全的维护等。人才维护主要通过激励机制、制约机制与保障机制的建立和发挥来完成，包括薪酬、福利、奖惩、绩效考核和培训等手段。

（7）人力资源开发。人力资源的潜能巨大。有关研究表明，当员工经过一定的努力并适合当前的岗位工作要求后，只要发挥40%左右能量，就足以保证完成日常工作任务。人力资源开发主要是指通过传授知识、转变观念或提高技能来改善当前或未来的管理工作绩效的活动。人力资源开发的作用是给员工增添超过他们目前工作需要的各种能力，是企业为提高员工承担各种任务的能力所进行的努力。这种努力既有利于企业，也有利于员工的事业发展。相比之下，员工培训注重实用技能的训练，注重将培训中所学的东西及时应用于实际工作。

换一个角度来看，人力资源在维持状态下一般只发挥40%作用，尚有60%的潜力有待开发、挖掘。因此人力资源维护是保证企业人力资源需要的基础，而开发才是促进企业持续发展的根本，维护总是有限的，开发才是无限的。因此开发人力资源是企业人力资源管理永恒的主题。

小型汽车服务企业可以只设置专职或兼职的人力资源管理人员。中、大型汽车服务企业要设置人力资源部，配备若干专职人员。人力资源管理是一项重要工作，因而大多由企业高层管理者主抓，归属于厂长、经理办公室或由厂长、经理直接领导。

第二节　人力资源规划与工作分析

一、人力资源规划

（一）人力资源规划的含义

人力资源规划（human resource planning，HRP）是组织为实现其发展目标，对所需人力资源进行供求预测，制定系统的政策和措施，以满足自身人力资源需求的活动。人力资源规划是一种将人力资源管理与组织宏观战略相结合，并最终实现组织目标的途径。即通过合理地分析和预测组织所处的动态环境系统，以及组织自身的优势和不足，实现组织在恰当的时间、恰当的岗位上获得恰当的人选的一个动态过程。它包含以下三层意思。

（1）一个组织之所以要编制人力资源规划，主要是因为环境是变化的。企业的内部环境、外部环境都在不断变化，导致企业对人力资源供求的动态变化。

（2）人力资源规划的主要工作是制定必要的人力资源政策和措施。

（3）人力资源规划的最终目标是使组织和个人都得到长期利益。

（二）人力资源规划的作用

人力资源规划是人力资源管理工作的一个重要职能，也是人力资源管理工作的基础。人力资源规划的作用体现在以下几方面。

（1）使组织及时了解由于企业经营活动变化而导致的人力资源管理方面的变化。组织的生存和发展与组织的人力资源密切相关，组织经营活动过程中的任何变化都有可能导致组织中人力资源的变化，如果组织的人力资源不能适应组织的这种变化，组织的目标就难以实现。人力资源规划就是要预见将要产生的组织变化对人力资源需求的影响，并且及早进行准备。

（2）有助于组织获得并且留住能满足企业需要的，具有一定知识、能力和经验的人员。通过人力资源规划，组织可以了解哪些人员是组织短缺的，组织应该制定什么样的员工发展政策和薪酬政策，以吸引和留住组织所需要的人员。人力资源规划对调动员工的积极性也很重要。只有在人力资源规划的条件下，员工才可以看到自己的发展前景，从而去积极地争取。人力资源规划有助于引导员工的职业生涯设计和职业生涯发展。

（3）在所有的管理职能中，人力资源规划最具有战略性和主动性。科学技术瞬息万变，而竞争环境也变化莫测。这使得人力资源预测不仅变得越来越困难，也变得更加紧迫。人力资源管理部门必须对组织未来的人力资源供给和需求做出科学预测，以保证组织能及时获得所需要的各种人才，进而保证实现组织的战略目标。由此看来，人力资源规划在各项管理职能中起着桥梁和纽带的作用。

（4）通过人力资源供给和需求的科学分析，制订合理的人力资源规划，有助于一个组织战略目标、任务和规划的制定和实施；提高竞争优势，如最大限度地削减经费、降低成本、创造最佳效益；辅助其他人力资源政策的制定和实施，如招聘、培训、职业设计和发展等。

（三）人力资源规划的内容

（1）晋升规划。晋升规划实质上是组织晋升政策的一种表达方式。对企业来说，有计划地提升有能力的人员，以满足职务对人的要求，是组织的一种重要职能。从员工个人角度来看，有计划的提升会满足员工自我实现的需求。晋升规划一般用指标来表达，如晋升到上一级职务的平均年限和晋升比例。

（2）补充规划。补充规划也是人事政策的具体体现，目的是合理填补组织中长期内可能产生的职位空缺。补充规划与晋升规划是密切相关的。由于晋升规划的影响，组织内的职位空缺逐级向下移动，最终积累在较低层次的人员需求上。这同时也说明，低层次人员的吸收录用，必须考虑若干年后的使用问题。

（3）培训开发规划。培训开发规划的目的，是为企业中、长期所需填补的职位空缺事先准备人员。在缺乏有目的、有计划的培训开发规划的情况下，员工自己也会培养自己，但是效果未必理想，也未必符合组织中职务的要求。当我们把培训开发规划与晋升规划、补充规划联系在一起的时候，培训的目的性就明确了，培训的效果也就明显提高了。

（4）调配规划。组织内的人员在未来职位的分配是通过有计划的人员内部流动来实现的。这种内部的流动计划就是调配规划。

（5）工资规划。为了确保未来的人工成本不超过合理的支付限度，工资规划也是必要的。未来的工资总额取决于组织内的员工是如何分布的，不同的分布状况，其成本是不同的。

（四）人力资源规划步骤

人力资源规划步骤主要包括搜集有关的信息资料；人力资源需求、供给预测；确定人员的总需求；确定人力资源目标；制订具体规划；对人力资源规划进行审核、评估等。

二、工作分析

（一）工作分析的概念

工作分析是人力资源管理的首要工作。所谓工作分析，是指系统地收集和分析与工作有关的各种信息的过程。工作分析的目的在于为人力资源规划、人员的甄选录用、建立工作标准、员工任用、员工职业生涯管理、人员培训、绩效评估等提供有效信息。工作分析的结果通过岗位说明书描述出来。

（二）工作分析所需的信息

工作分析是一个描述和记录工作各个方面的过程，它需要收集和工作本身相关的各项信息。下面介绍一个有效的工作分析应该包括的内容。

1. 背景资料

背景资料指企业所拥有的产业、企业的经营战略、企业文化、组织结构和职业分类等。

2. 工作活动

工作活动指实际发生的工作活动、工序、活动记录、负责人的职责等。

3. 工作行为

工作行为指与工作有关的个人行为（如沟通、决策、撰写等）、动作和行为的质量要求。

4. 工作设备

工作设备包括计算机（软件和硬件）、安全设施、办公室设备、机器、工具和其他工作器具等。

5. 有形和无形物质

有形和无形物质指与工作有关的有形和无形物质，包括物料、制成品、所应用的知识和所提供的服务等。

6. 绩效标准

绩效标准包括工作标准、偏差分析、各种量度和评估工作成果的方法等。

7. 工作条件

工作条件指工作环境、工作时间表、激励因素及其他企业和社会环境的条件。

8. 人员条件

人员条件指与工作有关的知识和技能及个人特性的要求。

（三）工作分析的流程

作为对工作的一个全面评价过程，工作分析过程可以分为以下四个阶段、六个步骤，如图 3–1 所示。

第一阶段：准备阶段，此阶段可分为三个步骤。

步骤 1：明确工作分析的目的和结果使用的范围。

步骤 2：确定参与人员。

步骤 3：选择分析样本。

第二阶段：工作信息收集与分析阶段，此阶段包括一个步骤。

步骤 4：收集并分析工作信息。

第三阶段：工作分析成果生成阶段，此阶段包括一个步骤。

步骤 5：编写工作说明书。

第四阶段：工作分析成果的实施、反馈与完善阶段，此阶段包括一个步骤。

步骤 6：实施工作说明书的反馈与改进。

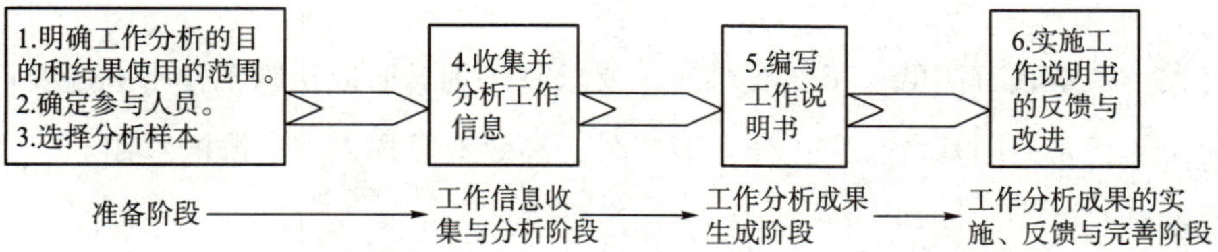

图 3–1　工作分析过程的阶段与步骤

第三节 人力资源的招聘和培训

一、人力资源招聘

人力资源招聘是通过各种信息途径吸引应聘者，并从中选拔、录用企业所需人员的过程。人力资源招聘是获取人力资源的具体表现，是人力资源规划的具体实施，是按照企业经营战略规划和人力资源规划的要求，把优秀、合适的人招进企业，把合适的人放在合适的岗位，这是一个企业成败的关键。此外，通过企业代表与应聘者直接接触的过程，以及在招聘过程中进行的宣传工作，也可以树立良好的企业形象。同时，通过在招聘过程中对应聘者的准确评价和有效选拔，企业可以找到那些认可企业的核心价值观念并受聘岗位与受聘者的能力相匹配的人员。这样就可以减少新加入者在短期内离开公司的可能性，降低企业的人力资源风险。

（一）人力资源招聘的基本原则

从数量与质量两方面，获取企业在各个发展阶段所需要的人员，是人力资源招聘工作的主要目标。为使人力资源招聘工作健康顺利地进行，在招聘过程中，应遵循以下原则。

1. 公开、竞争原则

公开是指把招考单位、种类、数量、报考的资格、报考条件、考试的方法、科目和时间均面向社会通告周知，公开招聘。竞争是指通过考试和考核，确定人员的优劣和人选的取舍。只有通过公开竞争才能使人才脱颖而出，才能吸引真正的人才，以起到激励作用。

2. 择优录取原则

择优是招聘的根本目的和要求。择优就是广揽人才，选贤任能，从应聘者中选出优秀者。情景模拟做出试用决策前要全面测评和考核，招聘者要根据综合考核成绩，精心比较，谨慎筛选，做出录用决定。为确保择优性原则，应制定明确而具体的录用标准。

3. 宁缺毋滥原则

招聘决策一定要树立“宁缺毋滥”的观念。这就是说，一个岗位可暂时空缺，也不要让不适合的人占据。这就要求做决策时，要有一个提前量，而且广开贤路。

4. 能级原则

人的能量有大小，本领有高低，工作有难易，要求有区别。所以招聘工作不一定要最优秀的，而应量才录用，做到人尽其才，用其所长，这样才能持久、高效地发挥人力资源的作用。

5. 全面考核原则

全面考核原则指对报考人员从品德、知识、能力、智力、心理、过去工作的经验和业绩进行全面考试、考核和考查，决策者必须对应聘者各方面的素质条件进行综合性的分析和考虑，从总体上对应聘者的适合性做出判断。

（二）人力资源招聘的途径

人力资源规划是企业招聘人员的基本前提，人力资源规划的结果决定了企业招聘人员的数量、结构和类型，决定了企业人员招聘的途径。

一般来讲，人力资源招聘的途径主要包括内部招聘和外部招聘。根据需要也可以采取内外结合招聘的方式。人力资源招聘最终应有助于提高企业的竞争能力和获利能力。

1. 内部招聘

内部招聘主要是面向企业现有职工招聘，其方法有公开招募、内部提拔、横向调动、岗位轮换、重新雇用或召回以前的雇员等。其中，公开招募是面向企业全体人员，内部提拔、横向调动和岗位轮换则是局限于部分人员，重新雇用或召回以前的雇员是吸引那些因企业不景气等原因而被企业裁减的人或者在竞争中被暂时淘汰的人。

2. 外部招聘

外部招聘包括到大学、人才交流会、专业协会或通过人才招聘网站去物色对象，也可通过在网络、报纸、专业杂志、广播电视等媒体上刊登广告公开招聘。要使外部招聘实施有效，必须对企业空缺职位所需的能力和资格要求描述清楚，否则将会增加许多不必要的工作量。此外，组织内部成员引荐也是一个有效的途径。

可见，在填补职位空缺时，不论是从内部提拔还是从外部雇用，都各有利弊。内部招聘和外部招聘的优缺点见表 3–2。

表 3–2　内部招聘和外部招聘的优缺点

招聘途径	优　点	缺　点
内部招聘	· 可提高被提升者的士气。 · 对员工能力可更准确地判断。 · 在有些方面可节省费用。 · 可调动员工的工作积极性。 · 可促成连续的提升。 · 一般雇用从最低级别的员工中选拔	· “近亲繁殖”（企业的视野会逐渐狭窄）。 · 未被提升的人或许士气低落。 · “政治的”钩心斗角。 · 必须制订管理与培养计划
外部招聘	· “新鲜血液”有助于拓宽企业的视野。 · 比培训专业人员要廉价和快速。 · 在企业内没有业已形成的政治支持者小集团	· 可能引来企业窥察者。 · 可能未选到“适应”企业需要的人。 · 可能会影响内部未被选拔的候选人的士气。 · 新员工需要较长的“调整期”或熟悉时间

大多数企业实行内外招聘并举。如果某一企业的外部环境和竞争情况变化非常迅速，它就既需要开发利用内部人力资源，同时又必须侧重利用外部人力资源。对那些外部环境变化缓慢的企业来说，从内部进行提拔往往更为有利。

3. 人力资源招聘的程序

图 3–2 所示为人力资源招聘的基本程序。

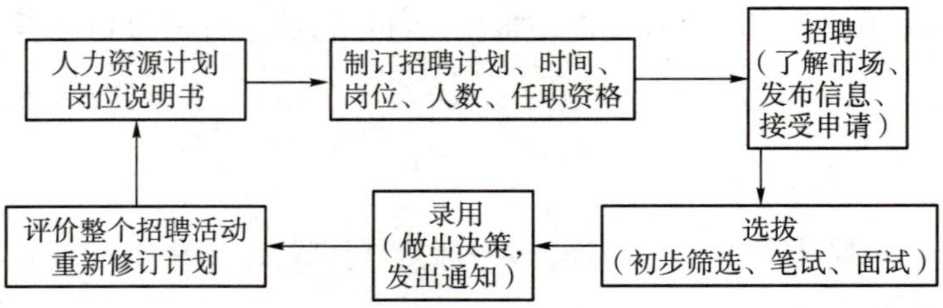

图 3–2　人力资源招聘的基本程序

（1）外部招聘流程。外部招聘流程如图 3–3 所示。

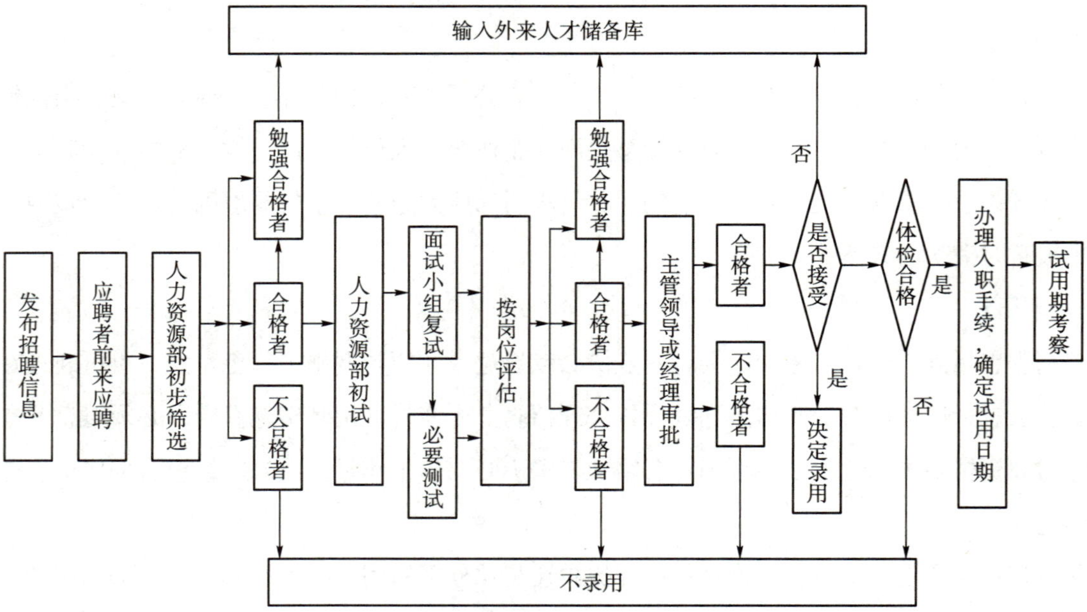

图 3–3　外部招聘流程

（2）内部招聘流程。内部招聘流程如图 3–4 所示。

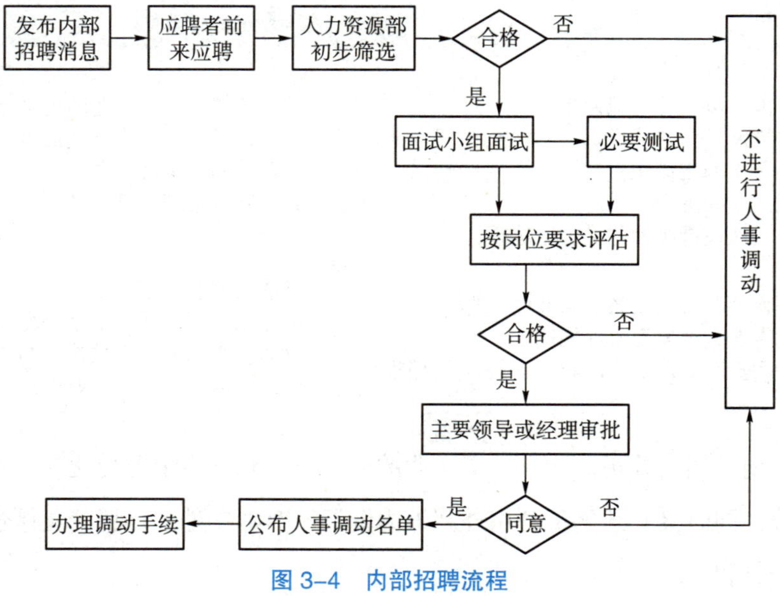

图 3–4　内部招聘流程

4. 人才测评

人才测评是通过一系列科学的手段和方法对人的基本素质及其绩效进行测量与评定的活动。人才测评包括人才测量和人才评价。

简单来说，人才测评是运用现代心理学、管理学及相关学科的研究成果，通过心理测验、情景模拟等客观化方法对人的能力、水平、性格特征等因素进行测量，并根据职位需求及企业组织特性对其素质状况、发展潜力、个性特点等心理特征做出科学评价，为企业用人、选人、育人等人力资源管理和开发工作提供有价值的参考信息。

（1）人才测评的作用。人才测评在人力资源管理和开发中具有重要作用，主要体现在以下五个方面。

①有助于人才选拔和使用。传统的选拔方法带有很强的主观性和随意性，往往导致员工不适应岗位工作、人浮于事的不良后果。而使用人才测评技术，可以全面了解人的素质，从而做到因事择人、人职匹配。当需要企业从外部招聘人才时，可以通过人才测评来掌握应聘者的素质，从而择优录用。当企业内部需要做人员调整时，人才测评可以作为这种调整的重要参考依据，从而有利于人尽其才、才尽其用。

②有助于人力资源的全面普查。传统的人力资源信息中，一般包括性别、年龄、学历等简单的信息。但在现代社会激烈的竞争中，仅有这些信息是远远不够的，因为这些信息无法全面、准确地反映人员的素质，更难以判断应聘人员能否满足未来发展的需要。所以，现代人力资源的普查不仅包括传统的自然信息，还包括人员的能力水平和个人特点等素质方面的信息，也可以通俗地称之为建立人员的“素质”档案。企业可以根据现有人员的总体能力结构和特点，有针对性地进行培训，依据人员特点合理使用与管理。

③有助于为团队建设提供依据。一个好的团队不是一个一个成员的简单相加，而是其成员之间的素质匹配要合理，凝聚力要强。而人才测评能较好地为建设一个好的团队提供依据。

④有助于自我认识和发展。对于个人来说，人才测评可以帮助个体了解自己，知道自己的长处和兴趣在哪儿，从而在实践中扬长避短，有助于个人职业生涯设计和职业生涯发展，实现更好的自我发展。

⑤有助于管理者的工作开展。对于管理者来说，管理者的部分绩效取决于下属的绩效。没有适当能力的雇员就不能有效地工作，并影响到自己工作的开展。而人才测评可以帮助管理者迅速了解雇员的实际能力，并为人员培训提供诊断性信息。

（2）人才测评的内容。人才测评的内容主要体现在以下几方面。

①职业道德。职业道德首先是诚信，其次是对所从事工作的执着，再次是责任心，最后是个人价值取向。

②综合素质。综合素质包括工作态度、作风，人的心胸、宽容度、受教育的背景等。

③心理素质。较强的适应性已是现代人的一个必备条件，否则，生活上很容易被这样那样的改变所困扰，工作上更是难以应付千变万化的形势。

④情绪稳定性。有的人能力一般，却能够冷静地处理判断事物，因而取得成功；有的人虽然智力发达，但情绪却不稳定，因而改变了其成功的发展方向。情绪的重要意义越来越被人关注。

⑤其他能力。其他能力包括创意能力、应变能力、判断决策能力、分析归纳能力、表达能力等，而且岗位不同，其要求也不同。

⑥过去成长的业绩。从过去的综合轨迹可以看出一个人的成功率，之后就知道他适合什么岗位，因此不是过去的经历不重要。通过成长轨迹可对其进行推断，测评与过去经历一起来看，可看到他的过去，也可分析出他未来的潜力。

（3）人才测评的方法。人才测评的方法主要有履历分析、纸笔考试、心理测验、笔迹分析法、迷宫游戏（e-profiling）法、面试、情景模拟、评价中心技术等。纸笔考试、心理测验和面试是现代人才测评的三种主要方法，其中心理测验的应用最为方便与常见。

①履历分析。个人履历档案分析是根据履历或档案中记载的事实，了解一个人的成长历程和工作业绩，从而对其人格背景有一定的了解。使用个人履历资料，既可以用于初审个人简历，迅速排除明显不合格的人员，也可以根据与工作要求的相关性，事先确定履历中各项内容的权重，把应聘者各项得分相加得总分，根据总分确定选择决策。

研究结果表明，履历分析对应聘者今后的工作表现有一定的预测效果，个体的过去总是能从某种程度上表明他的未来。这种方法用于人员测评的优点是较为客观，而且成本低，但也存在一些问题，如履历填写的真实性问题；履历分析的预测效度随着时间的推进会越来越低；履历项目分数的设计是纯实证性的，除了统计数字外，缺乏合乎逻辑的解释原理。

②纸笔考试。纸笔考试主要用于测量人的基本知识、专业知识、管理知识、相关知识，以及综合分析能力、文字表达能力等素质及能力要素。它是一种最古老而又最基本的人员测评方法，至今仍是企业组织经常采用的选拔人才的重要方法。纸笔考试在测定知识面和思维分析能力方面效度较高，而且成本低，可以大规模地进行施测，成绩评定比较客观，往往作为人员选拔录用程序中的初期筛选工具。

③心理测验。心理测验是通过观察人的具有代表性的行为，对于贯穿在人的行为活动中的心理特征，依据确定的原则进行推论和量化分析的一种科学手段。心理测验是对要胜任的职务所需要的个性特点进行较好地描述并测量的工具，广泛用于人事测评工作中。测验包括标准化测验、投射测验，具体说明如下。

a. 标准化测验。标准化测验一般有事前确定好的测验题目和答卷、详细的答题说明、客观的计分系统、解释系统、良好的常模，以及测验的信度、效度和项目分析数据等相关资料。通常用于人事测评的心理测验主要包括智力测验、能力倾向测验、人格测验、其他心理素质测验，如兴趣测验、价值观测验、态度测评等。标准化测验同样具有使用方便、经济、客观等特点。

b. 投射测验。投射测验主要用于对人格、动机等内容的测量，它要求被测试者对一些模棱两可或模糊不清、结构不明确的刺激做出描述或反应，通过对这些反应的分析来推断被试者的内在心理特点。它基于这样一种假设：人们对外在事物的看法实际上反映出其内在的真实状态或特征。投射技术可以使被试者不愿表现的个性特征、内在冲突和态度更容易地表达出来，因而在对人格结构、内容的深度分析上有独特的功能。但投射测验在计分和解释上相对缺乏客观标准，对测验结果的评价带有浓重的主观色彩，对主试和评分者的要求很高，一般的人事管理人员无法直接使用。

④笔迹分析法。运用笔迹学知识和技术，对具体的笔迹现象进行心理学意义的测量和评估，得出有关笔迹书写者个性特征与内心世界等方面的结论，如“临摹直觉感知分析法”。

⑤迷宫游戏法。通过迷宫游戏的方式搜集测评者的信息，是评估人的表现和表现能力的新方法，它以心理诊疗、医学及神经学的最新科学研究成果为基础，有效地克服了被测者记忆考题产生的问题，从心理学、神经学的双重角度对测评者给出客观而科学的评价。迷宫游戏法有着简捷、方便、高效度、高信度、低成本、隐蔽性强、无倾向性、趣味性高等优势。欧美国家在人才的招聘和选拔过程中已广泛使用迷宫游戏法这种人才测评方法。

⑥面试。面试是通过测试者与被试者双方面对面的观察、交谈，收集有关信息，从而了解被试者的素质状况、能力特征及动机的一种人事测量方法。可以说，面试是人事管理领域应用最普遍的一种测量形式，企业组织在招聘中几乎都会用到面试。面试的优点是灵活，获得的信息丰富、完整和深入，但是同时也具有主观性强、成本高、效率低等缺点。

面试按其形式的不同可以分为结构化面试和非结构化面试。

a. 结构化面试。结构化面试首先根据对职位的分析，确定面试的测评要素，在每一个测评的维度上预先编制好面试题目并制定相应的评分标准，对被试者的表现进行量化分析。不同的测试者使用相同的评价尺度，对应聘同一岗位的不同被试者使用相同的题目、提问方式、计分和评价标准，以保证评价的公平合理性。

这种面试的优点在于，对所有应聘者均按同一标准进行测评，可以提供结构与形式相同的信息，便于分析、比较，同时减少了主观性，且对考官的要求较低；但缺点是过于僵化，难以随机应变，所收集信息的范围受到限制。

b. 非结构化面试。非结构化面试没有固定的面谈程序，评价者提问的内容和顺序都取决于测试者的兴趣和现场被试者的回答，不同的被试者所回答的问题可能不同。

非结构型面试由于灵活自由，问题可因人而异，深入浅出，可得到较深入的信息。但是这种方法缺乏统一的标准，易带来偏差，且对主考官要求较高，需要有丰富的经验与很高的素质。

⑦情景模拟。情景模拟是通过设置一种逼真的管理系统或工作场景，让被试者参与其中，按测试者提出的要求，完成一个或一系列任务，在这个过程中，测试者根据被试者的表现或通过模拟提交的报告、总结材料为其打分，以此来预测被试者在拟聘岗位上的实际工作能力和水平。情景模拟测验主要适用于管理人员和某些专业人员。常用的情景模拟测验包括以下内容。

a. 文件筐作业。将实际工作中可能会碰到的各类信件、便笺、指令等放在一个文件筐中，要求被试者在一定时间内处理这些文件，相应地做出决定、撰写回信和报告、制订计划、组织和安排工作。考察被试者的敏感性、工作独立性、组织与规划能力、合作精神、控制能力、分析能力、判断力和决策能力等。

b. 无领导小组讨论。安排一组互不相识的被试者（通常为 6 ～ 8 人）组成一个临时任务小组，并不指定任务负责人，请大家就给定的任务自由讨论，并拿出小组决策意见。测试者对每个被试者在讨论中的表现进行观察，考察其在自信心、口头表达、组织协调、洞察力、说服力、责任心、灵活性、情绪控制、处理人际关系、团队精神等方面的能力和特点。

c. 管理游戏。以游戏或共同完成某种任务的方式，考察小组内每个被试者的管理技巧、合作能力、团队精神等方面的素质。

d. 角色扮演。测试者设置一系列尖锐的人际矛盾和人际冲突，要求被试者扮演某一角色，模拟实际工作情境中的一些活动，去处理各种问题和矛盾。情景模拟测验的优点是能够获得关于被试者更加全面的信息，对将来的工作表现有更好的预测效果；但其缺点是对于被试者的观察和评价比较困难，且费时。

⑧评价中心技术。评价中心技术是现代人事测评的一种主要形式，被认为是一种针对高级管理人员的最有效的测评方法。评价中心技术的特点可以概括为“二高四多”。二高是指高效度、高成本；四多是指使用多种测评方法（包括心理测验法）、多个测评师、多个对象同时被测评、多个测评指标。

一次完整的评价通常需要两三天的时间，对个人的评价是在团体中进行的。被试者组成一个小组，由一组测试人员（通常测试人员与被试者的数量为 1 ： 2）对其进行包括心理测验、面试、多项情景模拟测验在内的一系列测评，测评结果是在多个测试者系统观察的基础上综合得到的。

严格来讲，评价中心是一种程序而不是一种具体的方法；是组织选拔管理人员的一项人事评价过程，不是空间场所、地点。它由多个评价人员，针对特定的目的与标准，使用多种主客观人事评价方法，对被试者的各种能力进行评价，为组织选拔、提升、鉴别、发展和训练个人服务。评价中心的最大特点是注重情景模拟，在评价中心中包含多个情景模拟测验，可以说评价中心既源于情景模拟，但又不同于简单情景模拟，是多种测评方法的有机结合。

评价中心具有较高的信度和效度，得出的结论质量较高，但与其他测评方法比较，评价中心需投入很大的人力、物力，且时间较长，操作难度大，对测试者的要求很高。

二、人力资源培训

（一）人力资源培训的含义

人力资源培训是指组织为开展业务及培育人才的需要，采用各种方式对员工进行有目的、有计划的培养和训练的管理活动。公开课、内训课等均为常见的人力资源培训形式。

人力资源培训工作关系到企业的生存与发展，具有高素质的员工队伍才是企业发展的真正动力。丰田公司前总裁石田退三也非常看重培训的价值，他曾经说过：“世事在于人，人要陆续培育，一代一代接续下去。任何工作、任何事业，要想大力发展就得打下坚实基础，而最紧要的一条就是造就人才。”

人力资源培训的原则：以市场经济为导向，与企业需求相结合；统一安排；因材施教；灵活多样。

无论人力资源培训采取什么样的形式，都必须坚持理论联系实际，只有这样才能达到提升员工技能和素质的目的。

（二）人力资源培训的必要性

1. 人力资源培训是提高汽车服务企业整体素质的主要途径

美国《管理新闻简报》发表的一项调查表明：68% 的管理者认为由于员工培训不够而导致企业整体素质的下降，失去竞争力。员工培训可以提高工作和管理水平。因为每一个人的素质提高了，由人组成的企业整体素质相应地也提高了。

据有关资料显示，工人的教育水平每升一级，技术革新者的人数就平均增加 6%；工人提出的个性建议一般能降低生产成本 5%，技术人员提出的革新建议能降低生产成本 10% ～ 15%，而受过良好教育的管理者创造和推广现代化管理技术则有可能降低生产成本 30% 以上。

2. 人力资源培训是保证高质量服务的基础

通过培训，员工可以掌握新知识、新技术，正确理解新技术的要求。随着人们需求的增加，汽车厂商每年都会推出新车型，应用新技术来提高市场占有率，这就要求服务人员也能够很快掌握这些新技术。

3. 人力资源培训可以提高员工工作的能动性

随着汽车新技术的引进，新车型的推出，如果相应地提供培训，就能满足员工追求自身发展的愿望，也能调动员工的工作能动性。

4. 人力资源培训可以促使员工与企业荣辱与共

韩国现代集团著名的企业家郑周永说：“一个人、一个团体或一个企业，它克服内外困难的力量来自哪里？来自它本身，来自它的信念。没有这种精神力量和信念，就会被社会淘汰”。这里谈到的精神力量和信念就是企业文化，它是企业发展的动力源泉。通过培训，使员工接受企业文化，理解企业文化，执行企业文化。

（三）人力资源培训的形式

1. 按照员工在培训时的工作状态分类

按照员工在培训时的工作状态分类，可以将培训分为以下 3 种形式。

（1）在职培训。在职培训是利用工作时间或就某一个问题，在实际工作中进行的短期培训。在维修企业中，对新进设备及工具的使用、某一种新车型新总成的维修方法、安全培训等均可采用在职培训。

（2）脱产培训。脱产培训是指在一定的时间内，员工离开工作岗位，接受由企业内外的专家和培训师对企业内各类人员进行专门、系统的集中教育培训。例如一汽大众、上海大众汽车公司培训中心每年都组织全国各地 4S 店的技术或管理人员进行相关的内容培训。

（3）半脱产培训。介于在职培训和脱产培训之间，兼顾二者的优缺点。

2. 按照培训的目的分类

按照培训的目的员工培训可以分为以下几种。

（1）文化技术培训。文化技术培训的目的是提高企业员工文化素质和维修技术，如某车型的结构特点培训、企业管理培训等。其针对性强，短期内可提高员工的维修技术。

（2）学历培训。员工可以利用业余时间接受更高一层的培训，以便全方位地提高自己。企业应当对员工的这种自我培训给予鼓励，条件允许应给予支持。

（3）岗位（职务）培训。岗位（职务）培训指从工作的实际需要出发，针对某些岗位的特殊要求而进行的培训。目的在于传授对于个人行使职位职责、推动工作方面的特殊技能，偏重于专门知识的灌输；使受训人在担任更高职务之前，能够充分了解和掌握未来职业的职责、权利、知识和技能等。如对维修站中高层管理人员进行的财务培训和人力资源培训，对服务总监进行的服务理念更新、市场的开拓培训，对维修电工进行的计算机基础控制的培训等。

3. 按照培训内容的层次分类

（1）初级培训。主要是一般性的知识和技术方法培训。例如新员工的入职培训、入厂培训、维修人员的应知应会。

（2）中级培训。针对培训对象加入一些相关专业的理论知识，如汽车维修中、高级工培训。

（3）高级培训。主要是将一些汽车行业的新技术、新观念、新方法以短期培训、研讨会的方式进行讲授。

4. 按照培训对象不同分类

（1）新员工培训（或称上岗引导）。新员工进行的职前培训，应该向新员工提供以下信息：完整的工作说明、周工作时间的安排、工资如何发放与增加、如何办理工作证、加班如何认定、加班费的标准、企业现况与历史、将与谁共同工作、企业为员工提供哪些福利待遇与保险、工作绩效评价标准、考勤规章等。目的是让新员工对企业、工作岗位、工作环境有一个全面的认识，领会企业文化，熟悉企业的规章制度，能够很快进入状态。

（2）在职员工培训。主要是指员工的继续培训，其目的是全方位地提高素质。

（三）员工培训的内容

汽车服务企业员工的培训内容应该根据企业的实际情况和需要，区分岗位、区分层次进行岗位技能培训。原则上与企业发展方向、规模相匹配。培训的内容应是员工所需要的，其次，请教师要请专业的，即专门从事汽车服务行业工作的教师，培训的方法可以多种多样。一般可按照国家有关规定和企业的发展要求对现有岗位分期分批进行培训。从目前的实际情况来看，考虑到企业的经济效益，大多数企业培训的内容仅仅局限于专业技术的培训。从长远发展来看，具有一定规模的企业培训内容应与员工职业生涯设计结合起来，以培养优秀的、具有本企业特色的员工为宗旨。

第四节 员工的绩效评估

一、绩效评估的含义与功能

（一）绩效评估的含义

1. 含义

绩效评估是指考评主体对照工作目标或绩效标准，采用一定的考评方法，评定员工的工作任务完成情况、员工的工作职责履行程度和员工的发展情况，并将上述评定结果反馈给员工的过程（以员工为考评对象）。绩效考评是指运用一定的评价方法、量化指标及评价标准，对企业各部门为实现其职能所确定的绩效目标的实现程度，以及为实现这一目标所安排预算的执行结果所进行的综合性评价。

绩效评估是人力资源开发与管理的重要环节，是其他环节正确实施的基础与依据。建立企业员工评估制度，是提高员工队伍素质的需要，是充分调动员工积极性的手段，是企业劳动管理科学化的重要基础。

2. 目标

绩效评估的目标是改善员工的组织行为，充分发挥员工的潜能和积极性，以求更好地达到组织目标。目标的实现需要学习，需要沟通。在绩效评估的过程中，主要的参考点是未来，要将评估结果作为一种资源，去规划某项工作或某个员工未来的可能性，这就是对员工及工作的开发。

3. 原则

（1）公平原则。管理者要向被管理者明确说明绩效评估的标准、程序、方法、时间等事宜，使绩效管理有较高的透明度，使员工积极配合绩效评估，减少对绩效评估的抱怨。

（2）严格原则。考评不严格，就会流于形式，形同虚设，不仅不能全面地反映员工的真实情况，还会产生消极的后果。考评的严格性包括以下方面：要有明确的评估标准，要有严肃、认真的评估态度，要有严格的评估制度，以及科学而严格的程序及方法等。

（3）单头考评的原则。对各级员工的考评，都必须由被考评者的“直接上级”进行。直接上级相对来说最了解被考评者的实际工作表现（成绩、能力、适应性），也最有可能反映真实情况。间接上级（即上级的上级）对直接上级做出的考评评语，不应当擅自修改。这并不排除间接上级对考评结果的调整修正作用。单头考评明确了考评责任所在，并且使考评系统与组织指挥系统达成一致，更有利于加强企业组织与指挥的管理机能。

（4）结果公开原则。考评的结论应对本人公开，这是保证考评的民主性的重要手段。一方面，可以使被评估者了解自己的优点和缺点、长处和短处，从而使考评成绩好的人再接再厉，继续保持先进；也可以使考评成绩不好的人心悦诚服、奋起上进。另一方面，有助于防止考评中可能出现的偏见以及种种误差，以保证评估结果的公平性与合理性。

（5）结合奖惩原则。依据考评结果，应根据贡献的大小、成绩的好坏，有赏有罚，有升有降。这种赏罚、升降不仅要与精神激励相联系，还必须通过工资、奖金等方式与物质利益相联系，只有这样，才能达到考评的真正目的。

（6）客观考评的原则。绩效管理要做到以事实为依据，对被管理者的任何评价都应有事实根据，避免主观臆断和个人感情色彩，客观、公正考核，这也是管理者的职业道德。

（7）反馈的原则。评估与员工的薪酬水平挂钩，更重要的是改善员工的工作绩效，使员工认识到工作上的不足，并加以改善。所以，结果应直接反馈给员工，以明确其努力方向。

（8）差别的原则。管理者要向被管理者明确说明绩效考核的标准、程序、方法、时间等事宜，使绩效管理有较高的透明度，使员工积极配合绩效考核，减少对绩效考核的抱怨。

（9）注重实绩的原则，此原则要求在对员工进行绩效评估时，以其工作实绩为根本依据。坚持注重实绩的原则，要把考评的着眼点、着力点放在员工的实际贡献上，要着重研究实绩的数量关系和构成实绩的数量因素，还要处理好考绩与其他方面尤其是考德方面的关系。

（二）绩效评估的功能

1. 激励功能

绩效评估应奖优罚劣，改善员工的行为，调整其心态，激发其积极性，促使组织成员更加积极、主动地去完成组织目标。

2. 改进功能

通过绩效评估，便于发现组织中存在的问题，并把问题界定清楚，使原来隐藏在冰山之下的问题突显出来，推动管理者去寻找解决问题的方法，最终达到改善绩效的目的。

3. 评价功能

绩效评估可以表明员工哪些地方做得较好，哪些地方做得还不够，需要改进。公平合理的绩效评价对组织成员非常重要，在此基础之上的报酬可以包括薪酬、福利、职位晋升、职位调整、培训、淘汰等物质与非物质的内容。

4. 监控功能

员工的绩效评估，对组织而言，就是任务在数量、质量和效率等方面的完成情况；对员工个人而言，则是上级对下属工作状况的评价。组织通过对员工工作绩效的考评，获得反馈信息，便可据此制定相应的人事决策与措施，调整和改进其效能。

二、绩效评估的种类和程序

（一）绩效评估的种类

1. 根据评估人员划分

（1）上级评估：一般由被评估者的上级领导和人力资源管理人员进行，是最常见的评估方式。

（2）自我评估：依据一定的标准，由被评估者对自己进行评价，典型方式有自我申报制度。

（3）同级评估：由同级同事对被评估者的工作绩效进行评价，有利于贯彻民主原则，提高员工的参与感。

2. 根据评估的时间划分

（1）日常评估：每天进行的评估或每星期进行的评估，也包括日常工作中的单一评估，如日记录、周记录。

（2）定期评估：通常一个月、一个季度、半年进行一次评估，是对员工绩效较全面的评估。

（3）长期评估：可分为一年一度和数年一度两种。一般是对员工各方面情况的全面的、综合性的评估。

（4）不定期评估：根据工作需要，为了检查员工某方面情况，或为某一临时性目的而进行的评估。

3. 其他划分方法

按评估的形式划分，有口头评估与书面评估，直接评估与间接评估，个别评估与集体评估。根据评估标准的设计方法划分，有绝对标准评估和相对标准评估。此外，根据评估的目的和用途，还可以把绩效评估划分为例行评估、晋升评估、转正评估、评定职称评估、转换工作评估等。

（二）绩效评估的程序

一般来说，绩效评估程序从完整的绩效管理过程来划分，大致分为四个阶段，即 PDCA 循环。

1. 绩效评估计划（plan）

绩效评估计划是每个绩效管理周期中的第一步。在一个新的绩效周期开始前，根据企业确立的战略目标，通过目标分解、逐层落实的方法，将企业的中长期目标分解成若干个短期目标，明确到每一个部门及员工个人。同时根据岗位职责，制定相应的绩效评估指标和标准，这是绩效评估时为避免主观随意性而不可缺少的前提条件。因此，在绩效评估计划阶段，管理者和下属需要进行沟通，对员工在绩效评估周期的绩效结果达成共识。

2. 绩效实施与管理（do）

制定了绩效评估计划后，员工要按照计划开展工作。管理者以设定的各类绩效评估指标作为依据，对员工日常工作进行监督与管理，并据此进行人力资源的配置、调配、评估、培训等日常管理工作。

3. 绩效评估（cheek）

在每一个绩效管理周期即将结束的时候，依据绩效评估计划，由管理者和员工共同对员工的绩效目标完成情况进行考评。绩效评估的依据是绩效评估计划中的关键绩效指标，还包括在绩效实施与管理过程中收集和记录的员工日常工作表现等。

4. 绩效反馈面谈（act）

每个绩效管理周期的最后阶段就是绩效反馈面谈。绩效反馈面谈，重在让员工明白工作要按标准执行，要把任务具体化，并在工作中做好记录，做到科学规范、有源可溯。由此，使员工知道管理者对自己的期望，了解自己的绩效，认识到自身有待改进的方面；与此同时，员工可就自己在完成绩效目标的过程中遇到的困难和问题，与管理者沟通，在其指导下及时解决，确保在下个绩效评估周期内，员工和企业的绩效都能得到有效提升。只有这样，才能让管理者和员工都参与到评估中来，让管理者和员工从内心接受绩效评估，并身体力行地去执行，达到预期效果。

综上所述，当一个绩效管理周期完成后，在得到绩效评估结果的基础上进行反馈面谈，开始制订新的绩效管理计划，然后进入下一轮的实施与管理、调整与评估。如此周而复始，形成每完成一个绩效管理周期都不断上升的闭环，保持持续发展和提升的良好趋势，使企业整体处于一个良性循环中。

三、绩效评估方法选择

（一）关键事件法

此法需给每一位评估员工设立一本“评估日记”或“绩效记录”，由考察人或知情人随时记载。事件的记录本身不是评语，只是素材的积累，但有了这些具体事实作为根据，便可得出可信的考评结论。

（二）关键绩效指标法

关键绩效指标（key performance indicator，KPI）法是以企业年度目标为依据，通过对员工工作绩效特征的分析，据此确定反映企业、部门和员工个人一定期限内综合业绩的关键性量化指标，并以此为基础进行绩效评估。KPI 是衡量企业战略实施效果的关键指标，设置该指标的目的是建立一种机制，将企业战略转化为企业的内部过程和活动，以不断增强企业的核心竞争力和持续地取得高效益。KPI 评估中一个重要的管理假设就是一句管理名言：“你不能度量它，就不能管理它。”所以，KPI 一定要抓住那些能有效量化的指标并将之有效量化。而且，在实践中，可以“要什么，考什么”，应抓住那些亟须改进的指标，提高绩效评估的灵活性。KPI 一定要抓住关键，而不能片面与空泛。当然，KPI 并不是越少越好，而是应抓住绩效特征的根本。

（三）写实考评法

写实考评法评估指标的设置应遵循 SMART 原则。

S：（specific）——明确的、具体的。指标要清晰、明确，让评估者与被评估者能够准确地理解目标。

M：（measurable）——可量化的。汽车服务企业要实行量化管理，组织架构要量化，目标、评估指标更要量化，比较好、还不错这类词都不具备可量化性，将导致标准的模糊。指标一定是要数字化的，没有数字化的指标，是不能随意评估的，一评估就容易出现误差。

A：（attainable）——可实现的。评估指标必须是付出努力能够实现的，既不过高，也不偏低。比如对销售经理的评估，最可能的销售收入目标是 2 000 万，结果要求收入目标达到 1.5 亿，也不给予任何支持，这就是一个完全不具备可实现性的指标。指标的目标值应结合个人的情况、岗位的情况、过往历史的情况来设定。

R：（relevant）——有相关性。评估指标要与其他目标具有一定的相关性。评估指标与工作的其他目标是相关联的，是与本职工作相关联的。

T：（time-bound）——有时限的。评估指标应具有时限性，工作目标要在规定的时间内完成，时间一到，就要看结果。例如，要求实现 2 000 万的销售额，单单这么要求是没有意义的，必须规定在多长时间内完成 2 000 万的销售额，这样才有意义。

（四）因素评定法

因素评定法是通过调查分析与实测数据统计分析，提出人员绩效评估的有关因素，形成评价标准量表体系，然后把被测者纳入该体系中进行评价的方法。因素测定法的评定角度主要有以下几点。

1. 自我评定

自我评定即由评定者依据参照式标准量表，自己对自己的工作绩效进行评价。其特点是具有参与性、自我发展性、督促性。

2. 同级评定

同级评定即由同一职务层次的人员依据参照式标准量表互相进行评价。它必须满足三个条件：一是同事之间必须是相互高度信任的，彼此之间能够互通信息；二是报酬制度不是彼此竞争的；三是被评价人的绩效应该是评定人了解和掌握的。

3. 下级评定

下级评定即由管理者的直接下级依照参照式标准量表对其上级领导的绩效进行评价。它有利于表达民意，但往往受人际关系的影响较大。

4. 直接领导评定

直接领导评定即由管理者依据参照式标准量表对其直接下属的工作绩效进行评价。

（五）领导行为效能测定法

这是在组织行为科学研究的基础上发展起来的一种测量与评价领导者行为与工作绩效的新方法。它采用问卷调查的方式，从领导者、领导情境、被领导者等多方面对领导行为与领导者所处工作情境状况进行评价。

（六）目标管理法

目标管理法（management by objective，MBO）始于管理学大师彼得·得鲁克提出的目标管理理论，它作为一种成熟的绩效评估模式，迄今已有几十年的历史，如今广泛应用于各个行业。目标管理的模式为了保证目标管理的成功，确立目标的程序必须准确、严格，以达成目标管理项目的成功推行和完成；目标管理应该与预算计划、绩效评估、工资、人力资源计划和发展系统结合起来；要弄清绩效与报酬的关系，找出这种关系之间的动力因素；要把明确的管理方式和程序与频繁的反馈相联系；绩效评估的效果大小取决于上层管理者在这方面的努力程度，以及与下层管理者进行沟通的技巧水平；下一步的目标管理准备工作应在目前目标管理实施的末期之前完成，年度的绩效考评作为最后参数输入预算之中。

（七）分级法又可称为排序法

分级法又可称为排序法即按被评估员工每人绩效的相对优劣程度，通过比较，确定各人的相对等级或名次。按照分级程序的不同，分级法又可分以下几类。

（1）简单分级法是在全体被评估员工中先挑选绩效最出色的一个列于序首，再找出次优的列为第二名，如此排序，直到将最差的一个列于序尾。

（2）交替分级法是以最优和最劣两级作为标准等次，采用比较选优和淘劣的方法，交替对人员某绩效特征进行选择性排序。

（3）范例对比法通常从五个维度进行评估，即品德、智力、领导能力、对职务的贡献和体现，每一维度又分为优、良、中、次、劣五个等级。然后就每一维度的每一等级，先选出一名适当的员工作为范例。实施评估时，将每位被评估的员工与这些范例逐一对照，按近似程度评出等级分。最后，各维度分数的总和便作为被评估员工的绩效评估结果。

（4）对偶比较法即将全体员工逐一配对比较，按照逐对比较中被评为较优的总次数来确定等级或名次。

（5）强制分配法是按事物“两头小，中间大”的正态分布规律，先确定好各等级在总数中所占的比例，然后按照每人绩效的相对优劣程度，强制列入其中的一定等级。

本章小结

作为一家汽车服务企业，招聘到合适的人才，然后就是如何进行人才的管理和使用，汽车服务企业用人的关键点在于：第一步要了解员工的特点找出其长处；第二步是将其放在适合他发挥其特长的岗位上，并给予充分授权；第三步是要找出企业员工的个人目标是什么，并尽量满足；最后是将员工的个人目标与企业的目标用绩效考核评估体系连接起来，建立利益共同体。

课程思政

张学辉：汽车服务市场将加速步入高质量发展

据中国汽车维修行业协会（以下简称“中汽修协”）统计，2018年底全国汽修企业达到42.96万家，汽修从业人员达到400万人左右。当谈到本次疫情对汽车维修服务业的影响时，张学辉表示，短期内由于汽车使用大量减少，导致维修保养服务的需求下降。同时，维修从业人员多为外地劳务人员，部分无法及时到岗。

汽修行业正从多个方面应对疫情影响，张学辉举例到，中汽修协开展了线上直播，协助各企业渡过难关；终端维修门店纷纷推出车内杀菌消毒服务项目；途虎养车、瓜子养车、苏友快修等维修服务门店已经推出了“零接触”服务等。他还谈到，针对疫情影响，各地政府部门也在行动，如杭州机动车管理服务中心针对浙江省汽车零部件企业众多特点，专门制定汽车配件企业疫情防控临时指南；天津市汽车维修检测行业协会发布《“非常时期”私家车应急检修“八字歌”》，供广大私家车主参考使用。

对于疫情过后汽车服务市场的发展，张学辉认为，汽修行业应积极拥抱融合大数据、虚拟现实、人工智能等技术的汽车维修管理平台，利用汽车故障在线维修平台的汽车维修新模式，提升行业信息化及标准化，从而改造传统汽车维修服务定位。并呼吁，汽车生产企业、流通企业、维修服务企业、零部件生产企业等各方有效协同、标准互认、信用共建、信息共享，有效降低全社会运行成本，推动技术进步，实现协同发展。

来源：人民网－汽车频道

思考练习

1. 什么是人力资源？人力资源管理的定义是什么？
2. 人力资源管理的主要职能是什么？
3. 汽车服务企业人力资源开发与管理的特征是什么？
4. 人力资源规划的内涵是什么？
5. 什么是工作分析？
6. 汽车服务企业员工招聘的途径有哪些？
7. 如何建立有效的培训体系？
8. 员工培训内容主要包括哪些？
9. 什么是绩效评估？绩效评估的类型有哪些？
10. 简述绩效评估的程序。

第四章

汽车服务企业设备管理

本章导读

汽车服务企业设备管理是指从设备的选择、规划、使用、维修、改造、更新，直到报废全过程的决策、计划、组织、协调等一系列活动。良好的设备管理水平，可以保证高质量、高效率地进行维修作业，也是安全生产的先决条件。

学习目标

1. 了解设备管理的相关知识。
2. 知道怎样选择与评价设备。
3. 熟悉设备的使用、维护与修理。
4. 知道设备的更新与改造。

第一节 设备管理概述

一、设备管理的概念及分类

（一）设备管理的概念

汽车服务企业设备是指在汽车经营服务过程中，所需要的机械及仪器等，是企业的有形固定资产，是可供企业长期使用，并在使用过程中基本保持原有的实物形态，且价值在一定限额以上的劳动资料的总称，是汽车服务企业生产经营中必不可少的物质基础。

汽车服务企业设备管理是指从设备的选择、规划、使用、维修、改造、更新，直到报废全过程的决策、计划、组织、协调和控制等一系列活动进行的管理。

设备是一种具有独特性质的物体，一方面，设备以其功能参与产品的形成，而不是设备的实体转移到产品中去；另一方面，设备具有一定的使用寿命，在使用过程中会产生生使用费用，其自身价值会逐渐降低。因此，设备管理是一项系统工程，是对设备运动全过程进行的全方位管理。

（二）汽车服务企业设备的分类

设备的分类主要是依据设备的结构、性能和工艺特征进行的。凡设备性能基本相同，又属于各行业通用的，列为通用设备；设备结构、性能只适用于某一行业的，列为专用设备。汽车服务企业设备以汽车维修设备为主，具体可分为汽车维修通用设备和汽车维修专用设备。

1. 汽车维修通用设备

汽车维修通用设备主要有适用于汽车维修行业的金属切削机床、锻压设备、空气压缩机、起重设备等。

按照国家标准《汽车维修业开业条件》的要求，汽车维修企业应配备的通用设备有钻床、空气压缩机、电气焊设备、普通车床、砂轮机等。二类维修企业根据生产规模，必备的设备有钻床和镗床。例如钻床可配备 24012 型，最大钻孔直径为 12 mm 的台式钻床；普通车床可配备 C6140 型，床身上最大回转直径为 400 mm 的卧式车床，或 C6136 型，床身上最大回转直径为 360 mm 的卧式车床；砂轮机可配备 M3220 型，最大砂轮直径为 200 mm 的台式砂轮机；镗床可配备常用的固定式 T7220A 镗缸机等。

2. 汽车维修专用设备

根据设备的功能和作业部位，汽车维修专用设备可分为汽车清洗设备、汽车补给设备、汽车拆装整形设备、汽车加工设备、汽车举升运移设备及汽车检测设备等。

（1）汽车清洗设备。汽车清洗设备主要用于汽车车身、底盘外部和汽车零部件的清洗。根据清洗设备的用途可分为汽车外部清洗设备和汽车零件清洗设备。

（2）汽车补给设备。在汽车维修作业中，需要对车辆润滑部位进行加油润滑，为蓄电池补充电力，为汽车轮胎补充气体。为改善维修工人的劳动条件，提高剂量添加的准确性，减少浪费，需要用补给设备完成此类工作。汽车补给设备按用途可分为加油设备、充电设备及充气设备。

（3）汽车拆装整形设备。汽车拆装整形设备主要用于汽车维修作业中对总成和零部件的拆装，以及车身和承载梁架变形后的恢复，以减轻工人体力劳动强度，保证维修质量，提高劳动生产率。其主要设备有：电动、气动扳手，轮胎螺母拆装机，骑马螺栓、螺母拆装机，液压机，半轴套管拉压器，车身矫正器，齿轮轴承拉器，专用零件拆装工具等。

（4）汽车加工设备。在汽车维修过程中，对零件进行加工是恢复零部件技术状况的一种方法。目前加工设备的种类比较多，通用加工设备已成为国家的定型产品，如车床、刨床、磨床等。根据对零件加工部位的不同，汽车加工设备可分为缸体加工设备，曲轴、连杆及轴承加工设备，配气机构加工设备，制动系统加工设备，镗鼓机，光盘机等。

（5）汽车举升运移设备。此设备主要用于汽车维修作业中整车或零部件的垂直、水平位移，以便进行拆装、修理和存放。其主要设备有：龙门吊、单臂液压吊、二柱举升器、四柱举升器、埋入式液压举升机、液压千斤顶、前桥作业小车、后桥作业小车、变速器拆装小车、发动机翻转架等。

（6）汽车检测设备。此设备主要用于汽车维修前的故障诊断、维修过程中零部件的检验、汽车修竣后的性能检测及汽车使用中的定期技术状况检测等。目前汽车检测设备种类很多，一般分为发动机检测设备、底盘检测设备、零部件检测设备等。

二、设备管理工作的内容

设备管理工作的具体内容主要有以下几个方面。

（1）建立健全设备管理机构。企业领导要分工负责设备管理，并要根据企业规模，配备一定数量的专职和兼职设备管理人员，负责设备的规划、选购、日常管理、维护修理以及操作人员技术培训工作。

（2）建立健全汽车维修设备管理制度。汽车服务企业应当根据国家的法律法规要求，以及行业主管部门的具体规定，结合本企业的特点制定企业的设备管理制度，规定设备安装、使用、维修等技术操作的规程，明确设备配置、领用、变更、报废等活动的管理程序，明确设备使用与管理的岗位责任制度与奖罚规定等，使设备管理有章可循，全员参与，各司其职。

（3）认真做好汽车维修设备管理的基础工作。设备管理的基础工作主要包括设备的调入、调出登记，建档、立账，维修保养，报废及事故处理等，保证设备完好，不断提高设备的利用率。

（4）认真进行汽车维修设备的规划、配置与选购。根据企业的级别规模和发展前景，合理规划企业设备的配置，要在充分进行技术、经济论证的基础上，认真制定维修设备配置计划，并按照配置计划组织设备选购，要做到技术上能够满足使用要求，并保持一定的先进性，经济上合理核算，保证良好的投资效益。

（5）加强设备日常使用规范、保养及维修管理。保证严格执行操作规程，保证设备安全使用。要加强设备日常维护，要求操作人员每日上班前对设备进行检查、润滑，下班前对设备进行认真清洁擦拭。定期对设备进行紧固、调整、换油和检修作业，保证设备处于良好技术状态，充分发挥设备的利用效率。

（6）适时做好汽车维修设备的更新改造工作。为适应新型车辆的维修工作，必须对设备技术上的先进性与经济上的合理性，做到全面考虑，权衡利弊，以提高设备更新改造的经济效益。

三、设备管理的任务

企业设备综合管理的目标是保持设备完好，提高企业技术装备素质，充分发挥设备效能，取得良好的投资效益。

汽车服务企业设备管理的主要任务是为企业实现经营目标和完成生产任务提供良好的技术装备，并在此基础上进行技术创新活动，通过一系列技术、经济、组织措施，对设备实行全过程的综合管理，以期达到设备寿命周期费用最经济、设备综合效益最高的要求。具体内容主要包括以下几点。

（1）按照技术先进、经济合理、服务优良的原则，正确选购设备，为企业提供优良的技术装备。

（2）在经济节省的基础上，加强设备管理和维修，保证设备始终处于良好的技术状态。

（3）以设备的寿命周期为研究对象，力求设备整个寿命周期费用最经济和设备综合效益最高。

（4）搞好设备的更新改造，提高设备的现代化水平，使企业的生产活动建立在最佳的物质技术基础上。

（5）改变传统的设备管理观念和方法，提高企业职工使用、维护、修理和管理设备的技术素质。

四、设备管理部门的职能

在企业设备管理中，应广泛采用国内外先进的设备管理方法和维修技术，逐步实行以设备状态检测为基础的设备维修方法，不断提高设备管理的现代化水平。因此，汽车服务企业设备管理部门的主要职能应包括以下内容。

（1）负责做好企业设备管理的基础工作，为企业制定设备管理决策提供依据。

（2）负责监督、检查和协调企业的设备管理工作，对违章运行及技术状况不良的设备，应责令停止使用。

（3）负责或参与制订设备维修及运行计划，下达经济技术指标并定期检查考核，指导设备维修专业化协作工作，做好设备的使用、维护和检修操作规程及岗位责任制等制度的制定工作。

（4）负责并积极组织企业的技术创新活动，使企业的各种设备及其构成在质量上优于现有水平。

（5）负责或参与基建和重大技术改造工程的有关工作，编制设备改造和更新的中长期计划，并组织实施。

（6）负责并参与设备管理的教育和培训工作。

第二节 设备的选择与评价

一、设备的选择

设备的选择又叫设备选型。如何正确地选择机器设备，是现代设备管理首先需要解决的问题。

（一）设备购置的类型

企业在选择设备时，应根据不同的目的，确定设备的类型。

（1）业务项目开发型，即为开发新的服务项目而选择设备。进行此类设备选型时，企业现有的参考资料往往较少，设备选型决策风险较大。但是这类设备选型与购置，能在开发企业新业务、带动企业发展的过程中，实现企业的技术进步。

（2）生产能力扩张型，即为扩大现有生产能力而选购设备。目的是使同样的服务以扩大生产规模的方式进行，增加企业利润。这类设备购置并不能给企业带来技术进步，创造市场竞争中的技术优势，因此，必须认真考虑市场需求和整个市场的变化趋势。

（3）设备更新型，即替换同类设备，实现企业设备性能、效率、效益的改变。这类设备选型与购置的目的，是通过提高生产效率、服务质量，降低消耗，最终实现企业成本的降低和利润的增加。它是汽车服务企业实现技术进步的主要途径。这类设备选型与购置必须有计划、分步骤、有重点地进行。

（4）经营发展综合型。这类设备选型与购置的收益不局限于某一方面，例如，科研、管理设备，防止公害、有利于环境保护的设备等。这类设备的选型与购置应当有充分的依据。

（二）设备选型的要求

汽车服务企业设备选型应当遵循的基本原则是，符合有关法规，生产上领先，技术上先进，经济上合理。一般情况下，这四个原则基本能达到统一，但由于企业的规模、使用条件、主修车型、工艺布局等因素的影响，也会出现一些矛盾。例如，有的设备，技术上虽然先进，但不太适应企业的主修车型，不能发挥其效能，采用时经济上不合理。再如，某汽车维修企业品牌维修站，专修某些特定的车型，需要大量专用设备、工具和检测仪器，技术上很先进，但费用比较昂贵，需要投入较多资金。具体来说，选择设备时应综合考虑以下几方面因素。

（1）应符合国家标准《汽车维修业开业条件》中规定的有关设备、工具、仪器的配置要求。在设备条件中明确规定：企业配备的设备型号、规格和数量应与其生产纲领、生产工艺相适应。

（2）根据主要维修车型的技术特点和技术发展趋势，合理选配维修设备、工具和检测仪器，以保证在技术上、质量上满足维修要求，并具备一定的超前性。对于品牌汽车维修企业，还应遵守品牌厂家的有关要求或技术规定。

（3）设备的生产效率。设备的生产效率是指单位时间内完成的维修汽车作业量或与工作有关的技术参数。选购设备时，根据生产流程和作业量，尽量选购工艺流程自动化程度高，工作速度快、效率高的维修设备。应结合维修车间的维修能力和规划布局，做好购置计划。

（4）设备的可靠性与耐用性。设备的可靠性是指设备在规定的时间内，在正常使用条件下，无故障地发挥其效能；设备的耐用性是指设备的使用寿命，这是选购设备的一个重要因素。

（5）设备的安全性。汽车维修设备的安全性是指在使用过程中对操作人员、维修车辆以及设备本身的安全保证程度。汽车维修设备在生产使用过程中由于技术、经济、质量、环境等原因，有可能存在一些不安全因素，因此选购设备时应考虑是否配置自动控制的安全保护装置，如自动断电、自动停车、自动锁止机构、自动报警等，以提高设备预防事故的能力。

（6）设备的配套性。汽车维修设备的配套性是指设备之间的配套水平或相互联系的密切程度。在选购汽车维修设备时，应根据车型特点、维修工艺要求，使有关设备在技术性能、维修能力方面相互协调，以达到每台维修设备的能力都能充分发挥的目的。

（7）设备的维修性。汽车维修设备的维修性主要应考虑汽车维修设备的结构先进简单，装配合理，能迅速拆卸，易于检查。设备供应方能持续提供有关资料、技术支持和维修备件，有较强的服务能力等。

（8）设备的经济性。汽车维修设备的经济性是指在选购维修设备时，不仅要考虑设备初期投资费用，而且要考虑设备投资回报期限和投入后的维修费用。设备购置计划应与投资能力相适应，具有可操作性，在制订计划时，应量力而行。选购设备之前，要进行经济评价，即从经济角度出发，比较几种设备的优劣。在进行设备购置时，选择的供应商不应过多，否则将来售后服务不方便，应选择那些实力强、信誉好、售后服务好的供应商。

二、设备选择的经济评价

（一）设备选择经济评价的主要内容

企业在选购设备的过程中，除了要考虑上述因素外，还应对设备进行经济性评价。进行经济性评价的目的，是要对几种设备选择方案的投资费用、使用费用，预期收益等的对比、分析，从中选择技术性最好的、经济性最佳的方案。

（二）设备经济评价方法

常用的方法有投资回收期法、年费用比较法、现值比较法等。

1. 投资回收期法

采用投资回收期法，首先应分别计算各备选方案的投资总额，同时要考虑由于采用该方案而分别在提高劳动生产率、节约能源消耗、提高服务质量、增加资源回收和利用率、节省劳动力等方面所能带来的费用节约额，并依据投资费用与节约额分别计算各备选方案的投资回收期，然后进行方案比较。一般在其他条件相同的情况下，投资回收期最短的方案，被认为是经济上最优的方案。其计算公式为

$$投资回收期（年）=\frac{设备投资费用总额（元）}{设备使用后的年净收益（元/年）}$$

其中，设备投资费用总额由设备原始费用和使用费用组成。原始费用包括外购设备原价、设备及材料的运杂费、成套设备业务费、备品备件购置费、安装调试费等；对于自制设备，包括研究、设计、制造、安装调试费等。使用费用是指设备在整个寿命周期内所支付的能源消耗费、维修费、操作工人工资及固定资产占用费、保险费等。

计算出来的设备投资回收期越短，说明设备投资效果越好。在相同的条件下，选择投资回收期最短的设备为最佳设备。在某些情况下，可以考虑资金的时间价值，采用动态投资回收期法进行分析、权衡。

2. 年费用比较法

年费用比较法是从设备寿命周期的角度来评价和选择设备。采用年费用比较法是在设备寿命周期不同的条件下，把不同方案的设备购置费用，根据设备的寿命周期，按一定的利率换算成每年的平均费用支出，然后加上每年的维持费用，得出不同设备在寿命周期内平均每年支出的总费用。其计算公式为

$$设备的年度总费用=设备购置费\times资金回收系数+年维持费$$

计算出不同设备的年度总费用，从中选择年度总费用最低的设备为最优设备。

例 4–1　某汽车维修企业购置设备一台，现有 A、B 两种同类设备可供选择，其设备效率和使用年限相同。设备 A 购置价格为 9 000 元，投产后平均每年的维持费用为 3 000 元；设备 B 购置价格为 15 000 元，投产后平均每年的维持费用为 2 000 元。两种设备的使用寿命预计均为 10 年，残值都为零。设基准收益率为 4%，试根据以上资料，用年费用比较法对两种型号的设备进行经济评价。

解　根据资金时间价值的系数表可查出：资金回收系数为 0.123 29，即

A 设备的平均年度总费用 =9 000 元 ×0.123 29 ＋ 3 000 元 =4 110 元

B 设备的平均年度总费用 =15 000 元 ×0.123 29 ＋ 2 000 元 =3 849 元

根据以上计算结果可以得出结论：应选择 B 设备。

3. 现值比较法

现值比较法是把设备寿命周期内每年支付的维持费，按现值系数换算成设备的初期费用，然后和设备的原始购置费用相加，进行总费用现值的比较，从中选择寿命周期总费用最低的设备为最优设备。其计算公式为

$$设备寿命周期的费用现值=设备购置费+年维持费\times年金现值系数$$

例 4–2　根据例 4–1 的资料，试用现值比较法对两种型号的设备进行经济评价。

解　根据资金现值系数表可以查出：等额年金现值系数为 8.11 090，即

A 设备寿命周期的费用现值 =9 000 元＋ 3 000 元 ×8.110 90=33 333 元

B 设备寿命周期的费用现值 =15 000 元＋ 2 000 元 ×8.110 90=31 222 元

根据以上计算结果可以得出结论：应选择 B 设备。

现值比较法与年费用比较法相反，后者是把投资成本化为年值后与每年维持费用相加组成设备的年度总费用，再进行比较；而前者是将每年的维持费用转化为现值后，与最初的投资费用相加，组成总现值，再进行比较。现值比较法与年费用比较法可以互相验证，虽然过程不同，但计算后得出的结论是一致的。

第三节 设备的使用、维护与修理

一、设备的合理使用和维护保养

（一）设备的合理使用

设备使用寿命的长短、生产效率的高低，固然取决于设备本身的设计结构特性、制造水平和各种参数，但在很大程度上也受制于设备的使用是否合理、正确。正确使用设备，可以在节省费用的条件下减轻设备的磨损、保持其良好的性能和应用的精度，延长设备的使用寿命，充分发挥设备的效率和效益。

设备的正确使用，是设备管理中的一个重要环节。具体地应抓好以下几项工作。

1. 做好设备的安装、调试工作

设备在正式投入使用前，应严格按质量标准和技术说明安装、调试设备，安装调试后要经试验运转验收合格后才能投入使用。这是正确使用设备的前提和基础。

2. 合理安排生产任务

使用设备时，必须根据工作对象的特点和设备的结构、性能特点来合理安排生产任务，防止和消除设备无效运转。使用时，既严禁设备超负荷工作，也要避免“大马拉小车”现象，造成设备和能源的浪费。

3. 切实做好机械操作人员的技术培训工作

操作人员在上机操作之前，须做好上岗前培训，认真学习有关设备的性能、结构和维护保养等知识，掌握操作技能和安全技术等规程和知识，经过考核合格后，方可上岗。必须严禁无证操作现象的发生。

4. 建立健全科学的一套管理制度

企业要针对设备的不同特点和要求，建立各项管理制度、规章制度和责任制度等，如持证上岗制度、安全操作规程、操作人员岗位责任制、定人定机制度、定期检查维护制度、交接班制度及设备档案制度等。

5. 创造使用设备的良好工作条件和环境

保持设备作业条件和环境的整齐、清洁，并根据设备本身的结构、性能等特点，安装必要的防护、防潮、防尘、防腐、防冻、防锈等装置。有条件的企业还应该配备必要的测量、检验、控制、分析以及保险用的仪器、仪表、安全保护装置。这对精密、复杂、贵重的设备尤为重要。

（二）设备的维护保养

设备在使用过程中，其技术状态在不断变化，不可避免地会出现干摩擦、零件松动、声响异常等不正常现象。这些都是设备的故障和隐患，如果不及时处理和解决，就会造成设备过早磨损，甚至酿成严重事故。因此，只有做好设备的保养与维护工作，及时处理设备技术状态变化引起的事故隐患，随时改善设备的使用情况，才能保证设备正常运转，延长其使用寿命。

设备的维护保养应遵循设备自身运动的客观要求，其主要内容包括清洁、润滑、紧固、调整、防腐等。目前，设备的维护保养普遍实行“三级保养制”，即日常保养（简称“日保”）、一级保养（简称“一保”）和二级保养（简称“二保”）。

1. 日常保养

日常保养重点对易松动的部位进行清洗、润滑、紧固，检查零件的状况，大部分工作在设备的表面进行。这是一种由操作人员负责执行的经常性工作。

2. 一级保养

一级保养除普遍地对设备进行紧固、清洗、润滑和检查外，还要部分地进行调整。它是在专职维修工人的指导下，由操作工人承担定期保养的工作。

3. 二级保养

二级保养主要是对设备内部进行清洁、润滑、局部解体检查和调整，以及修复和更换易损零件。这项工作应由专职检修人员承担，操作人员协作配合。二级保养也是定期进行的。

此外，企业在实施设备保养制度的过程中，对于那些已运行到规定期限的重点和关键设备，不管其技术状态是否良好，生产任务是缓是急，都必须按保养作业规范和要求进行检查和保养，以确保这类设备的正常运转和具有足够的精确度、稳定性。

二、设备的检查与修理

设备在使用过程中会产生磨损，使得设备的精度、性能和生产效率下降，因此需要及时对设备进行检查和修理。设备的修理工作是减少和补偿设备磨损，使设备处于完好状态，保证生产正常进行的一项重要工作。

（一）设备磨损及其规律

设备在使用或闲置过程中，会发生两种形式的磨损：一种是有形磨损，亦称物质磨损或物质损耗；一种是无形磨损，亦称精神磨损或经济磨损。这两种磨损都会造成经济损失。为了减少设备磨损和在设备磨损后及时进行补偿，首先必须弄清产生磨损的原因和磨损规律，以便采取相应的技术、组织与经济措施。

1. 设备有形磨损产生的原因及其规律

设备有形磨损是设备在使用（或闲置）过程中发生的实体磨损。有形磨损又分为机械磨损（也称第一种有形磨损）和自然磨损（也称第二种有形磨损）。机械磨损是指设备在使用过程中，由于设备零部件的摩擦、振动、疲劳和腐蚀，致使设备发生磨损或损坏。通常表现为零部件原始尺寸和形状的改变，公差配合性质的改变，效率下降，障碍增多等，它主要与设备的使用时间和强度有关系。自然磨损是设备在闲置过程中，由于自然环境的作用及管理维护不善而造成的。通常表现为设备锈蚀、材料老化、功能下降等，它在一定程度上与设备闲置时间长短和设备维护的好坏有关。设备的有形磨损会降低其使用价值。

机器设备的有形磨损规律大致可以分为 3 个阶段，其磨损曲线如图 4–1 所示。

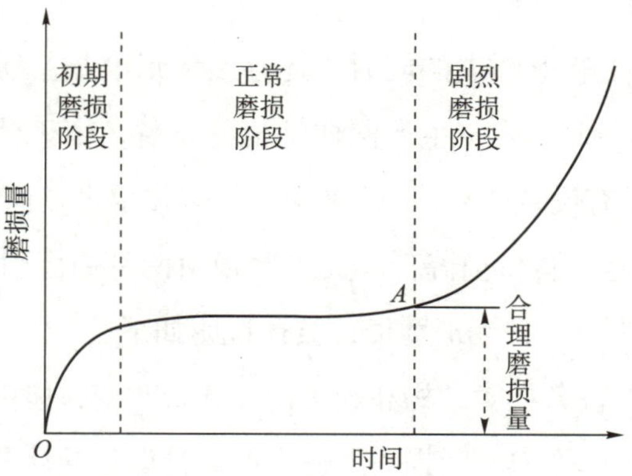

图 4–1　设备有形磨损曲线

（1）初期磨损阶段，又称磨合磨损阶段或走合期。在这个阶段中，设备各零部件表面的宏观几何形状和微观几何形状（粗糙度）都要发生明显的变化。这种现象的产生，是因为零件在加工、制造过程中，其表面总有一定的粗糙度，当相互配合的两个零件做相对运动时，其粗糙表面由于摩擦而磨损。这个阶段的主要特点是设备磨损快、时间短。

（2）正常磨损阶段。此阶段设备磨损的速度比较平稳、磨损增值缓慢。这时设备处于最佳的技术状态，设备的生产率，设备运转的稳定性、精确性最有保证。

（3）剧烈磨损阶段。当零部件磨损量超过一定限度后（图 4–1 中 A 点为正常磨损阶段的终点），正常磨损关系被破坏。磨损率急剧上升，以致设备的工作性能明显下降。这就要求停止使用设备，及时进行修理。

设备的磨损有一定的规律，不同设备各个磨损阶段的时间不同，即使是同一型号、同一规格的设备，由于使用和维修情况不同，其磨损的时间也不尽相同。了解设备磨损规律，就可以研究如何使初期磨损阶段变短，正常磨损阶段变长，避免出现剧烈磨损阶段。初期磨损阶段短，说明设备零部件的加工、制造质量好。正常磨损阶段长，说明零部件的磨损速率低且稳定，故使用寿命长，可以减少更换或修复的次数和停机时间，提高了设备的可利用率。如果在未进入剧烈磨损阶段时，就采取了控制零部件磨损的相应措施，说明设备技术状况的管理已具有一定水平，基本掌握了设备的磨损规律及零部件的使用寿命。

设备在闲置过程中，由于自然力的作用而锈蚀，或由于保管不善，缺乏必要的维护保养措施而遭受磨损，随着时间的延长，腐蚀面不断扩大，腐蚀程度不断加深，造成精度和工作能力自然丧失，甚至因锈蚀严重而报废。这种有形磨损被称为自然磨损。

在实际生产中，以上两种磨损形式往往不是以单一形式表现出来，而是共同作用于机器设备上。设备有形磨损带来的技术后果是设备性能、精度下降，到一定程度会使设备丧失使用价值。设备有形磨损带来的经济后果是生产效率逐步下降，消耗不断增加，废品率上升，与设备有关的费用逐步提高，从而使单位产品成本上升。当有形磨损比较严重或达到一定程度仍未采取措施时，设备就不能继续正常工作，并发生故障，使设备提前失去工作能力。这样，不仅要支付较高的修理费用以恢复其性能、精度，造成经济上的严重损失，还可能直接危及人身安全，影响工人的劳动情绪，由此所造成的损失难以估量。

2. 设备无形磨损产生的原因及其规律

设备投入生产以后，在产生有形磨损的同时，还存在无形磨损。所谓无形磨损，是指设备在有效使用期（即自然寿命）内，生产同样结构的设备，由于劳动生产率提高，其重置价值不断降低，而引起原有设备的贬值；或者由于科学技术进步而出现性能更完善、生产效率更高的设备，以致原有设备价值降低。无形磨损由两种原因引起，因而有两种不同的形式，前者为第一种无形磨损；后者为第二种无形磨损，具体说明如下。

设备管理概述

在第一种无形磨损情况下，设备技术结构和经济性能并未改变，但由于技术进步的影响，生产工艺不断改进，成本不断降低，劳动生产率不断提高，使生产这种设备的社会必要劳动耗费相应降低，从而使原有设备发生贬值。这种无形磨损虽然使生产领域中的现有设备部分贬值，但是设备本身的技术性能和功能不受影响，设备尚可继续使用，因此一般不用更新，但如果设备贬值速度比修理费用降低的速度快，修理费用高于设备贬值后的价格，就要重新考虑。

在第二种无形磨损情况下，由于出现了具有更高生产率和经济性的设备，不仅原设备的价值会相应降低，而且，如果继续使用旧设备还会相对降低生产经济效益（即原设备所生产产品的品种、质量不及新设备，以及生产中耗用的原材料、燃料、动力、工资等比新设备多）。这种经济效益的降低，实际上反映了原设备使用价值的局部或全部丧失，这就产生了用新设备代替现有旧设备的必要性。设备更换的经济合理性取决于现有设备的贬值程度，以及在生产中继续使用旧设备的经济效益下降幅度。

3. 设备磨损的补偿

从以上分析可知，两种磨损的相同点是都会引起原始价值的降低，不同之处是有形磨损的设备，特别是有形磨损严重的设备，在进行修理之前，常常不能正常运转。而任何无形磨损都不影响设备的继续使用，因为它本身的技术性能和功能并不因无形磨损而受到影响，设备的使用价值没有降低多少。

设备磨损（包括有形磨损和无形磨损）的补偿方式有：

首先，对运行和闲置中的设备，应加强维护保养及管理，做到正确使用、精心维护、合理润滑，以减缓有形磨损的发生速度。

其次，根据设备不同的磨损形式，采取不同的磨损补偿方式。设备产生有形磨损后，有一部分可以通过维修来消除，这类磨损属可消除性有形磨损，其补偿方式一般称为磨损的局部补偿；另一部分是不能通过维修消除的，这类磨损属不可消除性有形磨损。不可消除性有形磨损又可分为两种：一种是因为可消除性有形磨损不及时或没有进行局部补偿，形成磨损的积累，导致提前丧失工作能力，修理代价大而不经济，需购置新的设备来替代；另一种是设备已达到其自然寿命，不能继续使用且修理又不经济时，需要用同样用途的新设备来替换。用设备更新的技术措施进行有形磨损补偿，称为有形磨损的完全补偿或整体补偿。

有形磨损的补偿，是为了恢复设备在使用过程中应有的技术性能和生产效率，延长设备使用寿命，保证生产正常进行的一项基础技术管理工作。但是，由于设备在使用过程中始终面临新技术的挑战，要使设备技术性能适应科学技术的发展，就要在补偿有形磨损的同时，进行无形磨损的补偿，即结合设备修理，对原设备进行局部改进或改装，提高原有设备的生产效率和经济效益。

设备的各种磨损形式及其补偿方式之间的关系如图 4–2 所示。

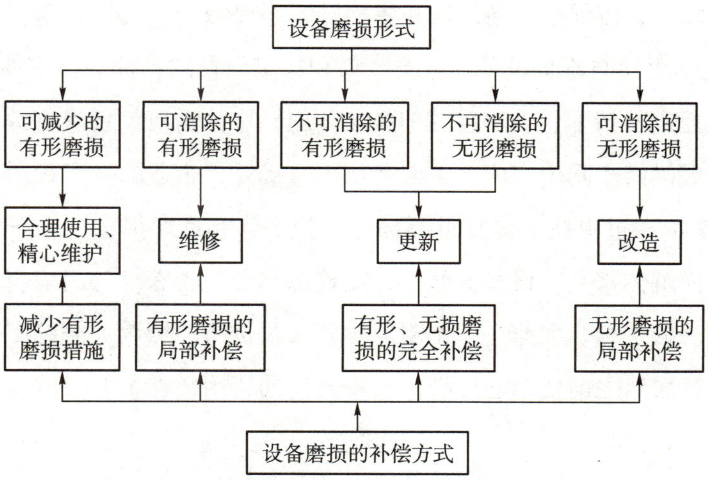

图 4–2　设备磨损形式及其补偿方式

（二）设备的检查

设备的检查是指在掌握设备磨损规律的条件下，对设备的运行情况、技术状态和工作稳定性等进行检查和校验。进行设备检查，就是对设备的精度、性能及磨损情况等进行检查，了解设备运行的技术状态，及时发现和消除设备隐患，防止突发故障和事故。设备检查的方法很多。

1. 日常检查

日常检查是由操作工人利用人的感官、简单的工具或安装在设备上的仪表或信号标志，每天对设备进行的全面检查。日常检查的作用在于及时发现设备运行的不正常情况并予以排除。日常检查是预防维修的基础工作之一，贵在坚持。

2. 定期检查

定期检查是以专业维修人员为主，操作人员参加的定期对设备进行的全面检查。定期检查的目的在于发现和记录设备异常、损坏及设备磨损情况，以便确定修理的部位、更换的零件、修理的种类和时间，以便制定维修计划。

3. 精度检查

精度检查是对设备的实际加工精度有计划地进行定期检查和测定，以便确定设备的实际精度，精度检查的目的在于为设备的调整、修理、验收和更新提供依据。

4. 机能检查

机能检查即对设备的各项机能进行检查和测定，如零件耐高温、高压、高速的性能如何等。

（三）设备的修理

设备的检查是“防”的问题，设备的修理是“治”的问题。设备的修理指修复由于正常或不正常原因而引起的设备损坏，通过修理或更换已磨损、腐蚀、损坏的零部件，使设备性能得到恢复。

1. 设备修理的种类

按照设备修理对设备性能恢复的程度、修理范围的大小、修理间隔期的长短以及修理费用的多少等，可以分为大修、中修、小修三类。

（1）小修。小修是指工作量最小的局部修理。它通常只需在设备所在地点更换和修复少量的磨损零件或调整设备、排除障碍，以保证设备能够正常运转。小修费用直接计入企业当期生产费用内。

（2）中修。中修是指更换与修理设备的主要零件和较多数量的各种磨损零件，并校正设备的基准，以保证设备恢复和达到规定的精度、功率和其他技术要求。中修需对设备进行部分解体，通常由专职维修人员在设备作业现场或机修车间内完成。中修费用也直接计人企业的生产费用。

（3）大修。大修是指通过更换、修复重要部件，为消除有形磨损，恢复设备原有精度、性能和生产效率而进行的设备全面解体修复。设备大修后，质检部门和设备管理部门应组织有关单位和人员共同检查验收，合格后办理交接手续。大修一般由专职维修人员进行。因为大修的工作量大、修理时间长、修理费用较高，所以进行大修之前要精心计划。大修发生的费用，在企业大修理基金中列支。

2. 设备维修制度

设备维修制度，是指在设备的维护保养、检查、修理中，为保持、恢复设备良好的性能而采取的一系列技术组织措施的总称。目前，我国实行的设备维修制度主要是计划预防维修制度和计划保养维修制度。

（1）计划预防维修制度。计划预防维修制度，是根据设备的一般磨损规律和技术状态，按预定修理周期及其结构，对设备进行维护、检查和修理，以保证设备经常处于良好的技术状态的设备维修制度。计划预防维修的方法有检查后修理法、定期修理法和强制修理法三种。

①检查后修理法，是事先只规定设备的检查计划，根据检查的结果和以前的修理资料，确定修理日期、类别和内容的方法。这种方法的关键是必须建立严格的检查制度和检查计划，包括日常检查和定期检查。这种方法最大的优点是可根据设备的实际情况来确定是否进行修理，针对性强，可避免过度修理，降低修理费用。但如果检查制度不严格，会导致设备零件过度磨损或突然损坏，影响正常生产秩序。

②定期修理法，是指根据设备的实际使用情况，参考有关机件磨损程度资料，制定设备修理工作的计划日期和大修理工作量的方法。这种方法的优点是对修理日期、类别和内容的规定，既有科学依据，又允许根据设备实际磨损情况适当地调整。

③强制修理法，是指一种强制性的计划预修方法，主要根据设备零件的使用寿命，预先编制具体修理计划，明确规定修理日期、类别和内容，不管设备的实际技术状态及零部件的磨损情况如何，都应严格按计划规定进行强制修理。这种方法的最大优点是计划性强，能严格保证设备的安全运行和正常运转。但容易产生过度修理、造成不必要的浪费。一般地说，对于安全性要求很高的设备，可采用此法。

汽车服务企业应针对不同的设备，根据不同的要求，正确选择不同的修理方法，提高设备修理的管理水平和经济效益。

（2）计划保养维修制度。保养维修制度是在总结计划预修制度的经验和教训的基础上建立起来的一种以预防为主、防修结合的设备维修制度。所谓计划保养维修制度，就是有计划地进行设备三级保养和大修理的体制和方法，即在搞好三级保养的同时有计划地进行大修。实行计划保养维修制度，对计划预修制度中的修理周期结构，包括大修、中修、小修的界限与规定，进行重大改革，使小修的全部内容和中修的部分内容在三级保养中得到解决，一部分中修并入大修。同时，又突破了大修与革新改造的界限，强调“修中有改”、“修中有创”，特别是对老设备，把大修的重点转移到改造上来，这是符合我国具体情况的重要经验。

但是，要真正发挥计划保养维修制度的作用，必须做好以下几项工作。

第一，根据各类设备的磨损规律、工作条件和技术状态，分别制定不同的保养间隔期，严格按规定的保养间隔进行计划保养。

第二，根据设备特点、操作人员的技术水平及生产情况，明确划分操作人员和维修人员应负责检查的保养内容。

第三，积极组织和开展群众性设备维修活动。

第四，建立设备保养记录和故障分析报告制度。

3. 设备大修理经济界限的确定

设备修理是为了保持设备在寿命周期内的完好使用状态而进行的局部更换或修复工作，其中，大修理是维修工作中规模最大，花钱最多的一种设备维修方式，它是通过对设备的全部解体，修理耐用的部分，更换全部损坏的零件，修复所有不符合要求的零部件，全面消除缺陷，以便设备在大修理之后，在生产效率、精确度、运转速度等方面达到或基本达到原设备的出厂标准，设备大修理是在原有实物形态上的一种局部更新。

在设备寿命周期内，对设备进行适度的大修理，在经济上一般是合理的。尽管大修理过的设备，不论在生产效率、精确度、运转速度等方面，还是使用中的技术故障频率、有效运行时间等方面，都比同类型的新设备逊色，但是，大修理能够利用原有设备中保留下来的零部件，这一点，同购置新设备相比，具有很大的优越性，而且这部分比重越大，大修理就越合理。但是，长期无休止的大修理，却是不经济的。一方面，大修间隔期会随着修理次数的增加而缩小，另一方面，大修理的费用越来越高，从而使大修理的经济性逐渐降低，优越性不复存在，这时设备的整体更新将取而代之。

设备寿命周期期满前所必需的维修费用总额可能是个相当可观的数字，有时可能超过设备原值的几倍。其中，设备大修理所花费的费用，又占了很大一部分，而且随着设备使用时间的延长，大修理费用越来越高。那么，在什么条件下，进行大修理在经济上才是合理的呢?

（1）某次大修理费用不能超过同种设备的重置价值，这样的大修理在经济上才是合理的。通常把这一标准称为设备大修理的最低经济界限。

（2）设备大修理后，使用设备完成单位工作量的成本，在任何情况下，都不能超过使用新设备完成单位工作量的成本，这时，设备大修理在经济上才是合理的。

只有同时满足上述两个条件的大修理，在经济上才是合理的。对技术进步较快，无形磨损期较短的设备来说，很可能用新设备完成单位工作任务的单位费用较低，这时，第二个条件作为经济界限，则更为重要。

（四）设备维修与管理的评价指标

企业为评价和促进设备的经济效益和综合管理水平，必须建立健全设备维修和管理的评价指标体系。

1. 反映设备技术状态的指标

该指标主要包括设备完好率、设备故障率、设备待修率等。计算公式分别为

$$设备完好率=\frac{完好设备总台数}{设备总台数}$$

$$设备故障率=\frac{故障停机时间}{生产运转时间}$$

$$设备待修率=\frac{平均待修设备台数}{平均实有设备台数}$$

2. 反映设备维修与管理经济性的指标

该指标主要包括维修费用效率、单位工作量（或产值）维修费用及维修人数等。计算公式分别为

$$维系费用效率=\frac{作业工作量}{维修费用总额}$$

$$单位工作量（或产值）维修费用=\frac{维修总费用额}{总工作量（产值）}$$

3. 反映设备利用情况的指标

该指标主要包括设备台数利用率、设备时间利用率和设备能力利用率等。计算公式分别为

$$设备台数利用率=\frac{使用设备总台数}{在册设备总台数}$$

$$设备时间利用率=\frac{设备实际工作台时数}{设备日历总台时数}$$

$$设备能力利用率=\frac{单位台时的实际工作量}{单位台时额定工作量}$$

第四节 汽车服务企业的设备换新与改造

一、设备的寿命

设备是汽车服务企业开展生产经营活动的重要物质基础和技术基础，企业设备从购置后投入使用一直到最后报废，通常要经历一段较长的时间，在这段时间内，设备会逐渐磨损，当设备因损坏或落后等原因不能或不宜继续使用时，就需要进行设备改造或更新。

在设备更新与改造的分析过程中，存在着如何确定合理的设备寿命的问题。设备的寿命包括物质寿命、技术寿命和经济寿命。

（一）设备的物质寿命

当有形磨损达到一定程度时，会使设备丧失技术性能和使用性能，且无修复价值。我们把这种从设备投入使用开始，到报废退出生产领域为止所经历的时间，称为设备的物质寿命，又称自然寿命。它是由有形磨损决定的，与维修的好坏有关。可通过恢复性的修理来延长设备的物质寿命，但不能从根本上避免设备的磨损。

（二）设备的技术寿命

技术寿命是指从技术角度确定设备最合理的使用年限。由于科学技术的迅速发展，在设备使用过程中出现了技术上更先进、经济上更合理的新型设备，使原有设备发生无形磨损而产生效能和效率的低劣化，继续使用该设备在经济上不合算，而且没有改造价值。把这种从设备投入使用开始，直至因技术落后而淘汰为止所经历的时间，称为设备的技术寿命。设备的技术寿命是由无形磨损决定的，其长短与科学技术进步的速度有关，技术进步越快，设备技术寿命越短。通过现代化改装，可延长设备的技术寿命。技术寿命一般短于物质寿命，当更先进的设备出现或生产过程对原有设备的技术性能提出更高的要求时，原有设备在其物质寿命尚未结束前就被淘汰。

（三）设备的经济寿命

设备的经济寿命是指从设备的经济效益角度来确定设备最合理的使用年限。设备使用一定时间后，有形磨损和无形磨损造成其经济效益的低劣化，继续使用在经济上不合理，又无大修和改造的价值。我们把这种从设备开始使用到在经济上不合理而被更新所经历的时间，称为设备的经济寿命。设备的经济寿命是从经济的角度确定设备最合理的使用年限。一个设备可供使用的年限越长，则分摊到每年的设备购置费用（包括购买价款、运输费和安装调试费等）就越少，设备的运行费用（操作费、维修费、材料费及能源耗费等）越多。设备经济寿命是设备最佳更新时机的具体表现。研究设备的经济寿命可以为确定设备的更新时间及改造与更新决策提供科学依据。

上述设备寿命都考虑了经济效益因素。追求技术进步和提高经济效益是研究设备更新与改造问题的根本出发点，而追求技术进步，最终还是为了提高经济效益。因此，确定设备更新最佳周期的总原则是：使设备一次性投资和各年费用的总和达到最小。

二、设备更新

设备更新主要是指用更加先进和更加经济的设备，来取代物质上、技术上和经济上不宜继续使用的设备。设备更新是消除设备有形磨损和无形磨损的有效方法。由于技术进步的速度日益加快，设备更新的速度也相应加快。为了促进技术进步和提高企业经济效益，需要对设备整个运行期间的技术经济状况进行分析和研究，以做出正确的更新决策。

（一）设备更新的概念

设备更新就是用新设备代替原有旧设备完成相同工作（或服务）。一台设备随着使用时间不断增加，其效率逐渐降低，运营和维修费用不断增加，服务质量不断下降，越来越不能满足生产的要求，这时原有设备就需要更新。另外，随着科学技术的迅速发展，多功能、高效率的设备不断出现，使得继续使用原有设备不够经济，这时也需要进行设备更新。设备更新有两种类型：一种是原型更新，这种更新只考虑有形磨损而不考虑无形磨损，在设备的整个使用期内没有更先进的设备出现，仍以原型设备替代原有设备；另一种是新型设备更新，在科学技术进步的条件下，由于无形磨损的作用，设备运行成本尚未升高到应该用原型设备代替现有设备之前，就出现了工作效率更高和经济效果更好的设备，这时就要对继续使用旧设备和购买新型设备这两种方案进行比较。

（二）设备更新分析的原则

在对设备更新进行分析时，应遵循以下几个原则。

1. 只分析费用

不管是购置新设备，还是改造旧设备，在设备经济分析中一律只分析其费用。通常设备更新或改造，其生产能力不变，所产生的收益相同（若生产能力变化了，可经过等同化处理，将生产能力的不同转化为费用的不同）。这样，设备更新的评价，就是在相同收益情况下对费用进行评价，属于费用型方案的分析。可以使用的经济评价方法有年成本法、现值费用法及追加投资经济效果评价法。

2. 不同的设备，其服务寿命不同

在对设备进行更新分析时，分析期必须一致，在实际工作中，通常采用年费用法来进行方案比较。

3. 不考虑沉没成本

通常旧设备更新时，往往未到其折旧最后年限，账面价值和转售价值之间存在差额，故存在沉没成本，即未收回的设备价值。在购置新设备时，沉没成本是一种投资损失，但这一损失是过去的决策造成的，不应计入新设备的费用中，可以在企业盈利中予以扣除，但在设备购置决策中不予考虑。

4. 旧设备应以目前可实现的价格与新设备的购置价格相比

在进行设备更新分析时，应将新旧设备放在同一位置上进行考虑。对于旧设备，应采用最新资料，即将其看作一个以目前可实现的价格购买，以剩余使用寿命为计算期的设备，以便与新设备进行比较，

这样，在设备更新分析中，才不至于发生决策失误。

（三）设备更新决策

适时更新设备，既能促进企业技术进步、加速经济增长，又能节约资源、提高经济效益。下面分别介绍两种不同设备更新类型的决策方法。

1. 设备原型更新的经济分析

有些设备，在整个服务期间没有更先进的同类设备出现，即不存在无形磨损的影响，只有有形磨损带来的设备维修费用，特别是大修理费用以及运行费用，随着使用时间的增加而不断增加。当继续使用旧设备还不如再购置一台原型设备合算时，就应该及时更新，这就是设备原型更新。设备原型更新的经济分析原则是：使平均分摊到各个使用年限中的设备购置费用和年经营费用（设备的日常使用和维修费用）总和最小。其分析方法主要有低劣化数值法、最小年费用法。

（1）低劣化数值法。随着设备使用时间的增加，有形磨损会不断加剧，导致维护与修理费用越来越高，并且无形磨损的影响也越来越明显，这就是设备的低劣化。用低劣化的数值来表示设备损耗的方法，称为低劣化数值法。采用这种方法时，按照是否对资金的时间价值予以考虑，可分为静态分析法与动态分析法。

①低劣化数值法的静态分析法（即不考虑资金的时间价值）。设 K_0 代表设备原始价值，S 代表设备残值，n 代表设备使用年限，则设备每年平均分摊的费用为$\frac{K_0-S}{n}$。随着设备使用年限 n 的增加，按年平均的设备费用不断减少，但设备的维护费用及燃料、动力消耗增加，即设备性能出现了低劣化。假设设备第一年的经营费用为 Q，以后逐年增加一个低劣化值为 λ，第 n 年增加（n–1）λ，则设备年经营费用的平均值为$Q+\frac{n-1}{2}\lambda$，所以设备的年平均总费用 C 为

$$C=\frac{K_0-S}{n}+Q+\frac{n-1}{2}\lambda$$

若不计残值，则

$$C=\frac{K_0}{n}+Q+\frac{n-1}{2}\lambda$$

设备的经济寿命是指设备使用费用最低的使用期限，只要对上式进行微分或求导，当其微分方程为0时，n 值即为最终寿命周期。将上式求导

$$\frac{\mathrm{d}C}{\mathrm{d}n}=-\frac{K_0}{n^2}+\frac{\lambda}{2}$$

$$-\frac{K_0}{n^2}+\frac{\lambda}{2}=0$$

则

$$n_0=\sqrt{\frac{2K_0}{\lambda}}$$

设备残值为 S，则

$$n_0=\sqrt{\frac{2(K_0-S)}{\lambda}}$$

代入上式，可求得经济寿命期的年平均总费用为

$$C(n_0)=Q+\sqrt{2K_0\lambda}-\frac{\lambda}{2}$$

例 4-3　某企业购入一台新设备，原始价值为 40 000 元，假设不论何时，其残值均为零。设备经营费用第一年为 3 000 元，以后每年低劣化增加值为 2 000 元。试计算该设备的经济寿命及最小平均总费用。

解　根据公式求经济寿命为

$$n_0=\sqrt{\frac{2K_0}{\lambda}}=\sqrt{\frac{2\times 40\ 000}{2\ 000}}=6.3\text{ 年}$$

设备最小年平均总费用为

$$\begin{aligned}C(n_0)&=Q+\sqrt{2K_0\lambda}-\frac{\lambda}{2}\\&=3\ 000+\sqrt{2\times 40\ 000\times 2\ 000}-\frac{2\ 000}{2}\\&=14\ 649\text{ 元}\end{aligned}$$

②低劣化数值法的动态分析法。这一方法在分析时要考虑资金的时间价值。由于设备的原值通过折旧逐年获得补偿，并且设备的残值以及每年的经营费用都在变化，就像把一笔资金投入生产或存入银行，它们因占用时间的不同会产生不同的效益，因此必须考虑资金的时间价值。其计算公式为

$$C=\frac{i(1+i)^n}{(1+i)^n-1}\left[K_0+\lambda n\frac{1}{(1+i)^n}\right]$$

$$=(A/P,\ i\quad n)\cdot\left[K_0+\lambda n(P/F\quad i\quad n\right]$$

式中　C——年平均总费用；

K_0——设备原值；

λ——低劣化值；

n——使用年限；

P——现值；

F——未来值（即终值）；

i——年利率；

A——等年值（即每年的支出或收入为等值）；

$\frac{i(1+i)^n}{(1+i)^n-1}$或（$A/P$，$i$，$n$）——投资回收系数（或偿还资金系数）；

$\frac{1}{(1+i)^n}$或（P/F，i，n）——复利现值系数。

根据例 4-3 进行动态分析，计算出不同使用年限的年平均总费用并列表对比，可找出总费用最小的使用年限，即最佳更新期。设年利率 $i=0.15$，计算结果如表 4-1 所示。

表 4–1　×× 设备年经营费用（动态表）

使用年限／年 ①	当年低劣化值 ②	复利现值系数 ③	低劣化现值 ④＝②×③	低劣化值累计 ⑤	设备原值／元 ⑥	投资回收系数 ⑦	年平均总费用／元 ⑧＝（⑤＋⑥）×⑦
1	2 000	0.869 6	1 739.2	1 739.2	40 000	1.150 0	47 999.85
2	4 000	0.756 1	3 024.4	4 763.6	40 000	0.615 1	27 534
3	6 000	0.657 5	3 945	8 703.6	40 000	0.438 0	21 334
4	8 000	0.571 8	4 574.4	13 283	40 000	0.350 3	18 665
5	10 000	0.497 2	4 972	18 255	40 000	0.298 3	17 378
6	12 000	0.432 3	5 187.6	23 442.6	40 000	0.264 2	16 762
7	14 000	0.375 9	5 262.6	28 705.2	40 000	0.240 4	16 517
8	16 000	0.326 9	5 230.4	33 935.6	40 000	0.222 9	16 480
9	18 000	0.284 3	5 117.4	39 053	40 000	0.209 6	16 570
10	20 000	0.247 2	4 944	43 997	40 000	0.119 3	16 741

用动态分析法计算出的最佳更新期为 8 年，较静态分析法计算出的最佳更新期 6.3 年要长。

2. 最小年费用法

当设备的低劣化值每年不是以等值增加，而是以变化的数值增加时，应采用最小年费用法计算设备的最佳更新期。其计算公式为

$$\overline{C}_t=\frac{\sum_{t=1}^{n}C_{\mathrm{Pt}}+(K_0-S)}{t}$$

式中：$\overline{C}_t$——年平均费用；

C_{Pt}——年维护费用；

K_0——设备原值；

S——设备残值；

t——使用年限。

决策原则：年平均费用最低的使用年限即为最佳更新期。

例 4–4　某企业购入一台设备，原值为 45 000 元，设备年平均费用及年末残值如表 4–2 所示，试计算最佳更新期。

表 4–2　某设备经营费用及残值

费用类型	使用年限／年						
	1	2	3	4	5	6	7
年维护费	5 300	6 600	9 300	12 000	14 500	18 500	23 900
年末残值	27 000	16 000	12 000	9 500	6 800	4 050	2 700

解　用静态与动态两种分析法进行计算。

（1）用静态分析法求最佳更新期。用静态分析法求最佳更新期，就是不考虑资金的时间价值，只按每年的维护费用及设备费用计算出年平均费用，然后进行比较，取年平均费用最低的使用年限（即最小费用年限）为最佳更新期。计算结果如表 4–3 所示。

表 4–3　最小费用法（静态分析）求最佳更新期

使用年限／年 ①	累计维护费用／元 ②	设备费用／元 ③	总成本／元 ④＝②＋③	年平均费用／元 ⑤＝④／①
1	5 300	15 000	20 300	20 300
2	11 900	26 000	37 900	18 950
3	21 200	30 000	51 200	17 067
4	33 200	32 500	65 700	16 425
5	47 700	35 200	82 900	16 580
6	66 200	37 950	104 150	17 358
7	90 100	39 300	129 400	18 486

从计算结果来看，使用 4 年的平均费用最低，所以最佳更新期为 4 年。

（2）用动态分析法求最佳更新期。动态分析最小年费用法，就是在考虑资金时间价值的情况下，计算出每年的维护费用现值并累计后，加上设备费用，再减去残值的现值，计算出总成本，最后用偿还资金系数换算为年均等支出额后，求出年平均费用。年平均费用最低的使用年限为最佳更新期。其计算公式为

$$\overline{C}_t=\left[K_0+\sum_{t=1}^{n}C_{Pt}+(P/F,\ i\quad n)-S(P/F\quad i\quad n)\right](A/P\quad i\quad n)$$

根据例 4–4 的资料，计算结果如表 4–4 所示（设年利率 i=0.12）。

表 4–4　最小费用法（动态分析）求最佳更新期

使用年限／年①	设备原值／元 ②	设备残值／元 ③	贴现系数 ④	残值现值／元 ⑤＝④×③	年维护费／元 ⑥	维护费现值／元 ⑦＝⑥×④	维护费现值累计／元 ⑧＝∑⑦	总成本／元 ⑨＝⑧＋②－⑤	偿还资金系数 ⑩	年平均费用／元 ＝⑨×⑩
1	42 000	27 000	0.893	24 111	5 300	4 733	4 733	22 622	1.12	25 337
2	42 000	16 000	0.797	12 752	6 600	5 260	9 993	39 241	0.592	23 231
3	42 000	12 000	0.712	8 544	9 300	6 622	16 615	50 071	0.416	20 830
4	42 000	9 500	0.636	6 042	12 000	7 632	24 247	60 205	0.329	19 807
5	42 000	6 800	0.567	3 856	14 500	8 222	32 469	70 613	0.277	19 560
6	42 000	4 050	0.507	2 053	18 500	9 380	41 849	81 800	0.243	19 877
7	42 000	2 700	0.452	1 220	23 900	10 803	52 652	93 432	0.219	20 462

从计算结果看出，年平均费用最低的使用年限为 5 年，所以最佳更新期为 5 年，比静态分析法的最佳更新期多 1 年。

3. 设备新型更新的最佳时机选择

用经济寿命来决定设备的最佳更新时机，只考虑了设备的有形磨损，而未考虑设备的无形磨损。这种情况多用于设备在使用期内不发生技术上的过时和陈旧，没有更好的新型设备出现，只是由于有形磨损的影响，造成运行成本的不断提高，这时使用原型设备替换往往比继续使用旧设备更为经济。但在技术不断进步的条件下，多数设备不仅受第一种无形磨损的影响，而且受到新型设备的挑战。由于第二种无形磨损的作用，很可能在设备运行成本尚未升高到用原型设备替代之前，即还未到经济寿命年限，市场上就出现了性能更好、效率更高、消耗费用更低、经济效果更佳的新设备，这时就需要在继续使用旧设备和购置新设备二者之间进行决策。若选择购置新设备，又有在什么时候更新最经济的问题，这也是一个最佳更新时机的选择问题。

当市场上出现同类功能的新型设备时，确定旧设备合理使用年限的原则是：当旧设备再继续使用一年的年费用（即旧设备的年边际成本）超过新型设备的最小年费用时，就应该立即更新。

例 4–5　某企业有一台旧设备，若现在出售，预计市场价格为 4 万元，并且估计可以继续使用 4 年。目前市场上出现的新型设备的价格为 10 万元，两种设备的年经营费用及残值如表 4–5 所示，当 $i=0.1$ 时，试计算旧设备的合理使用年限。

解　旧设备与新型设备年费用的计算如表 4–5 所示，从表中可以看出，旧设备使用 3 年时，年费用超过了新型设备的最小年费用，即 47 744 元> 46 159 元，因此，旧设备的合理使用年限为 2 年。说明旧设备只能再使用 2 年就应该更换为新型设备。

表 4–5　旧设备与新设备的年经营费用与残值

使用年限／年	旧设备			新设备		
	年经营费用／元	残值／元	年费用／元	年经营费用／元	残值／元	年费用／元
1	30 000	30 000	44 000	20 000	75 000	55 000
2	35 000	20 000	45 905	22 500	56 200	52 050
3	40 000	10 000	47 744	26 000	43 000	49 862
4	45 000	0	49 528	29 600	33 000	48 583
5	—	—	—	34 000	21 000	48 697
6	—	—	—	38 500	10 000	46 159
7	—	—	—	50 000	1 000	46 458

三、设备的改造

设备改造工作既有深厚的技术内涵，又是一项重要的投资活动。在物质、技术条件允许的条件下，在确定实行设备改造时，更要注意其经济界限。

（一）设备改造的含义

所谓设备改造，就是指应用现有的技术成果和先进经验，为适应生产的需要，改变现有设备的结构，给旧设备装上新部件、新装置、新附件，以改善现有设备的技术性能，使之达到或局部达到新设备的水平。设备技术改造是克服现有设备的技术陈旧状况、消除第二种无形磨损、更新设备的方法之一。

在多数情况下，通过技术改造可使陈旧设备达到新的技术水平，而所需的投资往往比用新设备替换要少。设备技术改造主要有如下优点。

（1）具有很大的针对性和适应性。经过技术改造，设备更能满足具体要求，在某些情况下甚至超过新设备。有时经过技术改造的设备，技术性能比新设备还高，所以在个别情况下，对新设备也可以进行改造。尤其在我国产品更新换代缓慢的情况下，设备改造具有较大的意义。

（2）通过现代化改装，可将陈旧的万能机床改造成专用机床、自动机床，从而改善了设备拥有量的构成。

（3）对设备进行技术改造，可以达到时间短、投资少、见效快的效果。技术改造的投资一般仅占同类新设备购置费用的 40% ～ 60%。因此，必须坚持不懈地加以开发、创新和推广。凡通过技术改造能达到生产要求的，都应利用这个途径来解决。因此，不能将技术改造看成一项被迫的、临时的措施，而应该将其看成提高现有设备技术水平的重要的、经常性的手段。

（二）设备改造的原则

1. 针对性原则

从实际出发，按照生产工艺要求，针对生产中的薄弱环节，采取有效的新技术，结合设备在生产过程中所处地位及其技术状态，确定设备的技术改造方案。

2. 技术先进适用性原则

由于生产工艺和生产批量不同，设备的技术状态也不一样，采用的技术标准应有区别。要重视先进适用性原则，不要盲目追求高指标，防止功能过剩。

3. 经济性原则

在制定技改方案时，要仔细进行技术经济分析，力求以较少的投入获得较大的产出，且回收期要适宜。

4. 可能性原则

在实施技术改造时，应尽量由本单位技术人员和技术工人完成。若技术难度较大，本单位不能单独实施时，也可请有关生产厂家、科研院所协助完成，但本单位技术人员应掌握该项技术，以便以后的管理与检修。

四、设备改造的目标

企业进行设备改造主要是为了提高设备的技术水平，以满足生产要求，在注意经济效益的同时，还必须注意社会效益。为此，企业应注重以下 4 个目标。

（一）提高加工效率和产品质量

设备经过改造后，要使原设备的技术性能得到改善，提高精度和增加功能，使之达到或部分达到新设备的水平，满足产品生产的要求。

（二）提高设备运行安全性

对影响人身安全的设备，应进行针对性改造，防止人身伤亡事故的发生，确保安全生产。

（三）节约能源

通过设备的技术改造，提高能源的利用率，大幅度地节电、节煤、节水，在短期内收回设备改造投入的资金。

（四）保护环境

有些设备对生产环境乃至社会环境造成较大污染，要积极进行设备改造，消除或减少污染，改善人类生存环境。

此外，对进口设备的国产化改造和对闲置设备的技术改造，也有利于降低修理费用和提高资产利用率。

本章小结

对汽车制造企业而言，企业生产设备是企业组织生产方式的核心，更是企业资产管理的主体。所谓汽车企业设备管理工程，就是企业运用多种先进的管理方法，为实现满足客户的不同要求，降低生产成本，提高生产效率，即用最少的资本投入达到企业生产效益最大化的管理。因此，中国汽车企业在进行产品结构更新和产品生产组织的调整时，必须同时实行设备管理工程的变革设计，才能对设备拥有自主的管理能力。

课程思政

中国东方教育联手奇瑞汽车打造服务精英大赛

2021 年 9 月 13 日，奇瑞汽车第 16 届服务精英大赛复赛首场比赛在中国东方教育旗下山东万通汽车学院揭开序幕，这是万通汽车教育首次承办奇瑞服务精英大赛。精细周到的赛事筹备安排、专业标准的赛事保障，不仅体现了万通的办学实力，也能让来自各个赛区的选手赛出水平、赛出风采。

奇瑞汽车服务精英大赛始于 2002 年，一批又一批的服务尖兵、技术能手通过大赛崭露头角，成为了奇瑞企业发展的中流砥柱，彰显了奇瑞技能服务的金字招牌，书写了行业佳话。与往届比赛一样，今年汽车服务精英大赛依然分为流程和技术 2 个版块，旨在全面考察参赛选手对服务流程的执行和开展情况，车辆问题的解决能力，以及汽车快速保养规范流程运用。选手需在规定时间内完成上机理论、技能维修、保养服务等考核项目，最终胜出的选手将有机会赢取国内知名企业游学等丰厚奖品。

未来，中国东方教育将继续加强与奇瑞汽车的深度沟通和交流，进一步扩大合作，积极探索产学研结合新路径，为培养大国工匠作出应有的贡献。

思考练习

1. 简述设备管理的概念和分类。
2. 设备管理工作的内容是什么？
3. 设备管理的任务是什么？
4. 设备选择考虑哪些主要因素？
5. 简述设备经济评价常用的方法。
6. 设备维护保养的主要内容有哪些？
7. 简述机器设备有形磨损规律的三个阶段。
8. 设备检查的方法主要有哪些？

第五章

汽车服务企业资金管理

本章导读

汽车服务企业的财务管理是根据财经法规制度，按照财务管理的原则，以企业资金运动为重点，组织企业财务活动，处理财务关系的一项经济管理工作。财务管理是汽车服务企业管理的重要组成部分，其基本内容是关于资产的购置、资本的融通和经营中现金流量以及利润分配的管理。财务管理的核心是企业的资金。汽车服务企业财务管理具体表现为对企业资金供需的预测、组织、协调、分析、控制等方面。通过有效的理财活动，可以理顺企业资金流转程序和各项分配关系，以确保服务工作的顺利进行，使各方面的利益要求得到满足。

学习目标

1. 掌握汽车服务企业财务管理的概念、内容及目标。
2. 了解汽车服务企业资金筹集、资产管理及财务分析与评价方法等。
3. 理解汽车服务企业成本管理。
4. 熟悉企业成本控制的方法等内容。

第一节 汽车服务企业财务管理

财务（finance）一般是指与钱财有关的事务。财是金钱、物质的总称，其货币表现形式就是资金。资金在企业生产经营过程中不断地变化和周转，形成了企业的财务活动。在各类财务活动中，企业必然要与有关方面发生一定的经济关系，即财务关系。因此，企业财务就是企业财务活动及其所体现的经济利益关系的总称。

一、汽车服务企业财务管理的概念和目标

（一）汽车服务企业财务管理的概念

企业财务管理是以企业资金运动为对象，利用货币形式对企业经营活动进行的一项综合性管理工作。要理解财务管理概念，必须先了解财务管理中有关的基本术语及其概念，主要有以下几个方面。

1. 资金

资金是企业拥有或控制的所有经济资源的货币表现形式。企业资金按其来源可分为权益资金和债务资金两类。权益资金是企业投入的资金，债务资金是企业通过债务方式筹集的资金。

2. 资产

资产是指过去的交易、事项形成并由企业拥有或控制的资源，该资源预期会给企业带来经济效益。在企业的资产负债表中资产有明确的体现。资产按其变化或耗用时间的长短，可分为流动资产和非流动资产。流动资产指在 12 个月内或下一个经营循环（视何者更长而定）将被用完或者转换为现金的资产。例如，库存将被出售、应收账款将被收回等，现金是流动资产的典型代表。非流动资产是相对于流动资产而言的，一般包括长期投资、固定资产、长期负债等。

3. 负债与所有者权益

负债是企业所承担的能以货币计量并将以资产或者劳务偿付的债务。所有者权益是企业投资人对企业净资产的所有权。从静态上看，企业生产经营活动在某一时点上，总是表现为占用一定的资产，这些资产只能来源于债权人的债务和所有者投资。因此，企业的资产价值总量等于企业的负债额加所有者对企业投资额。

资产、负债和所有者权益之间的关系为：资产 = 负债 + 所有者权益。

4. 资金运动

企业的生产经营过程既是使用价值的生产和交换过程，又是价值的形成和实现过程，在这个过程中，各种物质价值的货币表现就是资金。随着企业再生产的不断进行，资金不断周转、循环，形成了企业的资金运动，如图 5–1 所示为企业资金运动示意图。

企业资金运动所构成的各种经济活动称为财务活动。在财务活动中，存在着企业与各个方面的经济

利益关系，称为财务关系。

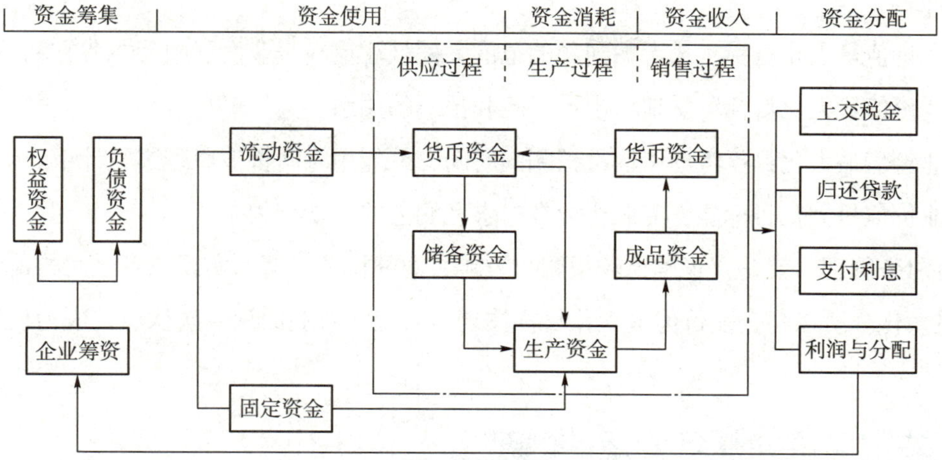

图 5-1　企业资金运动示意图

（二）汽车服务企业财务管理的目标

企业财务管理目标是理财活动所希望实现的结果，是评价理财活动是否合理的基本标准。不同的财务管理目标，应采用不同的财务管理运行机制。

1. 利润最大化目标

利润最大化目标是指通过对企业财务活动的管理，不断增加企业利润，使企业利润达到最大。企业财务管理人员在进行管理的过程中，将以此原则进行决策和管理。以利润最大化作为企业财务管理目标有合理的一面，即有利于企业经济效益的提高，但也存在以下问题。

（1）没有考虑利润的取得时间，没有考虑资金的时间价值。

（2）企业在追求利润时容易产生短期行为。

（3）没有科学地考虑获取利润和所承担风险的关系。

（4）没有考虑所取得的利润与投资额之间的比例关系。

2. 股东财富最大化目标

股东财富最大化目标是指通过财务上的合理经营，使企业股东的财富达到最大。股东财富最大化，可演化为股票价格最大化，这是因为股东财富是由其所拥有的股票价格决定的，即股票价格达到最高时，则股东财富也达到最大。股东财富最大化目标与利润最大化目标相比，具有以下优点。

（1）股东财富最大化目标便于计量、考核和奖惩。

（2）股东财富最大化目标能够克服企业在追求利润上的短期行为。

（3）股东财富最大化目标能够科学地考虑风险因素。

但是，股东财富最大化目标仍存在以下问题。

（1）适用范围小，只适合上市公司。

（2）考虑问题的范围窄，忽视了股东以外的企业其他关系人的利益。

3. 企业价值最大化目标

企业价值最大化目标是指通过企业财务上的合理经营，采用最优的财务政策，充分考虑资金的时间价值和风险与报酬的关系，以谋求企业整体价值达到最大。以企业价值最大化作为财务管理目标的优点有以下几方面。

（1）企业价值最大化目标扩大考虑问题的范围，并且注重在企业发展中考虑各方利益关系。

（2）企业价值最大化目标科学地考虑了风险和报酬的关系。

（3）企业价值最大化目标考虑了取得报酬的时间，并能用时间价值原理进行计量。

（4）企业价值最大化目标能够克服企业在追求利润上的短期行为。

企业进行财务管理，就是要正确比较报酬与风险之间的得失，努力实现二者之间的最佳平衡，使企业价值达到最大化。所以，企业价值最大化目标体现了对经济效益的深层次认识，成为现代财务管理的最优目标。

二、汽车服务企业财务管理的内容

企业财务管理的最终目标是企业价值最大化，提高企业价值的主要途径是提高收益率和减少风险。企业收益率的高低和风险的大小又取决于投资项目、资本结构和股利分配政策。因此，企业财务管理的主要内容是筹资管理、投资管理、资本成本管理和利润分配管理。

（一）筹资管理

筹资也称融资。从资金的运动形态来看，企业理财的第一步就是筹集资金，企业可以通过多种渠道筹集资金，形成自有资金和企业负债。企业从投资者、债权人那里筹集来的资金，可以是货币资金形态，也可以是实物、无形资产形态。汽车服务企业筹资管理要解决的是如何取得企业所需资金，它主要回答四方面的问题：

1. 筹集多少资金

筹资是为经营服务的，筹资数量要考虑投资的需要。汽车服务企业应根据经营计划和投资计划预测出一定时期的资金缺口量，以确定筹资量。

2. 向谁取得资金

目前汽车服务企业的筹资渠道较广，可从汽车服务企业内部筹资，也可从企业外部筹资。国家、法人、个人都可成为企业资金的提供者。针对不同的提供者采取不同的筹资方式。

3. 什么时候取得资金

资金取得的时间应与资金的使用时间相匹配。资金到位不及时，会影响整车及配件的库存、订货及交货期等，进而影响汽车服务企业的业务开展。

4. 获取资金的成本是多少

不同渠道、不同方式获取的资金，其付出的成本是不同的。汽车服务企业在及时、足额地保证资金需要的前提下，应力求降低资金成本，尽可能使企业价值最大化。

（二）投资管理

投资是指企业资金的运用，是为获取未来收益或避免风险而进行的资金投放活动。投资管理主要研究和解决企业应在什么资产上投资，需要多少投资，并在权衡投资的风险与收益的基础上做出选择。企业通过投资管理将筹集来的资金合理地投放到生产经营活动的各个方面，并通过购买、建造等过程，形成各种生产资料，使货币资金转化为固定资产和流动资产等。

汽车服务企业投资管理主要有两方面：一是对长期投资管理，即对厂房、企业用地、维修设备、检测仪器等固定资产的投资管理，也称资本性投资管理；二是对短期投资管理，即对短期经营的整车、配件等存货进行的投资管理。

（三）资本成本管理

汽车服务企业资本成本管理是指对汽车服务企业生产经营过程中发生的费用成本进行预测、计划、控制、核算、分析与考核，采取降低成本费用等措施，保证企业生产经营活动的最终成果，即目标利润的实现。加强成本、费用管理是增强汽车服务能力、增加利润和提高企业竞争力的重要手段。

（四）利润分配管理

利润分配是指企业获取的税后利润，有多少作为股利分配给股东，有多少留在企业作为再投资之用，即做出股利决策。企业通过销售过程把生产经营的产品销售出去，按照商品的价值取得销售收入，实现产品的价值，不仅可以补偿产品成本，而且可以实现企业的利润。税后利润分别用于弥补亏损、职工福利、扩大投资等方面。

三、企业财务管理的作用

（一）财务管理是企业经营决策的重要参谋

企业经营决策，是有关企业总体发展和重要经营活动的决策。决策正确与否，关系到企业的生存和发展。在决策过程中，要充分发挥财务管理的作用，运用经济评价方法对备选方案进行经济可行性分析，为企业领导正确决策提供依据，当好参谋，保证所选方案具有良好的经济性。

（二）财务管理是企业聚财、生财的有效工具

企业进行生产经营活动必须具备足够的资金。随着生产经营规模的不断扩大，资金也要相应增加。无论是企业开业前还是在生产经营过程中，筹集资金是保证生产经营活动正常进行的重要前提。企业在财务管理中要依法合理筹集资金，科学、有效地用好资金，提高资金利用效果，创造更多的利润。

（三）财务管理是控制和调节企业生产经营活动的必要手段

企业财务管理主要是通过价值形式对生产经营活动进行综合管理，及时反映供、产、销过程中出现的问题，通过资金、成本、费用控制等手段，对生产经营活动进行有效的控制和调节，使其按预定的目标进行，取得良好的经济效益。

（四）财务管理是企业执行财务法规和财经纪律的有力保证

企业的生产经营活动必须遵守国家政策，执行国家有关财务法规、制度和财经纪律。资金的筹集必须符合国家有关筹资管理的规定，成本、费用开支必须按规定的开支标准和范围执行，税金的计算和缴纳、利润的分配，都必须严格按税法和财务制度的规定执行。企业财务管理工作在监督企业经营活动，执行财务法规，遵守财经纪律方面有重要的使命，应起到保证作用。

四、汽车服务企业财务管理的过程

财务管理最主要的职能是财务预测。为了做出最佳决策，必须对未来做出确切的预测和判断；为了使决策的结构能够顺利实施，还必须进行周密的计划、深入的分析和有效的控制。因此，汽车服务企业财务管理的过程应该包括财务预测、财务决策、财务计划、财务控制和财务分析。

（一）财务预测

预测是以过去和现在的信息资料为基础，对未来做出有科学依据的预计和推测。财务预测就是在掌握大量信息资料的基础上，考虑各种可变因素，运用科学方法对企业活动的未来发展趋势及结果进行预计和推测。财务预测是进行财务决策和财务计划的基本前提。

（二）财务决策

财务决策是为实现企业预定的财务目标，根据财务预测的结果，运用科学的方法对若干可供选择的财务活动方案进行评价，从中选择最佳方案的过程。财务决策是企业财务管理的重点和核心。企业财务决策主要包括投资决策、筹资决策和股利决策。

（三）财务计划

财务计划是企业生产经营计划的重要组成部分，是以货币形式表现的生产经营计划，是对企业未来财务活动和资源进行合理安排，以保证实现财务目标的过程。财务计划是财务决策的具体化，是企业进行财务活动、协调财务关系、控制财务收支和考核财务业绩的依据。

（四）财务控制

财务控制是对企业财务活动进行的约束、检查和指导的过程，也是对企业资金的取得、投放、使用和分配的控制。财务控制必须在建立好责任制度、信息反馈制度和考核奖惩制度的基础上进行。财务控制的程序包括制订标准、执行标准、确定和分析差异、消除和纠正差异的过程。

（五）财务分析

财务分析是利用财务报表和其他信息资料对企业过去的财务状况和财务成果以及未来的发展趋势进行的评价。通过财务分析可以总结成绩，找出差距，判断趋势，以便提出改进措施，为企业财务决策、计划和控制提供依据。

第二节 汽车服务企业成本管理

汽车服务企业成本费用是反映企业工作质量的综合性指标，是补偿生产耗费的尺度，是制订产品价格和进行经营决策的重要依据。因此，对成本和费用的管理是汽车服务企业财务管理的核心内容之一。

汽车服务企业成本费用管理的基本任务是通过预测、计划、控制、核算、分析、考核与奖惩来反映汽车服务企业服务经营的经济成果，挖掘降低成本和费用的潜力，努力降低成本，减少费用支出。

一、成本费用管理概述

成本费用管理，就是对企业生产经营活动过程中发生的成本和费用，有组织、有计划和系统地进行预测、计划、控制、核算、考核和分析等一系列科学管理工作的总称。

成本的概念

（一）成本的概念和分类

1. 成本的概念

任何一个企业在生产经营过程中，必须要耗费一定量的物质资料（包括货币资金）。企业在一定时期内，以货币额表现的生产耗费就是成本费用。成本费用有多种形式，例如，生产中消耗的劳动资料，表现为固定资产折旧费、修理费等费用；生产中消耗的劳动对象，表现为原材料燃料、动力等费用；劳动报酬表现为工资、奖金等人工费。生产经营中的其他耗费，表现为制造费用、管理费用、财务费用等；企业为了销售产品或劳务，还要支付销售费用等。企业在生产经营中为制造产品或劳务所发生的直接材料、直接人工、制造费用等，构成了这些产品或劳务的生产成本；生产经营中所发生的管理费用、财务费用和销售费用等，构成企业的期间费用，由于这些费用容易确定发生期，难以确定归属的对象，应从当期损益中扣除。

2. 成本项目

按照成本费用的经济用途，可将成本分为直接材料、直接人工、制造费用和期间费用。

（1）直接材料。企业在生产经营过程中实际消耗的各种材料、备品配件以及轮胎、专用工器具、动力照明、低值易耗品等支出。

（2）直接人工。企业直接从事生产经营活动人员的工资、福利费、奖金、津贴和补贴等。

（3）制造费用。是指在生产中发生的那些不能归入直接材料、直接人工的各种费用。

以上 3 类费用是计入企业产品成本的费用。

（4）期间费用。期间费用是企业行政管理部门为组织和管理生产经营活动而发生的管理费用和财务费用，为销售和提供劳务而发生的进货费用和销售费用。期间费用不计入产品成本，而是作为费用直接计入当期损益。

①销售费用是指企业在销售商品过程中发生的费用。它包括销售产品或者提供劳务过程中发生的应由企业负担的运输费、装卸费、包装费、保险费、差旅费、广告费以及专设的销售机构人员的工资和其他经费等。

②管理费用是指企业为组织和管理生产经营活动所发生的费用。它包括企业行政管理部门在企业经营中发生的、或应由企业统一负担的公司经费，如行政管理部门职工工资、折旧费、修理费、低值易耗品摊销、办公费和差旅费等，管理费用还包括无形资产摊销、咨询费、诉讼费、房产税、工会经费、技术转让费、职工教育经费、研究开发费、提取的职工福利基金和坏账准备金等。

③财务费用是企业在筹资等财务活动中发生的费用。它包括企业经营期间发生的利息净支出、汇兑

净损失、金融机构手续费以及筹集资金而发生的其他费用等。

（二）成本费用的确认原则

在成本核算时，确认某项资产耗费是否属于成本费用，其基本原则是配比原则和权责发生制原则。《企业会计准则》明确指出：会计核算应当以权责发生制为基础。收入与其相关的成本、费用应当配比。由于企业购置资产完全是为了取得收入，只有资产不断转换为成本或费用，并从收入中得到抵补，企业的生产经营活动才能持续下去。具体来说，这种配比有以下 3 种方式。

1. 直接配比

如果某项资产的耗费与取得的收入之间具有直接的因果关系，就可直接将发生的资产耗费计入某一具体的成本计算对象之中，这种方式叫直接配比。如直接材料、直接人工等，构成生产成本。

2. 间接配比

如果无法满足直接配比时，就需要采用合理的方法，将多种收入共同耗用的费用按一定比例或标准再分配到各种劳动中去，这种配比叫间接配比。如制造费用。

3. 期间配比

费用与企业一定期间收入相联系，就叫期间配比。

按权责发生制确认成本费用，就是对本期发生的成本费用按其是否应发生在本期为标准来确认的，凡是应在本期发生的成本费用，不论其是否在本期实际支付，均作为本期的成本费用；反之，凡是不应再本期发生的成本费用，即便在本期支付，也不作为本期的成本费用处理。

（三）成本费用管理的任务和要求

1. 成本费用管理的任务

成本费用管理的基本任务，就是通过预测、计划、控制、核算、分析与考核来反映企业的生产经营成果，挖掘降低成本和费用的潜力，努力降低成本，减少费用支出。

汽车服务企业成本费用管理工作，要随着企业经营机制的转换，从思想观念到业务技术等方面实现彻底的观念转变，要由单纯执行性的成本费用管理转化为决策性与执行性并重的成本费用管理。这就要求企业的成本费用管理从传统的反映、监督扩展到成本费用预测、计划、控制、核算、分析与考核上来，实现全方位的成本费用管理；从单方面的生产过程成本管理扩展到企业资金筹集、项目可行性研究、服务方式、物资采购供应、生产与控制等一切环节的全过程的成本费用管理；从单纯财务会计部门管理扩展到一切生产、技术、经营部门管理；从仅仅依靠财务会计人员扩展到上自企业领导下至每位职员的全员成本管理。

2. 企业成本费用管理的要求

（1）努力降低生产消耗，提高经济效益。汽车服务企业的一切经营管理工作，都要围绕提高经济效益这一中心。在市场经济条件下，对于多数企业来讲，微观经济运行的目标只能是利润最大化。要实现这个目标，固然首先取决于企业的生产经营规模，即经营业务量的大小。但是生产经营耗费的高低，同样处于决定性的地位。降低成本与提高业务量都可增加企业利润，但降低成本增加的利润比扩大业务量增加的利润要来得更快、更有效。因此，在成本费用管理中，必须努力降低生产消耗，下大力气降低成本，才能显著地提高企业的经济效益。

（2）实行全员成本管理。汽车服务企业成本费用的形成，与企业的全体职员有关。因此，要把成本降低任务的指标和要求落实到企业内部各职能部门，充分发挥在加强成本管理中的积极作用。要把成本费用计划，按照全员成本管理的要求，按部门分别落实责任指标，定期考核执行情况，分析成本费用升降的原因，做到分工明确、职责清楚、奖惩合理。

（3）划清费用界限，正确计算成本。企业必须按照权责发生制原则计算成本。凡是本期成本应负担的费用，不论其款项是否支付，均应计入本期的成本和费用；凡是不属于本期成本负担的费用，即使款项在本期支付，也不应计入本期的成本和费用。

企业的成本核算资料必须正确完整，如实反映生产经营过程中的各种消耗。对生产经营过程中所发生的各项费用必须设置必要的生产费用账簿，以审核无误、手续齐备的原始凭证为依据，按照成本核算对象，把成本项目、费用项目按部门进行核算，做到真实准确、完整及时。

（4）加强成本考核工作。成本考核是企业对内部各成本责任中心定期考查，审核其成本计划指标的完成情况，并评价其成本管理工作的成绩。通过成本考核，可以监督各成本责任中心按时完成成本计划，也能全面、正确地了解企业成本管理工作的质量和效果。成本考核以成本计划指标作为考核的标准，以成本核算资料作为考核的依据，以成本分析结果作为评价的基础。

二、汽车服务企业的成本项目

以制造成本法计算产品成本，是目前世界各国普遍采用的成本管理和成本核算的方法。所谓制造成本法，是指企业只核算其所生产的商品或劳务的生产成本。也就是在制造成本法下，计算产品成本时，只分配与生产经营最直接和最密切关系的费用，而将与生产经营没有直接关系和关系不密切的费用直接计入当期损益。这种方法的特点是把企业一定时期的费用划分为产品制造成本和期间费用两部分，期间费用不计入产品成本而直接从当期损益中扣除。

（一）制造成本

制造成本是企业生产经营过程中实际消耗的直接材料、直接工资和制造费用。采用制造成本法计算出的产品成本，实际上只计算到车间为止所发生的与生产产品有关的费用。

1. 直接材料

直接材料是指直接用于产品生产、构成产品实体的原料及主要材料、外购半成品、有助于产品形成的辅助材料以及其他直接材料，如汽车配件、燃料、动力、包装物、各种辅助材料等。

2. 直接工资

直接工资包括企业直接从事产品生产人员的工资、奖金、津贴、补贴以及按生产工人工资总额和规定的比例计算提取的职工福利费。

3. 制造费用

是指企业在生产车间范围内为生产产品和提供劳务而发生的各种间接费用，包括企业各个生产单位

（分厂、车间）为组织和管理生产所发生的生产单位管理人员的工资和福利费，生产单位房屋建筑物、机器设备等的折旧费，以及修理费、取暖费、水电费、办公费、差旅费、运输费、保险费、设计制图费、试验检验费、劳动保护费、季节性与修理期间的停工损失费和其他制造费用。制造费用是与产品生产密切相关的间接费用，也应计入产品成本。

以上三项费用是工业企业的直接费用，商品流通企业的直接费用指商品进价成本。直接费用应直接计入产品成本。

（二）期间费用

期间费用按照经济用途可分为管理费用、财务费用和销售费用。

1. 管理费用

管理费用是指企业的行政管理部门为组织和管理生产经营活动而发生的各项费用，包括公司经费、工会经费、职工教育经费、劳动保险费、待业保险费、董事会费、咨询费、审计费、诉讼费、排污费、绿化费、税金、土地（海域）使用费、土地损失补偿费、技术转让费、技术开发费、无形资产摊销、开办费摊销、业务招待费、坏账损失、存货盘亏、毁损和报废（减盘盈）损失以及其他管理费用等。

2. 财务费用

财务费用是指企业为筹集资金而发生的各项费用，包括企业生产经营期间发生的利息净支出（减利息收入）、汇兑净损失、调剂外汇手续费、金融机构手续费以及筹资发生的其他财务费用等。

3. 销售费用

工业企业中销售费用是指企业在销售产品或提供劳务过程中发生的、应由企业负担的各项费用，以及专设销售机构的各项费用；商品流通企业的销售费用是指企业在整个经营环节所发生的各种费用，包括运输费、装卸费、包装费、保险费、广告费、展览费、专设销售机构销售人员的工资、福利费以及类似工资性质的费用等。

三、成本预测和成本计划

成本预测是企业为了更好地控制成本，做到心中有数，避免盲目性，减少不确定性，为更好地进行决策提供依据而对企业发生的成本进行预测。成本计划是通过货币形式，以及其实际达到的水平为基础，参照计划期的业务量，对计划期内成本的耗费水平加以预先计划和规定。

汽车服务企业的成本预测和成本计划，一般参照上期的实际情况，分析本期影响成本的各种因素，考虑其影响的大小，制定出基本合理的方案。

（一）成本预测

预测，是人们根据事物已知信息，预计和推测事物未来发展趋势和可能结果的一种行为。成本预测，就是根据历史成本资料和有关经济信息，在认真分析当前各种技术经济条件，外界环境变化及可能采取的管理措施基础上，对未来成本水平及其发展趋势所做的定量描述和逻辑推断。

成本预测既是成本管理工作的起点，也是成本事前控制成败的关键。实践证明，合理有效的成本决策方案和先进可行的成本计划都必须建立在科学严密的成本预测基础之上，通过对不同决策方案中成本水平的测算与比较，可以从提高经济效益的角度，为企业选择最优成本决策和制定先进可行的成本计划提供依据。

汽车服务企业成本预测，就是根据企业成本特性及有关数据资料，结合汽车服务企业发展的前景和趋势，采用科学的分析方法，对一定时期某些业务成本水平、成本目标进行预计和测算。其主要内容是进行目标成本预测。

1. 目标成本预测的工作内容

目标成本是实现目标利润、提高企业经济效益的基础，是在预先确定目标利润的前提下提出的，从而使目标成本带有很大的强制性，成为不得超过的硬指标。目标成本是市场激烈竞争中的必然产物，必须具有市场竞争力，从而使得目标成本具有先进性和权威性。正常情况下，目标成本应比已经达到的实际成本要低，但应该是经过努力可以实现的。正确地预测和制定目标成本，对于挖掘企业降低成本潜力，编制先进可行的成本计划和保证实现企业经营目标具有重要的作用。

目标成本预测需要做好大量工作，首先全面进行市场调查，掌握市场需求情况，预测汽车市场的需求数量及其变化规律，掌握汽车及配件等价格变动情况；其次进行企业内部调查，预测企业生产技术、生产能力和经营管理可能发生的变化，掌握企业生产费用的增减和成本升降的有关资料及其影响因素和影响程度；最后根据企业内外部各种资料和市场发展趋势，预测目标收入，根据目标收入计算目标利润。

2. 目标成本预测的方法

（1）目标利润法。目标利润法又称“倒扣计算法”或“余额计算法”，其特点是“保利润、挤成本”。它是先制定目标利润，随后又考虑税金、期间费用等项目，推算出目标成本的大小。可见，目标成本是以目标利润为前提的，带有一定的强制性。其测算公式为

目标成本 = 预测经营收入 – 应纳税金 – 目标利润 – 期间费用

例 5-1　邯郸钢铁公司第三轧钢厂生产的 φ 6.5 普通线材，市场售价 1 600 元 / 吨，税金 217 元 / 吨，管理费用 52 元 / 吨，按此计算目标成本最高上限为

$$1\,600-217-52=1\,331\text{（元 / 吨）}$$

按照以市价为基础的内部价格预计，该线材的估计成本为 1 380 元 / 吨，要亏损 49 元 / 吨。该厂面临两种选择，一是停止生产该产品，二是设法把成本降至 1 331 元 / 吨以下。

该钢铁公司根据该产品的历史先进水平、同行业先进水平及第三轧钢厂的实际情况，从提高成材率，降低油耗、电耗、水耗和提高产量、降低固定成本等方面挖潜，认为可将每吨成本降低 8 元，但仍不能达到目标成本，还差 41 元。为此，要求与线材有关的前工序各厂降低成本。经分析，供应第三轧钢厂生产线材所用方坯的第二轧钢厂方坯成本每吨可降低 5 元，但还不能解决问题。再向前审查供应方坯原料的炼钢厂的钢锭成本，经分析每吨可降低成本 28.83 元，仍不能解决全部问题。再向前审查采购部门外购生铁的成本，经分析每吨可降低 8 元。经过一环连一环的测算和落实，保证了线材成本降至 1 331 元 / 吨以下，终于实现了该产品不亏损的目标。

（2）选择某一先进成本作为目标成本。该成本既可以是本企业历史上的最好水平，也可以是按先进定额制定的标准成本。这种方法较简单，但要注意可行性。如果条件发生变化，就不能生搬硬套，要及时修正或调整。

（3）根据本企业上年实际平均单位成本，或企业按照市场需要与竞争条件规定的成本，降低任务测算出目标成本。其测算公式为

$$单位目标成本 = 上年实际平均单位成本 \times（1- 计划期成本降低率）$$

确定目标成本还必须掌握充分的调查资料，主要是市场需求情况，所需材料、燃料、零配件价格变动情况，本企业的生产技术、经营管理水平等对生产能力的影响，有关的统计资料，上期成本升降情况的分析等，在调查研究的基础上进行成本预测，使目标成本既先进又切实可行。这样的目标成本就可以作为计划成本，并据以编制成本计划。

（二）成本计划

1. 成本计划的作用与要求

成本计划是汽车服务企业进行生产经营所需的费用支出和降低成本任务的计划。是企业生产经营计划的重要组成部分，是进行成本控制、成本分析以及编制财务计划的重要依据。科学的成本计划，可以起到以下作用。

（1）为企业和全体员工提出了增加生产、节约耗费、降低成本的目标。

（2）为考核和评价企业生产经营管理成果提供了重要的依据。

（3）为实行成本指标分级管理，建立和健全成本管理责任制提供了基础。

（4）为编制利润计划提供了依据。

编制企业成本计划不是消极地反映企业生产、消耗等方面的情况，而是积极地促进生产、技术、原材料、劳动效率和服务质量的管理部门改善工作，提高企业各方面的管理水平。

为了发挥成本计划的作用，在编制成本计划时，应特别体现下列要求。

（1）重视成本预测提供的资料。

（2）符合实现目标利润对成本降低指标的要求。

（3）遵守国家规定的成本开支范围。

（4）协调好成本计划指标与其生产技术经济指标之间的平衡与衔接。

（5）成本计划指标要实事求是，既先进又可行，并有必要的技术组织措施予以保证。

2. 成本计划的编制程序

（1）收集和整理基础资料。在编制成本计划之前，要广泛收集和整理所必须的各项基础资料，并加以分析研究。所需资料主要包括：企业制定的成本降低任务、指标或承包经营的承包指标，企业计划采取的经营决策和经营计划等有关指标，各种技术经济定额，历史成本资料，同类企业的成本资料，企业内部各部门费用计划和劳务价格等其他有关资料等。

（2）分析报告期成本计划的预计执行情况。正确的成本计划，应该是在总结过去经验的基础上制定出来。因此，应对报告年度计划执行情况进行预计和分析，计算出上年实际单位成本，与报告年度计划成本相比，与同行业成本对比，找出差距，总结经验，为成本计划提供编制依据。

（3）成本降低计划任务测算。正式编制成本计划之前，在对报告期成本计划执行情况分析的基础上，

根据经营承包指标确定的目标利润、目标成本和成本预测的结果，计算计划成本可能降低的幅度，反复研究降低成本措施，寻求降低成本的途径。

（4）编制成本计划。编制成本计划有两种方法。

①企业统一编制。以企业财会部门为主，在其他部门配合下，根据企业经营计划的要求，编制出企业的成本计划。

②分级编制。把企业确定的目标成本、成本降低率以及各种关键性的物质消耗指标与费用开支标准下达到各生产部门；各生产部门根据下达的指标，结合本单位的具体情况，编制出各自的成本计划；企业财会部门根据各生产部门上报的成本计划，进行汇总平衡，编制整个企业的成本计划。经过批准，再把成本计划指标分解，层层下达到各生产部门，据以编制出各部门的经营成本计划。

四、成本控制

广义的成本控制是指管理者对任何必要作业所采取的手段，目的是以最低的成本达到预先规定的质量和数量。它是成本管理的同义词，包括了一切降低成本的努力。

狭义的成本控制是指运用以成本会计为主的各种方法，预定成本限额，按限额开支成本和费用，以实际成本与成本限额比较，衡量企业经营活动的成绩和效果，并以例外管理原则纠正不利差异，以提高工作效率，实现以至于超过预期成本限额的要求。

（一）成本控制的意义和途径

1. 成本控制的意义

成本控制的根本任务是挖掘降低成本的潜力，努力降低成本，提高企业的经济效益。企业进行成本控制，具有以下意义。

（1）可以降低物化劳动和活劳动的消耗量，减少企业的资金占用量，节省人力物力。

（2）在价格因素不变的情况下，降低成本意味着利润的增加，从而增加了股东的权益，同时，也为国家创造了利益，并为企业的发展和职工待遇的进一步提高创造了更好的物质条件。

（3）成本的降低，意味着在同竞争对手的竞争中取得了先机，可以通过降低价格的方式，吸引客户，扩大市场的占有率，取得更大的收入。

（4）通过成本控制，可以提供有益的信息，用以分析企业耗费的结构和水平，找到企业存在的问题，并不断地加以改进。

2. 成本控制的途径

汽车服务企业的成本控制，可以通过以下的途径实现。

（1）提高全员的劳动生产率，劳动生产率的提高，意味着在相同的时间和相等的固定费用下，可以提供更多的服务，取得更多的收入。

（2）节约各种材料的消耗。

（3）提高设备的利用效率。

（4）提高服务的质量，减少返工和不必要的消耗。

（5）加速资金的周转，减少资金的占用。

（6）节约其他开支，严格执行国家的财经纪律和企业董事会的决定。

企业进行成本控制有以上多种途径，这些途径的使用，往往与汽车服务企业的内部管理密不可分，内部管理的完善，必然促使企业成本控制水平的提高，因此，讲成本控制，不能孤立地理解为财务部门的事情，而应该将它作为所有部门的工作，全员动手，共同控制。

（二）成本控制的方法

1. 绝对成本控制

汽车服务企业的绝对成本控制是把成本支出控制在绝对金额中的一种成本控制方法。标准成本和预算控制是绝对成本控制的主要方法。

2. 相对成本控制

汽车服务企业的相对成本控制是指汽车服务企业为了增加利润，要从汽车服务量、成本和收入三者的关系来控制成本的方法。

实行这种成本控制，一方面可以了解汽车服务企业在多大的汽车服务量下收入与成本的平衡，另一方面可以知道当汽车服务企业的汽车服务量达到多少时，企业的利润最高。所以相对成本控制是一种更行之有效的方法，它不仅是基于实时实地的管理思想，更是从前瞻性的角度，服务于企业战略发展的管理来实现成本控制。

3. 全面成本控制

汽车服务企业的全面成本控制是指对汽车服务企业生产经营所有过程中发生的全部成本、成本形成中的全过程、企业内所有员工参与的成本控制。

4. 定额法

定额法是以事先制订的汽车服务定额成本为标准，在汽车服务费用发生时，就及时提供实际发生的费用脱离定额耗费的差异额，让管理者及时采取措施，控制汽车服务费用的发生额，并且根据定额和差异额计算产品实际成本的一种成本计算和控制的方法。

5. 成本控制即时化

成本控制即时化，就是通过现场汽车服务管理人员每天下班前记录当天发生的人工、汽车材料、汽车维修设备等使用数量与汽车服务项目完成数量，经过部门经理或者交接班人员的抽检，经过计算机软件的比较分析得出成本指标是否实现及其原因的成本管理方法。

6. 标准成本法

标准成本法是指以预先制订的标准成本为基础，用标准成本与实际成本进行比较，核算和分析成本差异的一种汽车服务成本计算方法，也是加强成本控制、评价经济业绩的一种成本控制制度。

7. 经济采购批量

经济采购批量是指在一定时期内进货总量不变的条件下，使采购费用和储存费用总和最小的采购批量。

8. 本量利分析法

本量利分析法是在成本性态分析和变动成本法的基础上发展起来的，主要研究成本、汽车销售数量、汽车维修项目数量、价格和利润之间数量关系的方法。它是汽车服务企业进行预测、决策、计划和控制等经营活动的重要工具，也是管理会计的一项基础内容。

9. 线性规划法

线性规划是运筹学的一个最重要的分支，线性规划法是以汽车服务成本为控制目标，在汽车服务企业资源的约束条件下，用运筹学中线性规划的数学方法，最佳分配企业资源，获取最佳的经济效益，控制汽车服务成本。

10. 价值工程法

价值工程法指的是通过集体智慧和有组织的活动对汽车服务项目进行功能分析，使目标以最低的总成本，可靠地实现汽车服务的必要功能，从而提高汽车服务的价值。

11. 成本企划

成本企划是汽车服务企业成本前馈控制的方法，它不同于传统的成本反馈控制，即先确定一定的方法和步骤，根据实际结果偏离目标值的情况和外部环境变化采取相应的对策，调整先前的方法和步骤，针对未来的必达目标，对目前的方法与步骤进行弹性调整，因而是一种先导性和预防性的控制方式。

12. 目标成本法

目标成本管理是一种以市场为导向，以目标成本为依据，用目标成本计算的方法计算目标成本，通过目标成本的分解、落实、控制和考核等手段，对汽车服务企业经营活动的全过程实行全面的、综合性管理，以期达到实现企业效益的一种综合科学管理方法。即首先确定客户会为汽车服务付多少钱，然后再回过头来设计能够达到的期望利润水平的汽车服务经营流程。

以上成本控制方法，要坚持经济性原则，根据企业、部门、岗位和成本项目的实际情况选用。

本章小结

汽车服务企业为了提高自身的竞争能力，应改变财务管理观念，重视财务管理工作，建立健全财务管理制度，提高财务管理人员的素质和信息化水平，通过财务管理提高企业抗风险能力，促进企业稳步、健康发展。

课程思政

车讯互联2021年净利润增长32% 深化汽车服务全链条布局

挖贝网4月29日消息，车讯互联(834 327)近日发布2021年业绩报告，实现营业收入2.66亿元，同比增长6.91%；净利润4 381万元，同比增长32.23%。毛利率达到42.62%，增加13.92个百分点。值得注意的是，该公司新业务“汽车服务商智能化升级”上线首年表现“亮眼”，实现销售收入8 598万，推动公司业绩稳步增长。更为重要的是，新业务还深化公司汽车服务全链条布局。

近年来，90后、00后正在逐渐取代80后，成为国内汽车消费的新主力。他们的汽车消费文化、理念和行为与80后相比发生了很大变化，更愿意尝试新技术带来的新体验。例如，偏好汽车新能源化、智能化、网联化，出行服务化、场景化等。为了适应消费新趋势，车讯互联在2021年从深度、广度等多维度深化汽车服务全链条布局。深度上，对原有产品进行升级迭代。去年发布“拆车坊7.0版本”评测体系，围绕“安全”、“健康”、“工艺”、“驾乘”、“消费”、“智能”六大维度，涵盖的评测项目最高达400余项，为汽车行业相关企业和用户提供更专业和详实的评测数据及报告。升级“拆车坊“更受消费者青睐。例如，车讯互联2021年11月”拆车坊“拆解国产电动车高合HiPhi X，通过驾乘体验、性能测试、全面拆解等多个维度，全面展现了国产电动车的技术实力。本次拆解的图文、视频全网曝光总量超5 000万。广度上，车讯互联研发了“汽车经销商及后市场服务商智能升级服务”和“汽车后市场服务商管理系统”，向汽车经销商提供“拆车坊”品牌授权、“拆车坊”数据库使用授权、在售车拆解评测信息等智能升级解决方案；向汽车后市场服务商提供“管理、供应链、运营”等技术服务。

另外，作为为汽车行业提供科技服务的企业，车讯互联一直以来高度重视技术产品的研发与创新。2021年，公司完成国家高新技术企业认定和中关村高新技术企业认定到期复审；2022年1月，公司获得北京市2022年度第一批“专精特新”中小企业的认定。

来源：挖贝网

思考练习

1. 简述汽车服务企业财务管理的概念和目标。
2. 简述汽车服务企业的财务管理的过程。
3. 汽车服务企业财务管理主要包括哪些内容？
4. 汽车服务企业成本费用的确认原则是什么？
5. 汽车服务企业的成本控制有哪些途径？

第六章

汽车售后服务管理

本章导读

汽车售后服务泛指为客户提供的所有技术性服务工作及销售部门自身的服务管理工作。技术性服务可能在售前进行（如车辆整修、测试），也可能在售中进行（如车辆美容、对客户进行的培训、技术资料发放等），但更多的是在车辆售出后进行的质量保修、维护、技术咨询及备件供应等一系列技术性工作。

学习目标

1. 了解汽车售后服务的概念、内容及服务理念。
2. 熟悉汽车消费信贷服务及汽车购买流程。
3. 了解汽车保险的种类、保险期限及费用的计算。
4. 掌握旧车交易服务的概念、类型及价格评估。
5. 了解汽车维修与检测的项目及要求。
6. 熟悉汽车美容与装饰，掌握汽车美容的项目。

第一节 汽车售后服务概述

一、汽车售后服务的概念

汽车售后服务泛指汽车销售部门为客户提供的所有技术性服务工作及销售部门自身的服务管理工作。就技术性服务工作而言，它可能在售前进行，如车辆整修与测试；也可能在售中进行，如车辆美容、按客户要求安装和检修配件、对客户进行培训、技术资料的发放等；还有在车辆售出后进行的质量保修、维护、技术咨询及配件供应等一系列技术性工作。因此，售后服务并不是字面意义上的“销售以后的服务”，不只局限于汽车销售以后的用户使用环节，也可能在售前环节或售中环节。所有的技术性服务都属于售后服务的范畴，技术服务是售后服务的主要工作。

中汽协数据显示，2022 年汽车产销分别完成 2702.1 万辆和 2686.4 万辆，同比分别增长 3.4% 和 2.1%。新能源汽车方面，2022 年我国新能源汽车销量 688.7 万辆，同比增长 93.4%，市场占有率达到 25.6%，高于上年 12.1 个百分点。2022 年 12 月，全国二手车市场交易量 141.64 万辆，交易量环比增长 10.79%，同比下降 12.47%，交易金额为 840.18 亿元。2022 年 1–12 月，二手车累计交易量 1602.78 万辆，同比下降 8.86%，与同期相比减少了 155.7 万辆，累计交易金额为 10595.91 亿元。国家信息中心经济预测部副研究员指出，我国居民汽车消费结构升级不仅体现在汽车一次销售市场的品质升级，也体现在汽车后市场的扩围提质上，将汽车消费这一大市场深耕细作，有利于新形势下居民消费的平稳增长。汽车后市场是指已售汽车使用过程中产生的交易或服务活动。汽车后市场是汽车一次销售市场的有益补充，汽车后市场的快速发展为汽车消费端的上下游链条打通奠定了坚实基础。因此，有必要对汽车售后服务内容进行深入研究。

二、汽车售后服务的内容

售后服务的主要内容包括技术培训、质量保修、备件（配件）供应、组织和管理售后服务网络、企业形象建设等。其中，技术培训是先导，质量保修是核心，备件（配件）供应是关键，网点建设是平台，管理机制是保障，信息技术是手段，形象建设是文化。

（一）整理客户资料并建立客户档案

客户送车进厂维修养护或来公司咨询、商洽有关汽车技术服务，在办完有关手续或商谈完后，业务部应于两日内将客户有关情况整理制表并建立档案，装入档案袋。客户有关情况包括客户名称、地址、电话、送修或来访日期，送修车辆的车型、车号、车种、维修养护项目、保养周期、下一次保养期，客户希望得到的服务，在本公司维修、保养记录。

（二）技术培训

1. 客户培训

客户培训是指对客户的技术指导、技术咨询和技术示范。客户培训的主要内容包括汽车正确使用、简单养护和简单故障排除等。

2. 服务网络培训

服务网络培训是指对售后服务网络（网点）的技术培训、技术示范、技术指导和技术咨询。

凡是需要向社会、经销商、售后服务网络（网点）、客户宣传和交代的技术要领，均全部由厂商售后服务部门去完成。再如，产品更改、新产品上市等，都需要厂商售后服务部门对经销商进行培训。

（三）质量保修

质量保修是售后服务的核心。质量保修又称作质量保证、质量担保、质量赔偿等，其基本含义是指处理客户的质量索赔要求，进行质量鉴定、决定和实施赔偿行为，并向厂商反馈客户质量信息。

质量保修服务的特点是政策性强、技术性强。质量保修工作要求准确、快速，要厚待客户。

（四）备件（配件）供应

（1）备件销售是售后服务工作的“脊梁”，是利润的主要来源。

（2）应保证备件（配件）的数量、质量和价格。

（3）保护自己的知识产权。

（五）汽车故障救援服务

汽车故障救援服务的主要内容包括车辆因燃油耗尽而不能行驶的临时加油服务、因技术故障导致被迫停驶的现场故障诊断和抢修服务、拖车服务、交通事故报案和协助公安交通管理部门处理交通事故等服务。

三、典型汽车企业售后服务理念

同其他有形产品一样，服务产品也要满足不同的消费者需求。消费者需求在有形产品中可以转变成具体的产品特征和规格，这些产品特征和规格同时是产品生产、产品完善和产品营销的基础。但是这些具体的规格对于服务产品来说犹如空中楼阁，因而服务企业需要明确服务产品的本质或服务理念。

服务理念作为企业最高层的思想系统和战略系统，包括经营宗旨、发展战略、企业特有的精神和信条，以及企业思想、哲学与方针策略等。它对内可以形成凝聚力，对外可以形成吸引力，是现代企业适应市场经济变革而做出的调整中最困难的部分。在市场竞争中，任何没有独特经营理念的企业、没有优秀文化的企业，都创造不出先进的经营成果，培养不出良好的业绩，也催生不出优秀的管理行为。企业理念必须是可以操作的，同时要有特色，切忌雷同。一个具有独特个性的优秀理念应该是在借鉴中外著名企业的经营思想和管理经验的基础上，融合本企业的特点，经长期实践、高度提炼而形成的。

为了更好地满足不同客户的服务需求，不同的汽车企业提出了不同的服务理念，如表 6–1 所示。例如，一汽大众售后服务的核心理念：“严谨就是关爱。”“严谨”是一种态度，这种态度与德系车一脉相承，它是一丝不苟的决心、精细的零件、务实的管理、高超的技术、强大的规模、紧凑的时效、严格的标准、科学的流程。这种细致入微的精神，始终贯穿在一汽大众的服务体系之中。“关爱”是一汽大众的服务给予车主的感受。从走进服务大厅的那一刻开始，客户的感受就是检验该企业服务的唯一标准，只有贴心的服务、令人信服的解决方案、真诚的销售方式，才能给企业带来好的口碑、强的信任感、高的满意度。即使客户的爱车行驶在路上，企业的关爱依旧如影随形。“严谨就是关爱”，这是一汽大众售后服务的核心理念，体现了该企业的专业精神和严格的服务标准，唯有如此，才能保证企业的技术始终处于领先地位。同时，这也传达了该企业对用户的责任心和关怀心。鞭策一汽大众用最专业的技术、最贴心的服务，赢得客户的尊敬和赞誉，从而在汽车市场上获得良好的地位。

表 6–1　不同汽车品牌的服务理念

序号	汽车品牌	服务理念	序号	汽车品牌	服务理念
1	一汽大众	严谨就是关爱	16	长安福特	精准、友善、专业
2	一汽轿车	管家式服务	17	长城汽车	专业服务、用心呵护
3	奥迪	以用户满意度为中心	18	东风雪铁龙	家一样的关怀
4	上海大众	TECHCARE 大众关爱	19	东风悦达起亚	客户满意是企业的生命
5	北京现代	真心伴全程	20	海南马自达	蓝色扳手
6	凯迪拉克	尊重尊贵、省心省事	21	奇瑞汽车	快乐体验
7	上汽通用五菱	专业服务、放心托付	22	比亚迪	家庭式服务
8	上汽荣威	尊荣体验	23	上海华普	水晶服务
9	一汽丰田	专业对车、诚意待人	24	吉利汽车	关爱在细微处
10	广汽丰田	客户第一、服务至上	25	上海通用	别克关怀，比你更关心你
11	丰田	客户满意度第一	26	北京奔驰 – 戴克	全心全意对朋友
12	广州本田	钻石级服务亲切、确实、迅速、安心	27	东风标致	蓝色承诺专业、体贴、守信
13	东风日产	钻石关怀，为您承诺	28	力帆汽车	您的满意，力帆在意
14	长安铃木	处处为您着想	29	沃尔沃	以客户价值为核心
15	哈飞	哈飞服务、送暖人心	30	奔驰	星徽理念

第二节　信贷服务与购车

一、汽车消费信贷服务

（一）汽车消费信贷服务的作用

在金融行业中，汽车金融服务业务是一个相对独立的金融行业。汽车金融的产生和发展，是同调节生产与消费矛盾的实际需要分不开的。

1. 平衡供需矛盾

汽车金融服务本质上属于一种金融创新，即用现代金融原理创造性地解决经济生活中的问题，其成功化解了消费者即期消费和收入的不对称矛盾，消费者可以用未来的预期收入解决当前的消费难题。由于有了汽车金融服务的协助，经销商可以更加成功地销售汽车产品、回笼现金；银行业增加利息收入，获得了未来相对稳定的收入来源；消费者用少量的钱和支付利息的代价来满足即期消费的需求，从而实现了效用最大化。

金融信贷的发展刺激了汽车生产的扩张，扩大了汽车的市场流通规模，加速了资金周转。按照商品货币关系内在矛盾发展的必然规律，扩大在汽车金融消费领域发挥重要作用的汽车金融，同样会在汽车生产和汽车流通中发挥重要作用。

从汽车金融自身运转和循环的角度来看，汽车金融的信贷（需求）和储藏（供给）之间存在内在的互相转化的必然性。汽车金融服务机构的大部分资金来自消费者的储存，同样，它也可以在汽车的生产信贷和汽车的消费信贷之间做适当分配，以调节和保证社会消费基金与社会生产基金之间的平衡。

2. 能够促进我国国民经济的发展

汽车工业作为我国的重要支柱产业之一，其不仅产值巨大，行业带动效应也不可估量，其发展和兴衰对电子、橡胶以及能源等行业也将产生重要影响。

3. 有助于改善居民消费结构

汽车作为一种理想的交通工具，已逐渐成为现代人民的一种重要物质需求，而汽车消费信贷服务能有效解决消费者的资金压力。

4. 为信贷机构带来效益

日益激烈的市场竞争使得汽车行业由产业营利走向服务贸易，而汽车消费信贷作为汽车金融服务的重要组成部分，能为信贷机构带来长期的利息收入，可促进信贷机构的发展。

（二）汽车消费信贷服务业务

目前，个人汽车消费贷款方式有银行汽车贷款、汽车金融公司、整车厂财务公司、信用卡分期购车和汽车融资租赁五种。

1. 银行汽车贷款

银行汽车贷款是指贷款人向申请购买汽车的借款人发放的贷款。银行汽车贷款（以下简称“车贷”）是银行对在特约经销商处购买汽车的购车者发放人民币担保贷款的一种贷款方式。

（1）需要提交的材料。车贷需要贷款人提供户口本、房产证等资料，通常还需以房屋做抵押，并找担保公司担保，缴纳保证金及手续费。

（2）首付与年限。一般首付款为车价的 30%，贷款年限为 3 年，需缴纳车价 10% 左右的保证金及相关手续费。

（3）利率。按央行（中国人民银行）规定，车贷执行贷款基准利率，但各金融机构可在基准利率上下一定范围内进行浮动。各大银行汽车贷款期限一般不超过 5 年，车贷利率多少直接决定了人们进行贷款的成本高低，从而也就成为决定人们是否进行贷款消费的一项重要因素。

2. 汽车金融公司

汽车金融公司，是指经中国银行保险监督管理委员会（以下简称“银保监会”）批准设立的，为中国境内的汽车购买者及销售者提供金融服务的非银行金融机构。

（1）需要提交的材料。汽车金融公司不需贷款购车者提供任何担保，只要有固定职业和居所、稳定的收入及还款能力，个人信用良好即可。

（2）首付与年限。首付比例低，贷款时间长。首付最低为车价的 20%，最长年限为 5 年，不用缴纳抵押费。

（3）利率。汽车金融公司的贷款利率通常要比银行高一些。

3. 整车厂财务公司

整车厂财务公司是一种汽车消费方式，是为满足消费者汽车需求而产生的一种汽车消费形式，不需要消费者提供房产或户口证明，因此其比较受消费者的欢迎。

（1）需要提交的材料。整车厂财务公司需申请人提供所购车辆抵押担保。申请人应有稳定的职业、居所、还款来源和良好的信用记录等。

（2）首付与年限。首付最低为车价的 20%，最长年限为 5 年。

（3）利率。其利率通常要比银行略高，比汽车金融公司略低。

4. 信用卡分期购车

信用卡分期购车是银行机构推出的一种信用卡分期业务。持卡人可申请的信用额度为2万～20万元；分期有 12 个月、24 个月、36 个月三类。信用分期购车不存在贷款利率，银行只收取手续费，不同分期的手续费率各有不同。相比其他两种贷款方式的利息，信用卡的手续费相对较低。

5. 汽车融资租赁

汽车融资租赁是一种依托现金分期付款，在此基础上引入出租服务中所有权和使用权分离的特性，租赁结束后将所有权转移给承租人的现代营销方式。通俗来说，汽车融资租赁是一种新型的大额分期购车方式。汽车融资租赁模式最初形成于 20 世纪 80 年代中期。这种方式门槛较低，不需要抵押，非本地户口也可。

（1）首付。首付比例低，贷款时间长。首付最低为打包价格（车价 + 购置税 + 保险）的 20%，最长期限为 5 年，不用缴纳抵押费。

（2）利率。汽车融资租赁公司根据不同客户及车型的情况定制不同的利率方案，通常比银行高一些，但是部分车型有厂家支持政策，可实现市场最低价。

（3）产权。其分直租及回租两种方式。

①直租项目。

a. 汽车融资租赁公司与承租人签订《融资租赁合同》。

b. 汽车融资租赁公司与承租人选定的车型签订《汽车购销合同》，承租人按《融资租赁合同》支付规定比例的首付和服务费等。

c．供应商按《汽车购销合同》的要求提供承租人所需的汽车，交付给承租人。

d．承租人验收汽车，租赁公司支付给供应商车款，取得租赁车辆的所有权，汽车由承租人使用。

②回租项目。

a．承租人提供回租汽车发票原件，汽车融资租赁公司对回租汽车所有权、使用状况、价值、是否抵押等情况进行审核。

b．汽车融资租赁公司与承租人签订《融资租赁合同》和《回租汽车转让协议》，承租人将回租汽车所有权转让给公司，并按《融资租赁合同》规定支付相应的保证金和服务费，汽车融资租赁公司将汽车款支付给承租人。

案例：

若购买售价为 20 万元的上海通用某车型的汽车，比较几种车贷的费用。

银行办理车贷需在基准利率上上浮 20%。按照目前 3 年期贷款 6.15% 的基准利率，利率为 7.38%，即购车 20 万元，若首付 3 成即 6 万元，有 14 万元的车贷，3 年应付利息 30 996（140 000 × 0.0 738 × 3=30 996）元。

据银率网查询数据显示，通用汽车金融服务公司的 36 个月贷款利率为 14.39%，以此计算，3 年共需付利息 60 438（140 000 × 0.1 439 × 3=60 438）元。

招商银行使用信用卡分期购买，3 年期的手续费是 14.50%，3 年一共需要支付 20 300（140 000 × 0.1 450=20 300）元。

同样贷款 14 万元，信用卡分期付款可以比银行贷款节省 10 696 元，比汽车金融公司节省 40 138 元，由此可见信用卡的分期手续费是相对低廉的。

（三）汽车消费信贷服务实务

现以汽车经销商为主体的信贷方式为例，介绍汽车消费信贷的服务。

1. 经销商汽车消费信贷工作内设部门职责

（1）资源部：负责商品车辆的资源组织、提运及保管。

（2）咨询部：负责客户购车时的咨询服务、资料搜集及车辆销售工作。

（3）审查部：负责上门复审，办理有关购车手续及与银行、保险、公证等部门工作的协调。

（4）售后服务部：负责为客户挑选车辆、上牌及跟踪服务。

（5）档案管理部：负责对档案资料的登记、分类，整理、保管及提供客户分期付款信息。

（6）财务部：负责收款、开票，办理银行、税务业务，设计财务流程及车辆销售核算。

（7）保险部：为客户所购车辆做各类保险。

2. 经销商汽车消费信贷业务的流程

（1）客户咨询。客户咨询工作主要由咨询部承担，工作内容主要是了解客户购车需求、帮助客户选择车型、介绍购车常识、讲解办理汽车消费信贷购车流程、报价、办理购车手续等。因为客户咨询工作是直接面对客户的，所以礼貌待客、耐心解说、准确报价、周到服务是客户咨询员的基本要求。

（2）客户决定购买。在客户咨询员的介绍和协助下，客户选中了某种车型并决定购买时，咨询员应指导客户填写《消费信贷购车初、复审意见表》《消费信贷购车申请表》，报审查部审查。

（3）复审。审查部应根据客户提供的个人资料、消费信贷购车申请、贷款担保等进行贷款资格审查，并根据审查结果填写《消费信贷购车资格审核调查表》等表格，还要为《消费信贷购车初、复审意见表》填写复审意见，然后将有关资料报送银行。

（4）与银行交换意见。这一阶段主要由审查部将经过复审的客户资料提交贷款银行进行初审鉴定。

（5）贷款审批及发放。银行对贷款人的资料进行审查，在授权权限内签批贷款。如果超权限贷款，签审审批意见报分行信贷部审批。

二、汽车购买流程

（一）新车购买流程

汽车作为一种特殊的商品，购买及落户程序比较复杂，其购买程序如图 6-1 所示。

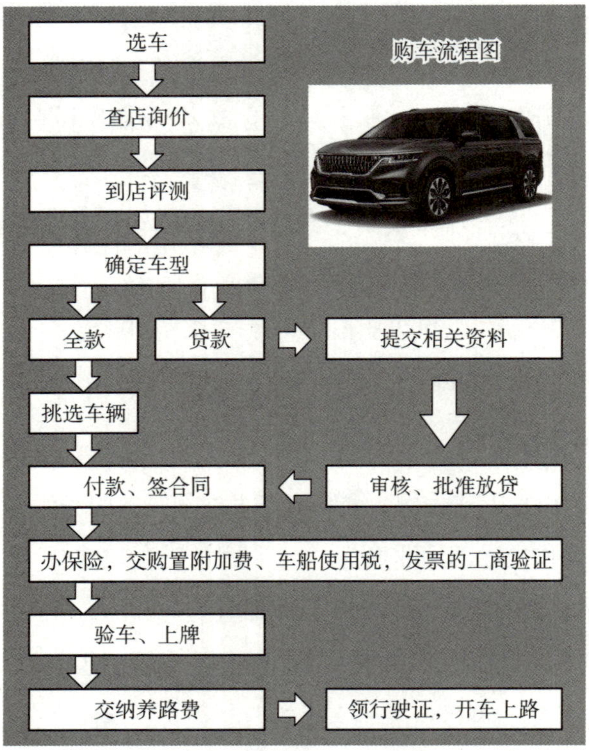

图 6-1　汽车购买流程

第一步，选车。根据自己的需求挑选一辆合适的汽车，选好销售公司。

第二步，交付车款。

1. 全款购车

需提供证件：身份证。

车商提供：汽车销售发票、车辆保修手册、车辆使用说明书。车商可以代缴车辆购置税、车船使用税，代办保险、上牌等手续。

2. 定金购车

交定金→签订订购合同→交全款。

3. 按揭购车

交首付款→签合同→银行审批→银行放贷→办理牌照→办理还贷手续。

需提供证件：身份证、户口本、住房证明、收入证明、两张一寸照片（已婚者需提供配偶身份证、结婚证）。

第三步，发票的工商验证。持购车发票在各区工商局机动车市场管理所或汽车交易市场的代办点加盖工商验证章。

需提供证件：购车发票、汽车出厂合格证明（合格证）、单位营业执照副本或个人身份证（进口车辆需提供海关证明、商检证明）。

第四步，办理保险。保险一定要在领取牌照之前办理，汽车交易市场都有保险公司代办机构，在购车时一起完成保险手续的办理，可以省去以后的麻烦。

新车必须办理交强险、第三者责任险（赔偿被撞一方的修理费、医药费和财产损失费）。

第五步，缴纳车辆购置税。纳税人购置应税车辆，应当向车辆登记地的主管税务机关申报缴纳车辆购置税；购置不需要办理车辆登记的应税车辆的，应当向纳税人所在地的主管税务机关申报缴纳车辆购置税。车辆购置税的税率为10%，应纳税额按照应税车辆的计税价格乘以税率计算。应税车辆的计税价格，按照下列规定确定，①纳税人购买自用应税车辆的计税价格，为纳税人实际支付给销售者的全部价款，不包括增值税税款；②纳税人进口自用应税车辆的计税价格，为关税完税价格加上关税和消费税；③纳税人自产自用应税车辆的计税价格，按照纳税人生产的同类应税车辆的销售价格确定，不包括增值税税款；④纳税人以受赠、获奖或者其他方式取得自用应税车辆的计税价格，按照购置应税车辆时相关凭证载明的价格确定，不包括增值税税款。

第六步，缴纳车船使用税。在纳税人所在地的主管税务机关缴纳车船使用税，领取“税”字牌。此项内容可以在购车环节中随时办理，但一般在汽车交易市场中有税务部门的办事机构，一次办完比较方便，

第七步，办理移动证。办理地点为各区县交通大队或其设在汽车交易市场的机构。需提供证件包括车主证明或个人身份证明、车辆来历证明。流程：申请→业务领导岗审批→机动车查验岗验车→收费→牌证管理岗开具临时牌、移动证。

第八步，验车。新车须经机动车检测场检验合格后才能领牌。检验合格由驻场民警填发机动车登记表并签字。检验项目有外观检验、车辆尾气检验等。

需携带证件：车主身份证、加盖工商验证章的购车发票、车辆合格证等（进口车还需出示商检书、进口单和车管所核发的准验单）。

第九步，领取牌照。验车后5个工作日到各区县车管所领取牌照，同时领取行驶证代办凭证。拍照准备办理行驶执照。领取车牌照、临时行车执照和“检”字牌。私车牌证须车主本人亲自前往，他人不能代领。

提供材料：购车发票原件及复印件、车主身份证、机动车验车表、车辆购置税完税证明、产品合格证、已投保的机动车第三者责任保险单据（包括保险单正本、收据及保险卡）。

第十步，备案。在各区县的交通大队或当地安委会办理新车备案手续。

第十一步，办理车辆行驶证。在领取牌照的同一车管所办理，需携带的文件包括行驶证待办凭证、安委会登记备案资料。

（二）二手车购买流程

首先，要弄清二手车来源，知道车主换车的原因。

其次，查看二手车的相关证件，如机动车登记证书、行驶证、附加税证、保险单证、机动车辆技术状况证书、身份证、机动车安全技术检验合格标志、车辆号牌等，还要看发动机钢印号和车架上钢印号是否真实、有效。

最后就是二手车价格评定，公车要到二手车鉴定评估机构鉴定并出具证明。

如果以上一切正常，符合购买要求，就进行交易过户。

二手车交易过户流程如图 6–2 所示。

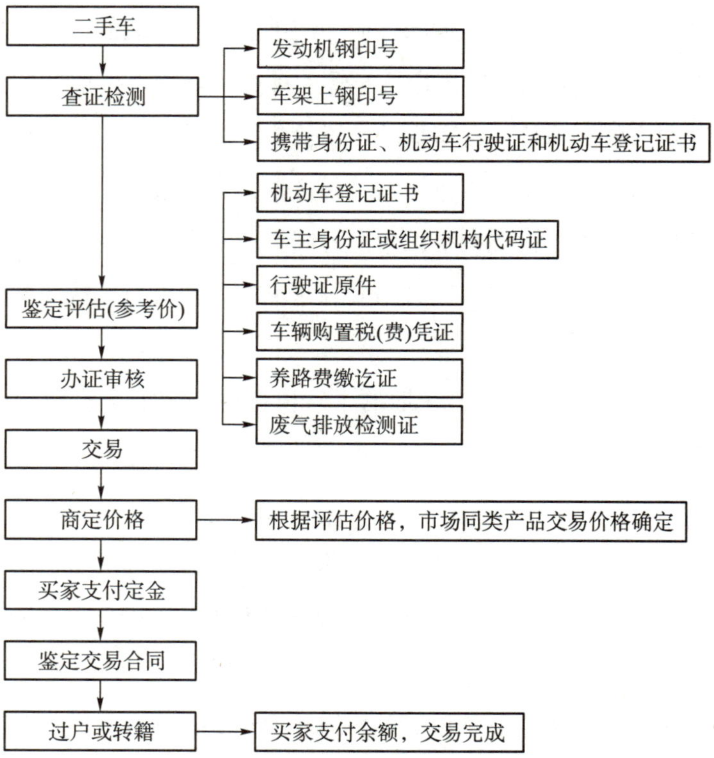

图 6–2　二手车交易过户流程

（1）签订车辆转让合同。

（2）查实该车是否抵押、被法院封存。

（3）查验违章记录。

（4）车管所出具同意过户交易单。

（5）经车辆检测站测试认可。

（6）交纳车辆过户交易税费。

（7）免税车须提供海关监管车辆解除监管证明书。

（8）重新上牌，领取行驶证。

（9）办理附加税证变更手续，办理养路费凭单变更手续。

（10）如有保险费单，则须办理转户手续。

第三节　汽车保险与理赔

一、汽车保险

汽车保险即机动车辆保险，是指对机动车辆由于自然灾害或意外事故所造成的人身伤亡或财产损失负赔偿责任的一种商业保险。

（一）汽车保险种类

1. 交强险

2020 年 9 月 3 日，中国银行保险监督管理委员会官网发布《关于实施车险综合改革的指导意见》，其中明确规定，提升交强险保障水平，将交强险总责任限额从 12.2 万元提高到 20 万元，其中死亡伤残赔偿限额从 11 万元提高到 18 万元，医疗费用赔偿限额从 1 万元提高到 1.8 万元，财产损失赔偿限额维持 0.2 万元不变。此外，机动车在道路交通事故中无责任的赔偿限额为死亡伤残赔偿限额 1.8 万元人民币，医疗费用赔偿限额 1 800 元，财产损失赔偿限额 100 元。

2. 车辆损失险（基本险）

车辆损失险负责赔偿由自然灾害或意外事故造成的车辆自身损失，是汽车保险中的主要险种，若不投保这个险种，则保险公司不负责赔偿车辆碰撞后发生的修理费。有免赔金额。

3. 第三者责任险（基本险）

被保险人在使用车辆过程中发生意外事故，致使第三者遭受人身伤亡或财产直接损毁，依法由被保险人支付的赔偿金额，保险公司按有关规定给予赔偿。有免赔金额。

4. 车上责任险（附加险）

保险车辆发生意外事故，导致车上货物遭受损失和车上人员的伤亡以及施救费，由保险公司承担赔偿责任。有免赔金额。

5. 全车盗抢险（附加险）

保险车辆全车被盗窃、被抢夺，经县级以上公安刑侦部门立案核实，满 3 个月未查明下落的，保险公司负责赔偿。有免赔金额。

6. 玻璃单独破碎险（附加险）

车辆的挡风玻璃和车窗玻璃发生单独破碎，保险公司负责赔偿。无免赔金额。

7. 自燃损失险（附加险）

因本车电器、线路、供油系统发生故障及货物自身原因起火燃烧，或者因车上新增设备起火造成的车辆损失，由保险公司负责赔偿。有免赔金额。

8. 不计免赔特约险（附加险）

投保本保险后，对保险车辆在车辆损失险和第三者责任险中由被保险人自己承担的免赔金额，不论一次或多次发生保险事故，均给予赔偿。

附加险如全车盗抢险、玻璃单独破碎险、自燃损失险、新增加设备损失险是车辆损失险的附加险，必须先投保车辆损失险后才能投保；车上责任险、无过错责任险、车载货物掉落责任险是第三者责任险的附加险，必须先投保第三者责任险后才能投保；投保不计免赔特约险，必须先同时投保车辆损失险和第三者责任险。

交强险为强制性责任保险，非商业性质，而车辆损失险和第三者责任险及其附加险为商业险。

（二）汽车保险的金额、期限和费用

1. 保险金额和赔偿限额

（1）损失险金额。车辆损失险的保险金额由投保人和保险人协商确定，可选择以下 3 种方式之一。

①按新车购置价确定。新车购置价是指在保险合同签订地购置与保险车辆同类型新车（含车辆购置附加税）的价格。

②按投保时的实际价值确定。实际价值是指同类型车辆市场新车购置价减去该车已使用年限折旧金额后的价格。

③协商确定。由投保人与保险人协商确定，但保险金额不得超过同类型新车购置价，超过部分无效。

（2）第三者责任险赔偿限额

①在不同区域内，摩托车、拖拉机的最高赔偿限额分 4 个档次：2 万元、5 万元、10 万元和 20 万元。

②除摩托车、拖拉机外的其他汽车第三者责任险的最高赔偿限额分为 6 个档次：5 万元、10 万元、20 万元、50 万元、100 万元和 100 万元以上，最高不超过 1 000 万元。

③挂车投保后与主车视为一体。发生保险事故时，挂车引起的赔偿责任视同主车引起的赔偿责任，但以主车赔偿限额为限。

2. 保险期限

保险合同的保险期限为 1 年，除法律另有规定外，投保时保险期限不足 1 年的按短期月费率收取保险费；保险期限不足 1 个月的按 1 个月计算。

3. 保险费用的计算

（1）保险费率确定的基本原则

①公平合理原则。公平合理原则的核心是确保每一个被保险人的保费负担的实现基本上是依据或者反映了保险标准的危险程度。公平合理原则应在两个层面加以体现。

一是在保险人和被保险人之间。在保险人和被保险人之间体现公平合理原则，是指保险人的总体收费应当符合保险价格确定的基本原理，尤其是在附加费率部分，不应让被保险人负担保险人不合理的经营成本和利润。

二是在不同的被保险人之间。在被保险人之间体现公平合理原则，是指不同被保险人的保险标准的危险程度可能存在较大的差异，保险人对不同的被保险人收取的保险费应当反映这种差异。

由于保险商品存在一定的特殊性，要实现绝对公平合理是不可能的，所以，公平合理只能是相对的，只是要求保险人在确定费率的过程中应当注意体现一种公平合理的倾向，力求实现费率确定的相对公平合理。

②保证偿付原则。保证偿付原则的核心是确保保险人具有充分的偿付能力。保险费是保险标准的损失偿付的基本资金，所以，确定保险费率时应保证保险公司具有相应的偿付能力，这是由保险的基本职能决定的。保险费率过低，势必削弱保险公司的偿付能力，从而影响对被保险人的实际保障。在市场经济条件下，经常出现一些保险公司在市场竞争中为了争取市场份额，盲目地降低保险费率，结果是严重影响其自身的偿付能力，损害了被保险人的利益，甚至对整个保险业和社会产生巨大的负面影响。为了防止这种现象的发生，各国对于保险费率的确定，大都实行由同业公会制定统一费率的方式，有的国家在一定的历史时期甚至采用由国家保险监督管理部门颁布统一费率，并要求强制执行的方式。

保证偿付能力是确定保险费率的关键，原因是保险公司是否具有足够的偿付能力，不仅会影响到保险业的经营秩序和稳定，同时可能对广大的被保险人，乃至整个社会产生直接的影响。

③相对稳定原则。相对稳定原则是指保险费率确定之后，应当在相当长的一段时间内保持稳定，不要轻易变动。由于机动车辆保险业务存在保费总量大、单量多的特点，费率的经常变动势必增加保险公司的业务工作量，导致经营成本上升。同时因为需要不断适应新的费率，也给被保险人带来不便。要实现保险费率相对稳定的原则，在确定保险费率时就应充分考虑各种可能影响费率的因素，建立科学的费率体系，更重要的是应对未来的趋势做出科学的预测，确保费率的适度超前，从而实现费率的相对稳定。

要求费率的确定具有一定的稳定性是相对的，一旦经营的外部环境发生了较大变化，保险费率就必须进行相应的调整，以符合公平合理的原则。

④促进防灾防损原则。防灾防损是保险的一个重要职能，其内涵是保险公司在经营过程中应协调某一风险群体的利益，积极推动和参与针对这一风险群体的预防灾害和损失活动，减少或者避免不必要的灾害事故的发生。这样不仅可以减少保险公司的赔付金额和被保险人的损失，更重要的是可以保障社会财富，稳定企业的经营，安定人民的生活，促进社会经济的发展。

（2）保险方案设计

①完全保障方案。

险种组合：车辆损失险＋第三者责任险＋车上责任险＋挡风玻璃单独破碎险＋不计免赔特约险＋新增加设备损失险＋自燃损失险＋全车盗抢险。

特点：保全险，能保的险种全部投保，即几乎与汽车有关的全部事故损失都能得到赔偿。不必因少保某一个险种而得不到赔偿，承担投保决策失误的责任。

②最佳保障方案。

险种组合：车辆损失险 + 第三者责任险 + 车上责任险 + 挡风玻璃单独破碎险 + 不计免赔特约险 + 全车盗抢险。

特点：在完全保障方案中剔除新增加设备损失险和自燃损失险。因为这两个险种的出险概率不高，必要性不是很大。即价值大的险种投保，价值不大的不花冤枉钱。

③最低保险方案。

险种组合：第三者责任险。

特点：只投保第三者责任险，其他全部不投。这种方案适用于急于上牌照和验车的个人。一旦撞车或撞人，对方的损失能得到保险公司的一些赔偿，但自己的损失只能由自己承担。

④经济保障方案。

险种组合：车辆损失险 + 第三者责任险 + 不计免赔特约险 + 全车盗抢险。

特点：仅投保 4 个最必要、最有价值的险种，即用最少的钱投保最有价值的险种，性价比最高。这种方案能保障个人最关心的丢失和赔偿问题等大部分风险，是精打细算的人的最佳选择。

（3）保费计算的举例。以一辆价值 15 万元的车（非营业性）为例。基本保险费：240 元；基本保险费率：1.2%；全车盗抢险费率：1%；车上责任险：每座 60 元；不计免赔险费率：20%；自燃损失险费率：0.4%。

具体计算如下。

①投保第三者责任险（赔偿限额 10 万元）保险费 1 300 元。

②车辆损失险（保险金额 15 万元）。

保费计算：基本保险费＋保险金额 × 费率 =240 元＋ 150 000×1.2%=2 040 元。

全车盗抢险（保险金额 15 万元），保费按 1% 计算为 1 500 元。

车上责任险（5 座，每座 60 元）300 元。

不计免赔特约险：保费 =（车损险保费＋第三者险保费）×20%=668 元。

自燃损失险：150 000 元 ×0.4%=600 元。

合计保险费 5 008 元。

二、汽车理赔

汽车理赔

理赔是保险工作中的重要环节，是指保险合同所约定的保险事故（或保险事件）发生后，被保险人（或投保人、受益人）提出赔偿给付保险金请求时，保险人按合同履行赔偿或给付保险金的行为过程，是以保险条款、交通管理部门颁发的交通事故处理办法以及相关的法律为依据的。理赔工作是保险人履行保险合同义务的法律行为。

（一）索赔常规程序

发生保险事故后，要进行索赔，需采取以下步骤，通知保险公司—定损—修车—开具事故证明—提出索赔—领取赔款。

（二）车险赔偿

机动车辆出险一般可分为3类，保险车辆（含投保的挂车）发生全车被盗窃、被抢劫、被抢夺称全车盗抢险；保险车辆出险受损称车损险；保险车辆出险致使第三者遭受人身伤亡或财物直接损失称第三者责任险。车辆出险后根据保险合同进行赔付。

1. 车辆损失险的赔偿

（1）全部损失。

①足额投保（按新车购置价投保）。保险车辆发生全部损失后，如果保险金额等于或低于出险当时的实际价值时，按保险金额计算赔偿，即

赔款金额 =（保险金额 – 残值）× 责任系数 ×（1– 免赔率）

保险车辆发生全部损失后，如果保险金额高于出险当时的实际价值，按出险当时的实际价值计算赔偿，即

赔款金额 =（出险当时的实际价值 – 残值）× 责任系数 ×（1– 免赔率）

②不足额投保（保险金额低于投保时的新车购置价）。如保险金额低于出险时的实际价值，计算如下：

赔款金额 =（保额 – 残值）×（保额 ÷ 出险时的新车购置价）× 责任系数 ×（1– 免赔率）

如保险金额高于出险时的实际价值，即

赔款金额 =（出险时的实际价值 – 残值）× 责任系数 ×（1– 免赔率）

（2）部分损失。

①保险车辆的保险金额达到投保时的新车购置价（即保单上载明的新车购置价），无论保险金额是否低于出险当时的新车购置价，发生部分损失按照实际修复费用赔偿，即

赔款金额 = 实际修复费用 × 责任系数 ×（1– 免赔率）

②保险车辆的保险金额低于承保时的新车购置价，发生部分损失按照保险金额与出险当时的新车购置价比例计算赔偿，即

赔款金额 = 修复费用 ×（保险金额 ÷ 新车购置价）× 责任系数 ×（1– 免赔率）

保险车辆损失最高赔偿额以保险金额为限。保险车辆按全部损失计算赔偿或部分损失一次赔款等于保险金额时，车辆损失险的保险责任即行终止。但保险车辆在保险有效期内，不论发生一次或多次保险责任范围内的部分损失或费用支出，只要每次赔偿未达到保险金额，其保险责任仍然有效。

2. 施救费

保险车辆发生保险事故时，被保险人对保险车辆采取的保护、施救措施所支出的合理费用，保险人在保险金额以内赔偿施救费；但对于保险车辆装载的货物、拖带的未保险车辆或其他拖带物的施救费用不予负责，如果两者费用无法划分，则按保险金额与全部被施救财产（包括保险财产与非保险财产）价值比例分摊。

（1）足额投保。

赔付金额 = 合理施救费用 ×[保险金额 ÷（保险金额 + 其他被施救财产价值）]× 责任系数

（2）不足额投保。

赔付金额 = 合理施救费用 ×（保额 ÷ 出险时新车购置价）×
[保额 ÷（保额 + 其他被施救财产价值）]× 责任系数

赔付金额最高不得超过保险金额。

3. 第三者责任险

赔偿金额 = 合理的费用 × 责任系数 ×（1– 免赔率）

赔偿金额最高不得超过赔偿限额。

4. 免赔率的规定

根据保险车辆驾驶员在事故中所负责任，车辆损失险和第三者责任险在符合赔偿规定的金额内实行绝对免赔率；负全部责任的免赔 20%，负主要责任的免赔 15%，负同等责任的免赔 10%，负次要责任的免赔 5%，单方肇事事故的绝对免赔率为 20%。责任系数由交警根据肇事者所负的责任进行确定。

第四节 旧车交易服务

一、旧车交易的概念及类型

旧车交易是针对准备换车的群体把卖车和买车两个环节集合在一起的交易形式。旧车置换首先是卖车，即进行二手车交易。旧车交易的类型根据交易双方行为和参与程度的差异分为：旧车的收购及销售、寄售、代购和代销、租赁、拍卖等。

（1）旧车收购及销售：是指旧机动车交易中心为方便客户进场直接销售或购置的前提下，旧机动车交易中心按照客户的要求，代为销售或购置旧机动车的一种经营活动。

（2）旧车寄售：是指卖车方与旧机动车交易中心签订协议，将所售车辆委托旧机动交易中心保管及寻找购车方，旧机动交易中心从中收取一定场地费、服务费及保管费的一种交易行为。

（3）旧车代购和代销：是指在无须客户进场直接销售或购置的前提下，旧机动车交易中心按照客户的要求，代为销售或购置旧机动车的一种经营活动。

（4）旧车租赁：是指旧机动车交易中心将旧机动车向客户提供租赁的一种经营活动。

（5）旧车拍卖：指旧机动车交易中心以公开竞价的方式销售旧机动车的一种经营活动。

值得注意的是，近年来，出现了一种新的旧车交易模式——二手车置换，并在一些轿车的品牌专营店中迅速成长起来。置换的概念源于海外。狭义的置换就是"以旧换新"业务，即经销商通过二手商品的收购与新商品的对等销售获取利益。广义的置换则是指在以旧换新业务的基础上，还同时兼容二手商品的整新、跟踪服务、二手商品再销售乃至折抵、分期付款等项目的一系列业务组合，从而成为一种有机而独立运营的营销方式。不同于以往旧车交易的是，由于可以推动新车销售，二手车置换业务往往背靠汽车品牌专营店，其背后获得汽车制造厂商的强大技术支持，经销商为二手车的再销售提供一定程度上质量担保，这大大降低了旧车交易中消费者的购买风险，规范了交易双方的交易行为，其发展潜力十分巨大。

二、二手车交易价格评估

（一）二手车交易价格评估的基本程序

所谓二手车交易价格评估的基本程序，是指针对具体的待评估车辆，从接受立项、受理委托到完成评估任务、出具具体报告全过程的具体步骤和工作环节。通常二手车交易市场发生的二手车评估业务有以下几种。

1. 单个的二手机动车交易业务

这类业务中，车辆一般都是零散地进入市场交易。

2. 多辆或批量的二手机动车交易业务

这类业务中，车辆数量比较集中，少则五辆、十辆，多则几十辆。其客户大多是生产企业或运输企业。

对于上述业务，前者的评估操作程序相对简单，后者的评估操作程序相对复杂。下面以后者为例，对其一般的评估操作程序进行简单介绍。

（1）前期准备工作阶段。二手机动车鉴定估价的前期准备工作主要包括业务接待、实地考察、签订评估委托协议书和拟定鉴定评估作业方案等。

（2）现场工作阶段。现场工作阶段的主要任务是检查手续、核实实物、验证委托人提供的资料、鉴定车辆技术状况。

（3）评定估算阶段。评定估算阶段一方面要继续搜集所欠缺的资料；另一方面要对搜集到的数据资料进行筛选整理。根据评估目的选择适用的评估方法，本着客观、公正的原则对车辆进行估算，确定评估结果。

（4）自查及撰写评估报告阶段。这一阶段主要是对整个评估过程进行自查，对鉴定估价的依据和参数再进行一次全面核对，在重新核对无误的基础上，撰写评估说明和报告，最后登记造册归档。

（二）二手车交易价格评估的方法

二手机动车交易价格的评估，按照国家规定的现行市价法、收益现值法、清算价格法和重置成本法4种方法进行。

1. 现行市价法

现行市价法又称市场法、市场价格比较法，是指通过比较被评估车辆与最近售出的类似车辆的异同，并根据类似车辆的市场价格进行调整，从而确定被评估车辆价值的一种评估方法。

现行市价法是最直接、最简单的一种评估方法。这种方法的基本思路是：通过市场调查，选择一个或几个与被评估车辆相同或类似的车辆作为参照物，分析参照物的构造、功能、性能、新旧程度、地区差别、交易条件及成交价格等，并与被评估车辆一一对照比较，找出两者的差别及差别所反映在价格上的差额，经过调整，计算出二手机动车辆的价格。

2. 收益现值法

收益现值法是将被评估的车辆在剩余寿命期内的预期收益用适用的折现率折现为评估基准日的现值，并以此确定评估价格的一种方法。

采用收益现值法对二手机动车辆进行评估所确定的价值，是指为获得该机动车辆以取得预期收益的权利所支付的货币总额。

从原理上讲，收益现值法是基于这样的事实：即人们之所以占有某车辆，主要是考虑这辆车能为自己带来一定的收益。如果某车辆的预期收益小，车辆的价格就不可能高；反之车辆的价格肯定就高。投资者购买车辆时，一般要进行可行性分析，只有在预计的内部回报率超过评估时的折现率时，才会支付货币来购买车辆。应该注意的是，运用收益现值法进行评估时，是以车辆投入使用后连续获利为基础的。在机动车的交易中，人们的目的往往不在于车辆本身，而在于车辆获利的能力。因此该方法较适用于投资营运的车辆。

3. 清算价格法

清算价格法是以清算价格为标准，对二手机动车辆进行的价格评估。所谓清算价格，是指企业由于破产或其他原因，要求在一定的期限内将车辆变现，在企业清算之日预期出卖车辆可收回的快速变现价格。清算价格法在原理上基本与现行市价法相同，所不同的是清算价格往往低于现行市场价格，这是由于企业被迫停业或破产，急于将车辆拍卖出售。

4. 重置成本法

重置成本法是指以现时条件下重新购置一辆全新状态的被评估车辆所需的全部成本（即完全重置成本，简称重置全价），减去该被评估车辆的各种陈旧贬值后的差额，作为被评估车辆现时价格的一种评估办法。其基本计算公式为

$$\text{被评估车辆的评估值} = \text{重置成本} - \text{实体性贬值} - \text{功能性贬值} - \text{经济性贬值或}$$

$$\text{被评估车辆的评估值} = \text{重置成本} \times \text{成新率}$$

由上式可以看出，被评估车辆的各种贬值包括实体性贬值、功能性贬值、经济性贬值。

实体性贬值也叫有形损耗，是指机动车在存放和使用过程中，由物理和化学原因而引起的车辆实体发生的价值损耗，即由于自然力的作用而发生的损耗。二手机动车一般都不是全新状态的，因而大都存在实体性贬值。确定实体性贬值，通常依据车辆的新旧程度，包括表体及内部构件、部件的损耗程度。

假如用损耗率来衡量，一部全新的车辆，其实体性贬值为百分之零；而一部完全报废的车辆，其实体性贬值为百分之百；处于其他状态下的车辆，其损耗率则位于这两个数字之间。

功能性贬值是科学技术的发展所导致的车辆贬值，即无形损耗。这类贬值又可细分为一次性功能贬值和营运性功能贬值。一次性功能贬值是由于技术进步引起劳动生产率的提高，现在再生产制造相同功能的车辆的社会必要劳动时间减少、成本降低而造成原车辆的贬值。具体表现为原车辆价值中有一项超额投资成本将不被社会承认。营运性功能贬值是由于技术进步，出现了新的、性能更优的车辆，致使原有车辆的功能相对新车型已经落后而引起其价值贬值。具体表现为原有车辆在完成相同工作任务的前提下，在燃料、人力、配件材料等方面的消耗增加，形成了一部分超额运营成本。

经济性贬值是指外部经济环境变化所造成的车辆贬值。所谓外部经济环境，包括宏观经济政策、市场需求、通货膨胀、环境保护等。经济性贬值是由外部环境而不是车辆内部因素所引起的达不到原有设计的获利能力而造成的贬值。外界因素对车辆价值的影响是客观存在的，并且影响还相当大，所以在二手机动车的评估中不可忽视。

三、二手车交易实务

根据二手车交易的特性，为杜绝盗抢车、走私车、拼装车和报废车的面市，切实维护消费者的合法权益，科学合理地设计了“一条龙”的作业方式，从而使二手车交易按规范有序的流程进行，减少了购销双方的来回奔波，提供了便民、可监控和有序的交易环境。二手车交易程序的主要环节有：车辆查验、车辆评估、车辆交易、初审受理、材料传送、过户制证、转出吊销、材料回送以及收费发还。

（一）车辆查验

在驻场警官的监督下，由交易市场委派经过验车培训的工作人员，协助警官展开交易车辆的查验工作。在车辆年检期有效的时段内，查验车辆识别代码（发动机号、车架号）的钢印是否有改动，与其拓印是否一致；查验车辆颜色与车身装置是否与机动车行驶证上的一致。同时按交易类别对车辆的主要行驶性能进行检测，确保交易车辆的性能正常安全。如果一切正常，则在“机动车登记业务流程记录单”上盖章，并在发动机号、车架号的拓印上加盖骑缝章。

（二）车辆评估

专业车辆评估人员将根据车辆的使用年限（已使用年限）、行驶里程数、总体车况和事故记录等进行系统的勘查和评估，确定车辆的成新率。再按照该车的市场销售状况等，提出基本参考价格，通过计算机系统的运算，打印“车辆评估书”，由评估机构的评估师盖章后生效，作为车辆交易的参考和依法纳税的依据之一。

（三）车辆交易

二手车经过查验和评估后，其真实性有了基本保障，价格也已基本确定。之后，需要原车主对其车辆的一些事宜（使用年限、行驶里程数、安全隐患、有无违章记录等）做出书面承诺。二手车经营（经纪）公司可以对该车进行出售或寄售，与客户谈妥后，收取相应的证件和材料，开具相应的发票，签署经营（经纪）合同，整理后送至办证初审窗口。

（四）初审受理

由二手车交易市场派驻各个交易市场的专业业务受理工作人员，对各经营（经纪）公司或客户送达的车辆牌证和手续材料，初审其真实性、有效性，以及单据填写的准确性。确认合格后，打印操作流水号和代办单，经工商行政管理部门验证盖章，将有关材料整理装袋，准备送至相应的办证地点。

（五）材料传送

由二手车交易市场指定的专业跑（送）单人员，经核对材料的份数后，贴上封条，填写“材料交接表”并签章，将办证材料及时、安全地送至相应的办证地点。

（六）过户制证

由驻场警官，对送达的办证材料经实时计算机车辆档案库进行对比查询，并对纸质材料进行复核，复核无误后，在“机动车登记业务流程记录单”上录入复核人员的姓名，签注“机动车登记证书”，由市场工作人员按操作程序进行机动车行驶证的打印、切割、塑封，并录入相应操作岗位的人员姓名。将纸质材料整理、装订后，送至车辆管理所档案科。相关证件和机动车行驶证、机动车注册 / 转入登记表（副表）等，由跑（送）单人员回送至相应的代理交易市场。

（七）转出吊销

跑（送）单人员将转出的有关证件（转籍）、材料和号牌送至各地车辆管理所档案科，由警官对送达的转出材料和证件进行复核。确认无误后，收缴机动车号牌，并在相应的机动车登记业务流程记录单上录入复核警官的姓名，并签注机动车登记证书，将送至的纸质材料整理后装袋封口，并在计算机中设置成“转出”状态，传递至全国公安交通管理信息系统中，其“机动车档案”和“机动车临时号牌”将由跑（送）单人员返送至各代理交易市场。

（八）材料回送

经驻场警官复核后，换发机动车行驶证、机动车注册 / 转入登记表（副表）和有关证件，或将经车辆管理所档案科警官复核后调出的“机动车档案”和“机动车临时号牌”以及相关的证件整理后送各代理交易市场的办证窗口，并经驻场牌证、材料接收人员在“材料交接表”上签字确认。

（九）收费发还

各交易市场的办证窗口收到材料并核对无误后，对所需支付的费用逐一进行汇总计算，打印发票，向委托办理的经营（经纪）公司和客户收取费用，核对“代办单”后，发还证照和材料。

这些交易程序适用于各交易市场的过户类、转出（转籍）类的二手车交易行为，其他二手车交易的特定服务项目的程序，在此不做详述。

第五节 汽车维修与检测

一、汽车维修项目及要求

汽车维修是汽车维护（汽车保养）和汽车修理的总称。汽车维护是为维持汽车完好技术状况或工作能力而进行的作业。汽车修理是为恢复汽车完好技术状况或工作能力和延长寿命而进行的作业。随着汽车设计和制造水平的提高，汽车通过有效维护，在 8 ～ 10 年使用期限内取消整车大修已逐渐成为一种发展趋势。随着汽车修理工作量的逐渐减少，维护的工作总量已大于修理量。整车大修已被总成大修所代替，汽车维修的重点已转移到维护工作上，维护已重于修理。在汽车维修工作中，实际上也是以维护作业为主。

（一）汽车维护的主要工作

汽车维护工作主要有清洁、检查、紧固、调整、润滑和补给等多项内容。

1. 清洁

清洁工作是提高汽车维护质量、防止机件腐蚀、减轻零部件磨损和降低燃油消耗的基础，并为检查、补给、润滑、紧固和调整工作做好准备。其工作内容主要包括对燃油、机油、空气滤清器滤芯的清洁，汽车外表的养护和对有关总成、零部件内外部的清洁作业。

2. 检查

检查是通过检视、测量、试验和其他方法，确定汽车以及总成、部件技术状况是否正常，工作是否可靠，机件有无变异和损坏，为正确维修提供可靠的依据。其工作内容主要是检查汽车各总成和机件的外表、工作情况和连接螺栓的拧紧力矩等作业。

3. 紧固

汽车在运行中，由于振动、颠簸、机件热胀冷缩等原因，零部件的紧固程度会改变，以致零部件失去连接的可靠性。紧固工作是保证各部机件连接可靠，防止机件松动的维护作业。

4. 调整

调整工作是恢复车辆良好技术性能的一项重要工作。调整工作的好坏，与减少机件磨损、保持汽车使用的经济性和可靠性有直接关系。其工作内容主要是按技术要求恢复总成、机件的正常配合间隙及工作性能等作业。

5. 润滑

润滑主要是为了减轻摩擦副的摩擦阻力，减少机件的磨损，延长汽车的使用寿命。其工作内容包括为发动机润滑系部件更换或添加润滑油；为传动系操纵部分以及行驶系各润滑部位加注润滑油或润滑脂等作业。

6. 补给

补给工作是指在汽车维护中，对汽车的燃油、润滑油料及特殊工作液体进行加注补充，对蓄电池进行补充充电，对轮胎进行补充充气等作业。

（二）汽车的维护制度

目前我国的汽车维护制度分为日常维护、一级维护、二级维护和走合期维护制度 4 个级别。

1. 日常维护

日常维护是以清洁、补给和安全检视为中心内容，由驾驶员负责执行的车辆维护作业。日常维护的周期为出车前、行车中、收车后。日常维护的内容有，对汽车外观、发动机外表进行清洁、保持车容整洁；对汽车各部的润滑油（脂）、燃油、冷却液、各种工作介质、轮胎气压进行检视补给；对汽车制动、转向、传动、悬架、灯光、信号灯等安全部位和位置以及发动机运转状态进行检视、校紧，确保行车安全。

2. 一级维护

一级维护是除日常维护作业外，以清洁、润滑、紧固为主要作业内容，并检查有关制动、操纵等安全部件，由维修企业负责执行的车辆维护作业。

3. 二级维护

二级维护是除一级维护作业外，以检查和调整转向节、转向摇臂、制动蹄片、悬架等经过一定时间的使用容易磨损或变形的安全部件为主，并拆检轮胎，进行轮胎换位，检查、调整发动机工作状况和排气污染控制装置等，由维修企业负责执行的车辆维护作业。

4. 走合期维护

为保证汽车的使用寿命，汽车在投入使用时都应进行走合期的磨合。经过走合期维护后，才可正常投入使用。新车、大修车以及装用大型发动机汽车的，走合期里程规定为 1 000 ～ 3 000 km。走合期内，应选择较好的道路并减载限速运行。一般汽车按装载质量标准减载 20% ～ 25%，并禁止拖带挂车；半挂车按装载质量标准减载 25% ～ 50%。驾驶员必须严格执行操作规程，保持发动机工作温度正常。走合期内严禁拆除发动机限速装置，应认真做好车辆日常维护工作，经常检查、紧固各外部螺栓、螺母，注意各总成在运行中的声响和温度变化，及时进行调整。

新车和修复车在走合期满后，应进行一次走合期维护。该维护一般由制造厂指定的维修厂家负责完成。其作业内容为清洁、检查、紧固和润滑工作，主要作业项目为：更换发动机机油，更换机油滤清器，检查变速器和发动机的泄漏情况，检查发动机冷却系统中的冷却液量、制动系统中的制动液量以及风窗玻璃洗涤器液面等，检查转向系统（转向机、转向球头等）、传动轴和前、后悬架系统、轮胎气压、制动系统的制动性能和工作状况。

（三）汽车修理

1. 汽车修理级别的划分

按照不同的作业对象和不同的作业范围，汽车修理可分为整车大修、总成大修、汽车小修和零件修理。

（1）整车大修。整车大修是汽车在行驶一定里程（或时间）后，经过检测诊断和技术鉴定，需要用修理或更换零部件的方法，恢复车辆整体完好的技术状况，完全或接近完全恢复汽车使用性能和寿命的恢复性修理。

（2）总成大修。总成大修是汽车的主要总成经过一定使用时间（或行驶里程）后，用修理或更换总成零部件（包括基础件）的方法，恢复其完好技术状况和寿命的恢复性修理。

（3）汽车小修。汽车小修是用修理或更换个别零件的方法，保证或恢复汽车局部工作能力的运行性修理。

（4）零件修理。零件修理是对因磨损、变形、损伤等而不能继续使用的零件的修理。汽车在修理和维护过程中更换下来的零件，具备修理价值的，可修复使用。

2. 汽车大修和总成大修的送修条件

（1）整车。对于载货汽车，发动机已达到大修标准，同时有两个或两个以上其他总成符合大修条件；对于客车、轿车，车身总成已达到大修的送修条件，同时发动机或其他两个总成也达到大修标准时，均应进行大修。

（2）发动机。汽缸磨损量超过规定标准，发动机最大功率或汽缸压力较标准降低 25% 以上，燃油和润滑油消耗量明显增加。

（3）车身总成。车身有明显的破损、裂纹、锈蚀、脱焊及车身变形逾限；蒙皮破损面积较大，必须拆卸其他总成或部件后才能进行校正、修理。

（4）变速器（分动器）总成。壳体变形、破裂，轴承孔磨损逾限，变速齿轮及轴严重磨损、损坏，需要彻底修复。

（5）车桥总成。桥壳破裂、变形，半轴套管轴承孔磨损逾限，主销轴承孔磨损逾限，减速器齿轮严重磨损，需要校正或彻底修复。

3. 汽车修理的主要工作

汽车修理工艺过程主要包括外部清洗、总成拆卸、总成分解、零件清洗、检验、修复与更换、装配与调整、试验等各道工序。

在修理过程中，对汽车的主要旋转零件或组合件，如飞轮、离合器压盘、曲轴、传动轴、车轮等，需进行静平衡或动平衡试验；对有密封性要求的零件或组合件，如汽缸盖、汽缸体、散热器、储气筒以及制动阀、泵、气室等，应进行液压或气压试验；对主要零件及有关安全的零部件，如曲轴、连杆、凸轮轴、前轴、轴向节、转向节臂、球头销、转向蜗杆轴、传动轴、半轴、半轴套管或桥壳等，应做探伤检查。

对基础件及主要零件，应检验并恢复其配合部位和主要部位的尺寸、形状及位置要求等。主要总成应经过试验，性能符合技术要求方可装车使用。

（四）汽车维修企业分类与汽车维修商的义务

目前，汽车维修企业按国家标准规定分为 3 类，一类汽车维修企业是从事汽车大修和总成修理的企业；二类汽车维修企业是从事汽车一级、二级维护和小零件更换等专项修理或维护的企业；三类汽车维修企业是从事汽车小修理、小“美容”的企业。

根据我国目前的规定，汽车维修商在进行汽车维修时必须尽到以下义务。

（1）车辆进厂维修及竣工出厂，必须由专人负责质量检验，并认真填写检验单。维修商对进行汽车大修、总成大修、二级维护的车辆必须建立“汽车维修技术档案”。消费者有权了解自己汽车的维修情况。

（2）汽车维修竣工出厂实行出厂合格证制度（汽车小修和部分专项修理除外），维修质量不合格的车辆不准出厂。汽车维修商在车辆维修竣工出厂时必须按竣工出厂技术条件进行检测，并向托修方提供由出厂检验员签发的汽车维修竣工出厂合格证。

二、汽车检测

（一）汽车检测及审验

《中华人民共和国道路交通安全法》规定：机动车必须依照法律、行政法规的规定，根据车辆用途、载客载货数量、使用年限等不同情况，定期进行安全技术检验，未按规定检验或检验不合格的，不准继续行驶。中华人民共和国交通部《汽车运输业车辆技术管理规定》要求：各省、自治区、直辖市交通厅（局）应根据车辆从事运输的性质、使用条件和强度以及车辆老旧程度等，进行定期或不定期检测，确保车辆技术状况良好，并对维修车辆实行质量监控，并规定：经认定的汽车综合性能检测站在车辆检测后，应发给检测结果证明，作为交通运输管理部门发放或吊扣营运证依据之一和确定维修单位车辆维修质量的凭证。

机动车辆必须按照车辆管理部门的规定定期进行检验（一般一年一次），作为发放和审验“行驶证”的主要依据。营运车辆还必须根据交通运输管理部门制定的车辆检测制度，对车辆的技术状况进行定期或不定期检测（一般一季度一次），作为发放和审验“营运证”的主要依据。

1. 年检

年检指按照车辆管理部门规定的期限对在用车辆进行的定期检验，或根据交通运输管理部门制定的车辆检测制度，对营运车辆进行的定期检测。车辆年检的目的是检验车辆的主要技术性能是否满足《机动车运行安全技术条件》（GB 7258—2004）的规定，督促车属单位对车辆进行维修和更新，确保车辆具有良好的技术状况，消除事故隐患，确保行车安全。同时，使车辆管理部门全面掌握车辆分类和技术状况的变化情况，以便加强管理。由于汽车检测和审验的类型和目的不同，一般可分为汽车安全检测、汽车综合性能检测、汽车维修检测和特殊检测。

（1）汽车安全检测。汽车安全检测的目的是确定汽车性能是否满足有关汽车运行安全和公害等法规的规定，是对全社会民用汽车的安全性检查。根据检测手段不同，一般分为外检和有关性能的检测。外检是通过目检和实际操作来完成，其主要内容包括检查车辆号牌、行车执照有无损坏、涂改、字迹不清等情况，校对行车执照与车辆的各种数据是否一致。检查车辆是否经过改装、改型、更换总成，其更改是否经过审批及办理过有关手续。检查车辆外观是否完好，连接件是否紧固，是否有四漏（漏水、漏油、漏气、漏电）现象。检查车辆整车及各系统是否满足《机动车运行安全技术条件》（GB 7258—2004）所规定的基本要求。对汽车有关性能的检测，采用专用检测设备对汽车进行规定项目的检测，主要有转向轮侧滑、制动性能、车速表误差、前照灯性能、废气排放、喇叭声级和噪声。

（2）汽车综合性能检测。汽车综合性能检测的目的是对在用运输车辆的技术状况进行检测诊断。对汽车维修行业的维修车辆进行质量检测，以确保运输车辆安全运行，提高运输效率和降低运行消耗。汽车综合性能检测的主要内容包括：安全性（制动、侧滑、转向、前照灯等）；可靠性（异响、磨损、变形、裂纹等）；动力性（车速、加速能力、底盘输出功率、发动机功率和转矩、供给系统和点火系统状况等）；经济性（燃油消耗）；噪声和废气排放状况。

（3）汽车维修检测。汽车维修检测的目的是对汽车维修前进行技术状况检测和故障诊断，据此确定附加作业和小修项目以及是否需要大修，同时对汽车维修后的质量进行检测。

（4）特殊检测。特殊检测是指为了不同的目的和要求对在用车辆进行的检验。在检验的内容和重点上与上述各类检测有所不同，故称为特殊检测，主要包括以下几点：

①改装或改造车辆的检测。为了不同的使用目的，在原车型底盘的基础上改制成其他用途的车辆后，因其结构和使用性能变更较大，车辆管理部门在核发号牌及行车执照时，应对其进行特殊检验，包括汽车主要总成改掉后的车辆的检测，有关新工艺、新技术、新产品以及节能、科研项目等的检测鉴定。

②事故车辆的检测。对发生交通事故并有损伤的车辆进行检测。一方面是为了分析事故原因，分清事故责任。另一方面是为了查找车辆的故障，确定汽车的技术状况，以保证再行车的安全。

③外事车辆的检验。为保证参加外事活动车辆的技术状况，防止意外事故发生，必须对车辆的安全性能和其他有关性能进行检验。

④其他检测。接受公安、商检、计量、保险等部门的委托，进行有关项目的检测。

2. 临时性检验

临时性检验是指除对车辆进行正常检验之外的车辆检验。车辆临时性检验的内容与年检基本相同，其目的是评价车辆性能是否满足《机动车运行安全技术条件》（GB 7258—2004）的要求，以确定其能否在道路上行驶，或车辆技术状况是否满足参加营运的基本要求。

在用车辆参加临时性检验的范围有以下几方面。

（1）申请领取临时号牌的车辆。

（2）放置很长时间后要求复驶的车辆。

（3）遭受严重损坏，修复后准备投入使用的车辆。

（4）挂有国外、港澳地区号牌，经我国政府允许，可进入我国境内短期行驶的车辆。

（5）车辆管理部门认为有必要进行临时检验的车辆（如春运期间、交通安全大检查期间）。

营运车辆在下述情况下，应按交通运输管理部门的规定参加临时性检测。

（1）申请领取营运证的车辆。

（2）经批准停驶的车辆恢复行驶前。

（3）经批准封存的车辆启封使用时。

（4）改装和主要总成改造后的车辆。

（5）申请报废的车辆。

（6）其他车辆检测诊断服务。

（二）汽车检测站分类

汽车检测和审验工作是在具有若干必需的技术装备，并按一定工艺路线组成的汽车检测站进行的。根据检测站的服务对象和检测内容，可分为汽车安全检测站、汽车综合性能检测站和汽车维修检测站3类。

1. 汽车安全检测站

汽车安全检测站主要检测汽车与安全及环保有关的项目，受公安机关车辆管理部门的委托，承担汽车申请注册登记时的初次检验、汽车定期检验、汽车临时检验和汽车特殊检验（包括事故车辆、外事车辆、改装车辆和报废车辆等的技术检验）。根据中华人民共和国公安部《机动车辆安全技术检测站管理办法》的规定，安全检测站必须具备检测车辆侧滑、灯光、轴重、制动、排放、噪声的设备及其他必要的检测设备。

2. 汽车综合性能检测站

汽车综合性能检测站是综合运用现代检测技术、电子技术和计算机应用技术，对汽车实施不解体检测、诊断的企业。它具有能在室内检测、诊断出车辆的各种性能参数、查出可能出现故障的状况，为全面、准确评价汽车的使用性能和技术状况提供可靠的依据。

汽车综合性能检测站既能担负车辆动力性、经济性、可靠性和安全环保管理等方面的检测，又能担负车辆维修质量的检测以及在用车辆技术状况的检测评定，还能承担科研、教学方面的性能试验和参数测试，能为汽车使用、维修、科研、教学、设计、制造等部门提供可靠的技术依据。汽车综合性能检测站主要由一条至数条检测线组成。对于独立完整的检测站，除检测线之外，还应有停车场、试车道、清洗站、电气站、维修车间、办公区和生活区等。

3. 汽车维修检测站

汽车维修检测站是为汽车维修服务的检测站。其任务是对二级维护前的汽车进行技术状况检测和故障诊断，以确定附加作业和小修项目；对大修前的汽车或总成进行技术状况检测，以确定其是否达到大修标准而需要大修；对维修后的汽车进行技术检测，以监控汽车的维修质量。

第六节 汽车美容与装饰

一、汽车的美容服务

“汽车美容”源于西方发达国家，英文名称为 car beauty 或 car care，指对汽车的美化和保护。现代汽车美容不只是简单的汽车清洗、吸尘、除渍、除臭及打蜡等常规护理，还包括利用专业的汽车美容产品和高科技设备，采用特殊的工艺和方法，对汽车进行漆面抛光、增光、划痕处理及全车漆面翻新等一系列养护作业。

汽车美容按作业性质不同可分为护理性美容和修复性美容两大类。护理性美容是指为保持车身漆面和内饰件表面靓丽而进行的美容作业，主要包括新车开蜡、汽车清洗、漆面研磨、漆面抛光、漆面还原及内饰件保护处理等美容作业；修复性美容是车身漆面或内饰件表面出现某种缺陷后所进行的恢复性美容作业，主要有漆膜病态、漆面划伤、漆面斑点及内饰件表面破损等缺陷，根据缺陷的范围和程度不同分别进行表面处理、局部修补、整车翻修及内饰件修补更换等美容作业。

（一）汽车美容的作用

1. 保护汽车

汽车漆膜是汽车上的金属等物体表面的保护层，它使物体表面与空气、水分、日光以及外界的腐蚀性物质隔离，起着保护物体表面不受腐蚀的作用，从而延长金属等物体的使用寿命。汽车在使用过程中，由于风吹、日晒、雨淋等自然侵蚀以及环境污染的影响，表面漆膜会出现失光、变色、粉化、起泡、皲裂、脱落等老化现象，另外，交通事故、机械撞击等也会造成漆膜损坏。一旦漆膜损坏，金属等物体便失去了保护的“外衣”。为此，加强汽车美容作业，维护好汽车表面漆膜是保护汽车的前提。

2. 装饰汽车

随着人们消费水平的提高，车主不仅要求汽车具有优良的性能，而且要求汽车具有漂亮的外观，并想方设法把汽车装点得靓丽美观，这就对汽车的装饰性能提出了更高的要求。汽车的装饰性不仅取决于车型外观设计，而且取决于汽车表面色彩、光泽等因素。通过汽车美容作业，可以使汽车涂层表面平整、色彩鲜艳、色泽光亮，始终保持美丽的容颜。

3. 美化环境

随着我国国民经济的不断发展和科学技术的不断进步，人们生活水平不断提高，道路上行驶的各种汽车越来越多。五颜六色的汽车装扮着城市的各条道路，形成一道道美丽的风景线，对城市环境起着美化作用，给人们以美的享受。如果没有汽车美容，道路上行驶的汽车车身将满是灰尘污垢，漆面色彩单调、色泽暗淡，甚至锈迹斑斑，这样将会形成与美丽的城市建筑极不协调的景象。因此，美化城市环境离不开汽车美容。

（二）汽车美容作业项目

1. 护理性美容作业项目

（1）新车开蜡。汽车生产厂家为防止汽车在储运过程中漆膜受损，确保汽车到用户手中时漆膜完好如新，会在汽车总装的最后一道工序对整车进行喷蜡处理，在车身外表面喷涂封漆蜡。封漆蜡没有光泽，严重影响汽车美观，且易黏附灰尘，因此汽车销售商会在汽车出售前对汽车进行除蜡处理，俗称开蜡。

（2）汽车清洗。为使汽车保持干净整洁的外观，应定期或不定期地对汽车进行清洗。汽车清洗是汽车美容的首要环节，也是一个十分重要的环节。它既是一项基础性的工作，也是一种经常性的护理作业。

（3）漆面研磨。漆面研磨是为去除漆膜表面氧化层、轻微划伤等缺陷所进行的作业。该作业虽具有修复美容的性质，但由于所修复的缺陷非常小，只要配合其他护理作业，便可消除缺陷，所以把它列为护理性美容的范围。

（4）漆面抛光。漆面抛光是紧接着漆面研磨的一道工序。车漆表面经研磨后会留下细微的打磨痕迹，漆面抛光就是为了去除这些痕迹所进行的护理作业。

（5）漆面还原。漆面还原是研磨、抛光后进行的一道工序，它是通过还原剂将车漆表面还原到“新车”般的状态。

（6）打蜡。打蜡是在车漆表面涂上一层蜡质保护层，并将蜡抛出光泽的护理作业。一是改善车身表面的光亮程度；二是防止腐蚀性物质的侵蚀；三是消除或减小静电影响，使车身保持整洁；四是降低紫外线和高温对车漆的侵害。

（7）内饰护理。汽车内饰护理是对汽车控制台、操纵件、座椅、座套、顶棚、地毯、脚垫等部件进行的清洁、上光等美容作业，还包括对汽车内饰进行定期杀菌、除臭等空气净化作业。

2. 修复性美容作业项目

（1）漆膜病态治理。漆膜病态是指漆膜质量与规定的技术指标相比所存在的缺陷。漆膜病态有上百种，对于不同的漆膜病态，应分析具体原因，采取有效措施积极防治。

（2）漆面划伤处理。漆面划伤是因刮擦、碰撞等原因造成的漆膜损伤。当漆面出现划痕时，应根据划痕的深浅程度，采取不同的工艺方法进行修复处理。

（3）漆面斑点处理。漆面斑点是指漆面接触了柏油、飞漆、焦油、鸟粪等污物，在漆面上留下的污迹。对斑点的处理应根据斑点在漆膜中渗透的不同深度，采取不同的工艺方法进行修复。

（4）汽车涂层局部修补。汽车涂层局部修补是当汽车漆面出现局部失光、变色、粉化、起泡、龟裂、脱落等严重老化现象或因交通事故导致涂层局部破坏时所进行的局部修补涂装作业。汽车涂层局部修补虽然作业面积较小，但要使修补漆面与原漆面的漆膜外观、光泽、颜色达到基本一致，还需要操作人员具有丰富的经验和高超的技术水平。

（5）汽车涂层整体翻修。汽车涂层整体翻修是当全车漆膜出现严重老化时所进行的全车翻新涂装作业。其作业内容主要有清除旧漆膜、金属表面除锈、底漆和泥子施工、面漆喷涂、补漆修饰及抛光上蜡等。

二、汽车的装饰服务

汽车的装饰服务主要有车窗与车身装饰、汽车内室装饰、汽车视听装饰、车载免提电话及汽车安全防护装饰等。

（一）车窗与车身装饰

1. 车窗太阳膜

太阳膜的功用有以下几点。

（1）改变色调。五颜六色的太阳膜可以改变车窗玻璃全部是白色的单一色调，给汽车增加美感。

（2）提高防爆性能。汽车防爆太阳膜可以提升意外发生时汽车的安全水平，使汽车玻璃破碎可能性降到最低，最大限度地避免意外事故对乘员的伤害。

（3）提高空调效能。汽车防爆太阳膜的隔热率可达 50% ～ 95%，有效地降低汽车空调的使用，节省燃油，提高空调效率。

（4）抵御有害紫外线。紫外线辐射具有杀菌作用，但对人的肌肤也具有侵害力，对于乘员来说，长时间乘车时，人体基本上处于静止状态，此时更易受到紫外线伤害，造成皮肤疾病。防晒太阳膜可有效阻挡紫外线，对肌肤起到一定的保护作用。

（5）保证乘车隐秘性。太阳膜的单向透视性可以遮挡来自车外的视线，增强隐蔽性。

2. 加装天窗

加装天窗的主要目的有利于车厢内通风换气，车厢内的空气状况直接影响到乘坐的舒适性。另外，天窗还为驾车摄影、摄像提供了便利条件。

3. 车身装饰

车身装饰可分为 3 类。一是保护类，为保护汽车车身安全而安装的，如保险杠、灯护罩等；二是实用类，为弥补汽车载物能力不足而安装的，如行李架、自行车架、备胎架等；三是观赏类，为使汽车外部更加美观而安装的装饰品，加彩条贴、金边贴、全车金标等。

（二）汽车内室装饰

汽车内室包括驾驶室和车厢，它是驾驶员和乘客在行驶途中的生活空间。对汽车内室进行装饰，营造温馨、美观的车内环境，从而增加司乘人员乘坐舒适性。

1. 座椅装饰

汽车座椅是车内占用面积最大，使用率最高的部件，为此对其进行装饰不仅要考虑美观，还要考虑实用。

2. 更换真皮座套

目前，国产车和经济型进口车出厂时多数没配备真皮座椅，为营造更舒适、温馨的车内空间，越来越多的轿车开始更换真皮座套。

3. 车内饰品装饰

车内饰品种类很多，按照与车体连接形式的不同可分为吊饰、摆饰和贴饰 3 种。吊饰是将饰品通过绳、链等连接件悬挂在车内顶部的一种装饰。摆饰是将饰品摆放在汽车控制台上的一种装饰。贴饰是将图案和标语制在贴膜上，然后粘贴在车内的装饰。

4. 桃木装饰

桃木装饰的特点是美观、高雅、豪华，其优美的花纹具有特殊的装饰效果。主要用于车内控制台、转向盘及变速杆等部位装饰。

5. 香品装饰

车用香品对净化车内空气，清除异味、杀灭细菌，对车内空气卫生具有重要作用。市面上的车用香品种类繁多，按形态可分为气态、液态和固态；按使用方式可分为喷雾式、泼洒式和自然散发式等。气态车用香品主要由香精、溶剂和喷射剂组成。液态车用香品由香精与挥发性溶剂混合而成，盛放在各种具有造型美观的容器中，此种车用香品在汽车室内应用最广。固态车用香品主要是香精与一些材料混合，然后加压成型。

（三）汽车视听装饰

汽车视听装饰具有以下作用，减轻旅途疲劳，提供交通信息，减少停车等待中的寂寞。视听装饰的种类：主要有安装汽车收放机、汽车激光唱机、汽车电视机、汽车影碟机等。

（四）车载免提电话

车载免提电话的种类。

1. 手机免提电话

这是一种上车后将手机置入机座内就可以使用的免提电话装置。它体积小，不影响车内装置，直接接到汽车点烟器上，无须改装车内结构，来电话时从高保真扬声器传出。这种产品不仅克服了车载电话和手机是两个不同号码的弊端，而且无须更换手机和车载系统，适合任何型号的手机和汽车。

2. 声控免提电话

这种电话靠声音控制，只需轻声一呼，电话就自动接通。

3. 插卡式车载电话

这是同时具有普通车载电话功能和免提声控功能的高档车载电话。手机所具有的功能应有尽有，而且操作简单，可满足不同用户的需求，真正为用户建立了一个移动的办公室。

（五）汽车安全防护装饰

汽车安全防护装饰包括安装车辆防盗、报警和司乘人员行车保护等装置，它是为提高车辆的安全防护性能而采取的技术措施，对加强车辆及行车安全具有重要作用。

本章小结

售后服务，是现代汽车服务企业的重要组成部分，做好售后服务，不仅关系到公司产品的质量、完整性、更关系到客户是否能得到真正的、完全的满意，售后服务逐渐成为企业实现可持续发展的法宝，因此如何提高售后服务质量，赢取竞争优势是汽车企业管理人员急需解决的问题。

课程思政

进一步规范健全新能源汽车售后服务

前不久，中消协分析消费者投诉时发现，部分新能源汽车售后服务问题，特别是电池质量问题，成为消费者投诉集中点。这既给消费者购买、使用新能源汽车带来困扰，也影响了消费者的购车热情和使用体验。

近年来，随着技术进步，我国新能源汽车市场蓬勃发展。截至 2022 年 6 月底，我国机动车保有量超 4 亿辆，其中汽车 3.1 亿辆；新能源汽车保有量达 1001 万辆，占汽车总量的 3.23%；纯电动汽车保有量为 810.4 万辆，占新能源汽车总量的 80.93%。这表明，我国新能源汽车市场已经步入市场化发展的新阶段。但与快速发展的市场相比，新能源汽车的售后服务市场发展相对滞后。随着大量新能源汽车进入维保高发期，售后服务需求增长与售后服务能力不足的矛盾将愈发凸显。

从发展阶段来看，国内新能源汽车产业发展还不到 10 年，作为新生事物，在技术研发、产品生产、流通渠道、服务体系、法规标准、消费者权益保护机制等方面还不完善。一些企业将时间与精力都花在造车、卖车等售前、售中环节，建立健全配套的用户售后服务体系并未得到足够重视。

进一步规范新能源汽车售后服务已成为行业发展的一道“必答题”。据相关部门介绍，新能源汽车售后服务规范团体标准正在紧锣密鼓地往前推进，在吸收行业各方面意见进一步修改完善后，计划在今年年底前正式发布。要以新能源汽车售后服务规范的研制为契机，抓紧开展充分的市场调研，努力提升全行业的售后服务水平。

具体而言，要鼓励车企以自建、合作以及独立第三方等多种服务模式，优化服务内容、规范服务流程，提高服务水平，让车主消费更便利，也给车企品牌形象多加分。随着新一轮新能源汽车下乡活动深入开展，在广大县域地区，有关车企要加强特色服务，在研发满足乡村场景和农民需求的车型的同时，积极布局县乡销售网点及售后服务站，加快充换电基础设施建设，做好销售和服务保障工作。

期待随着售后服务的规范健全，新能源汽车消费者的权益将得到更好保护，真正实现选得开心、买得放心、用得安心，新能源汽车行业也将迎来新的更快的发展。

（来源：http://gs.people.com.cn/n2/2022/0810/c183343-40073827.html 有改动）

思考练习

1. 什么是汽车售后服务？汽车售后服务的内容有哪些？
2. 简述汽车购买的流程。
3. 目前我国汽车保险的种类有哪些？
4. 索赔的常规程序是怎样的？
5. 什么是旧车交易？它的类型有哪些？
6. 旧车交易价格评估的方法有哪些？
7. 汽车维护的主要工作有哪些？
8. 简述汽车年检内容。
9. 简述汽车美容作业项目。
10. 简述汽车装饰服务内容。

第七章

汽车信息化服务

本章导读

随着信息技术的发展，将信息化服务技术应用到交通运输领域势在必行。以电子信息技术为核心的智能技术将会使汽车的各个功能得到长远的发展。自动驾驶、无人驾驶、语音导航等，都是信息化技术在汽车领域的运用。

学习目标

1. 了解汽车信息技术的应用领域。
2. 熟悉车载智能网联信息服务。
3. 了解车载信息支撑服务平台。

第一节 汽车信息技术应用领域

自信息技术出现以来，其在汽车领域中的应用就愈加深入，从最初的收音机、提醒系统、锁门系统，到当今的智能导航系统、自动操控系统等，可以说信息技术极大地推动了汽车及交通领域的发展。当今信息领域中炙手可热的技术就是人工智能、大数据、云计算，融入这些先进信息技术是当今汽车领域发展的主要趋势。信息技术在汽车及交通行业中的应用主要体现在集成安全系统技术、巡航控制技术、预防碰撞技术、导航和通信技术、辅助驾驶技术、智能感知技术、自主驾驶技术等方面。

一、集成安全系统技术

集成安全系统技术在当今汽车领域的应用已经十分普及，是数十种先进的高科技技术的整合。与此同时，采用集成及电子技术对汽车内部的细节进行仔细设计，可以极大地提高汽车的体验性，增强汽车的舒适度，在这种技术系统的保障之下，汽车的安全性能也得到巨大的提升。

巡航控制技术

二、巡航控制技术

巡航控制技术通过收集道路上的信息，例如道路交通情况以及道路通行情况等来对汽车进行简单的控制，同时，利用声波以及雷达等高科技手段对道路的情况进行分析，最终保证汽车安全、平稳、高效地行驶。此外，这种技术还能在遇到紧急情况时自行进行紧急刹车制动，很好地保证汽车行驶安全。

三、预防碰撞技术

预防碰撞技术主要是采用雷达及声波等技术对周围的建筑情况和道路交通情况进行简单的信息采集，经过电脑快速地分析计算，实现汽车转向和制动自动控制。这种技术可以极大地提高驾驶人的舒适度体验，在遇到或者即将遇到障碍物时，就会及时地发出警报，从而给驾驶人增加进行制动的时间，减少事故发生的概率。另外，由于这种技术与全国卫星定位系统相关联，当发生事故时，有关部门可以第一时间赶到现场进行救援。

四、导航和通信技术

目前，汽车上几乎都安装了一些通信设备及导航设备。通信设备的主要应用就是一些信息的发送与接收等操作。导航系统极大地方便了人们的出行，目前在市面上应用比较广泛的就是 GPS（全球定位系统），这种技术可以直接指引驾驶人前往目的地，甚至有时还可以进行路况分析并进行一些检测等，为驾驶人提供了很多方便。

五、辅助驾驶技术

辅助驾驶技术是目前一种应用在汽车领域当中的高科技技术，这种技术可以很好地辅助驾驶员进行驾驶，通过一些智能的感知系统对汽车在行驶过程中的各种信息进行分析，从而为驾驶员提供相应的驾驶方案，极大地方便了驾驶员的驾车体验。另外，这种技术还可以帮助驾驶员对车辆进行控制，防止在遇到紧急情况的时候驾驶员反应不及从而造成严重的交通事故。目前，这种技术还不完全成熟，在应用过程中难免会出现一些问题，所以在驾驶人进行应用的过程中要严格控制，防止系统出现故障而造成严重的后果。

六、智能感知技术

智能感知技术是一种具有高水平、高性能的高科技智能技术。通过大量的试验及改良，这项技术逐渐被应用到汽车驾驶当中并不断地完善。随着科技的发展，人工智能技术和计算机技术正在不断地与当今的汽车行业进行融合，旨在提升驾驶员的驾驶体验及汽车的安全性能。智能感知技术可以通过对周围事物不断进行判断与计算，将最准确的信息告知驾驶员，使其能在第一时间了解到相关路况信息，消除可能出现的安全隐患。

七、自主驾驶技术

目前，智能化技术逐渐出现在人们的生活之中，许多领域在不断地采用智能化技术。许多汽车厂商都在不断地进行无人驾驶汽车的研发工作，所以这种自主驾驶系统的应用越来越受到关注。车辆自主化驾驶是一项十分复杂的系统，它包括不同的智能化技术，是许多高科技的集成。

第二节　车载智能网联信息服务

现代汽车几乎每个电器系统都采用电子控制，每辆车上少则有十几个，多则有几十个电子控制单元（ECV），为使汽车性能最优化，需要各个相对独立的控制单元协调运行，实现数据共享。

车载网络就是利用网络系统连接智能设备，通过相关传感器的信号进行信息传输，车载网络属于控制器局域网。为了能够进一步实现数据间的快速交换，人们开发了一种数据通信仪器，这种仪器可以实现数据的快速转换。在汽车的车载数据和信息之间组成的车载网络系统称为 CAN-BUS 总线，它可以大大提高信息的传输速率。

一、车载网络分类及特点

车载网络是为了在提高性能与控制线束数量之间寻求一种有效的解决途径。在 20 世纪 80 年代初，一种基于数据网络的车内信息交互方式出现了，智能网联汽车也逐渐成为一个庞大的网络系统。

（一）车载网络的分类

车载网络主要分为以下 3 种，它们之间的关系如图 7-1 所示。

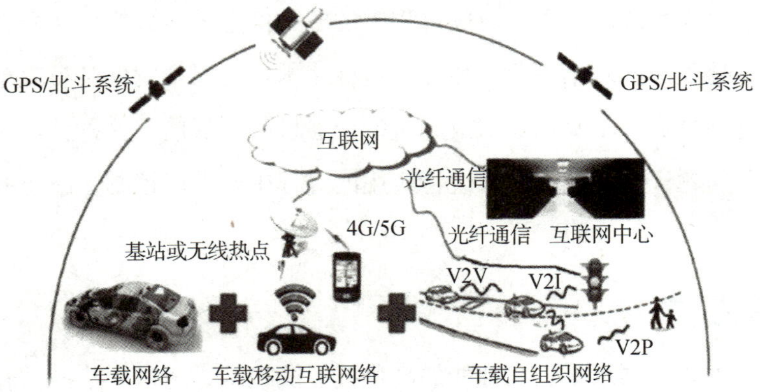

图 7–1 车载网络类型关系

（1）以车内总线通信为基础的车载网络。

（2）以远距离无线通信为基础的车载移动互联网络。

（3）以短距离无线通信为基础的车载自组织网络。

1. 车载网络的类型

（1）A 类（低速网络）：传输速率一般小于 10 kbit/s（千比特每秒），主流协议是 LIN（局域互联网络），主要用于电动门窗、电动座椅、照明系统等。

（2）B 类（中速网络）：传输速率为 10 ～ 125 kbit/s，对实时性要求不太高，主要面向独立模块之间数据共享的中速网络。主流协议是低速 CAN（控制器局域网络），主要用于故障诊断、空调、仪表显示等。

（3）C 类（高速网络）：传输速率为 125 ～ 1 000 kbit/s，对实时性要求高，主要面向高速、实时闭环控制的多路传输网。主流协议是高速 CAN、FlexRay（服乐克思睿）等，主要用于发动机、ABS、ASR、ESP、悬架控制等。

（4）D 类（多媒体网络）：传输速率为 25 kbit/s ～ 100 Mbit/s，网络协议主要有 MOST 多媒体网、以太网、蓝牙、ZigBee 技术等，主要用于要求传输效率较高的多媒体系统、导航系统等。

（5）E 类（安全网络）：传输速率为 10 Mbit/s，主要面向汽车安全系统的网络。

高速、中速和低速总线的关系如图 7–2 所示。

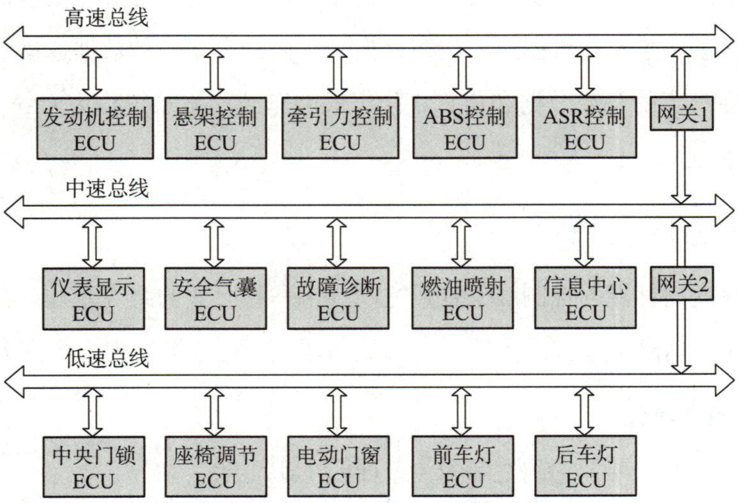

图 7–2 高速、中速和低速总线的关系

2. 车载自组织网络

车载自组织网络是基于短距离无线通信技术自主构建的 V2V（可以检测公路上其他车辆的速度和位置）、V2I（车辆与基础设施的通信）、V2P（车辆与行人的通信）之间的无线通信网络，可以实现 V2V、V2I、V2P 之间的信息传输，使车辆具有行驶环境感知、危险辨识、智能控制等功能并能实现 V2V、V2I 之间的协同控制。

3. 车载移动互联网络

车载移动互联网络是基于远距离通信技术构建的车辆与互联网之间连接的网络，可以实现车辆信息与各种服务信息在车载移动互联网上的传输，使智能网联汽车客户能够开展商务办公、信息娱乐服务。

（二）车载网络的特点

1. 技术复杂化

智能网联汽车电控系统的网络体系结构复杂，它包含多达数百个 ECU 通信节点，ECU 被划分到十几个不同的网络子系统之中，由 ECU 产生的需要进行通信的信号多达数千个。

2. 异构化

为满足各个功能子系统在网络带宽、实时性、可靠性和安全性上的不同需求，CAN、LIN、FlexRay、MOST、以太网、自组织网络、移动互联网等多种网络技术都将在智能网联汽车上得到应用，因此，不同网络子系统中所采用的网络技术之间存在很大的异构性。

3. 跨网关互连的层次化架构

智能网联汽车电控系统和先进驾驶辅助系统的网络体系结构具有层次化特点，同时也包括同一网络子系统内不同 ECU 之间的通信以及两个或多个网络子系统所包含的 ECU 之间的跨网关通信等多种情况。如防碰撞系统功能的实现依赖于安全子系统、底盘控制子系统、车身子系统以及 V2V、V2I、V2P 之间的交互和协同控制。

4. 通信节点组成和拓扑结构是变化的

智能网联汽车需要实现 V2V、V2I、V2P 之间的通信，它的网络体系结构中包含的通信节点和体系结构的拓扑结构是变化的。基于 V2V、V2I、V2P 通信，实时并可靠获取车辆周边交通环境信息及车辆决策信息，车—车、车—路等交通参与者之间的信息进行交互融合，形成车—车、车—路等交通参与者之间的协同决策与控制。V2X 车联网是我国主推的以移动蜂窝通信技术为基础的 C-V2X 通信技术，C-V2X 技术将“人—车—路—云”等交通参与要素有机地联系在一起，C-V2X 拥有清晰的、具有前向兼容性的 5G 演进路线，利用 5G 技术的低延时、高可靠性、高速率、大容量等特点，不仅可以帮助车辆之间进行位置、速度、驾驶方向和驾驶意图的交流，而且可以用在道路环境感知、远程驾驶、编队驾驶等方面。这样不仅可以为交通安全和效率类应用提供通信基础，还可以将车辆与其他车辆、行人、路侧设施等交通元素有机结合，弥补了单车智能的不足，推动了协同式应用服务的发展。

二、车载自组织网络类型及网络协议

车载自组织网络是一种自组织、结构开放的车辆间通信网络，通过结合 GPS 及无线通信技术，如无线局域网、蜂窝网络等，可为处于高速移动状态的车辆提供高速率的数据接入服务，并支持 V2V、V2I 之间的信息交互，已成为保障车辆行驶安全，提供高速数据通信、智能交通管理及车载娱乐的有效技术。车载自组织网络是智能交通系统未来发展的通信基础，也是智能网联汽车安全行驶的保障。

车载自组织网络结构主要有 V2V、V2I、V2P。V2V 是通过 GPS 定位辅助建立无线多跳连接，信息的传输是通过链路上的多个节点转发完成的，从而能够进行暂时的数据通信，提供行车信息、行车安全等服务；V2I 能够通过接入互联网获得更丰富的信息与服务 V2P、V2V 的研究后再逐步深入。车载自组织网络通信如图 7–3 所示。

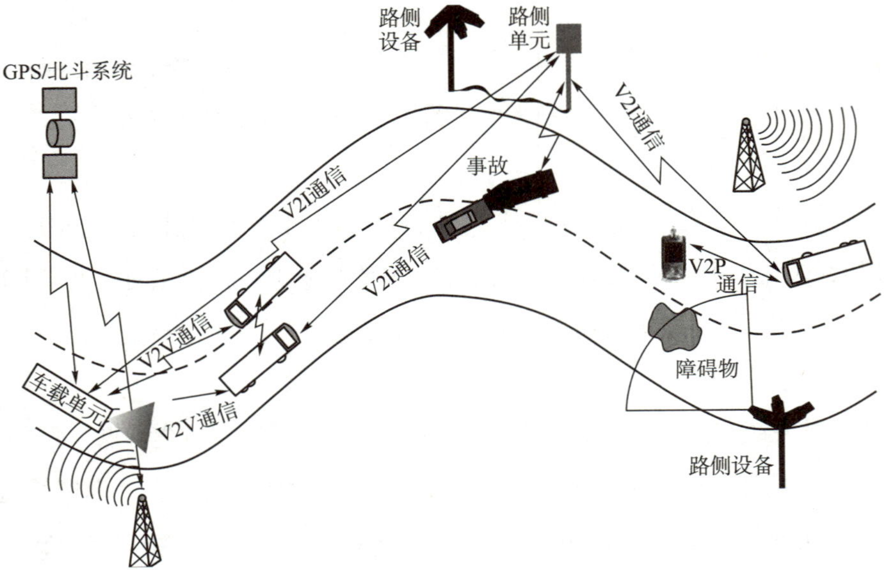

图 7–3　车载自组织网络通信示意

（一）车载自组织网络类型

1. 车间自组织型

车辆之间形成自组织网络，不需借助路侧单元，这种通信模式也称为 V2V 通信模式，是传统移动自组织网络的通信模式。

2. 无线局域网／蜂窝网络型

在这种通信模式下，车辆节点间不能直接通信，必须通过接入路侧单元互相通信，这种通信模式也称为 V2I 通信模式。相比车间自组织型，路侧单元建设成本较高。

3. 混合型

混合型是前两种通信模式的混合模式，车辆可以根据实际情况选择不同的通信方式。

（二）路由协议

路由协议是一种指定数据包转送方式的网上协议，负责将数据分组从源节点通过网络转发到目的节点，包括寻找源节点和目的节点的优化路径，将数据分组沿着优化路径正确转发。车载自组织网络路由协议如图 7–4 所示。

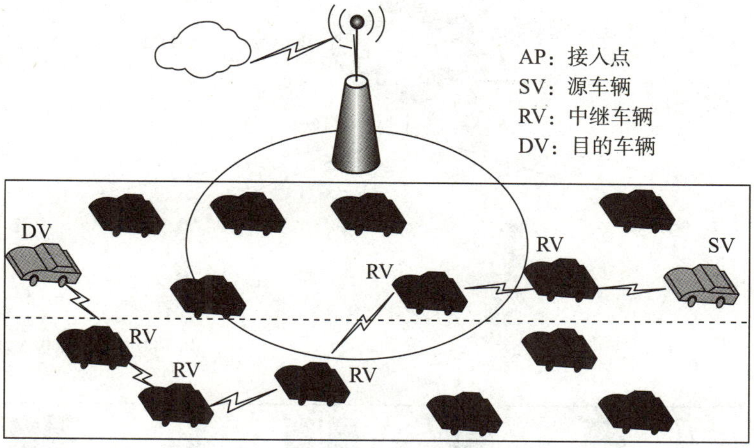

图 7–4　车载自组织网络路由协议示意

通过对 VANETs（车载字组网）网络层路由协议进行分类比较，可以分析和总结近年来基于位置路由协议的核心路由机制的优缺点，并重点分析典型的基于位置的路由协议 GPSR 在城市场景中存在的问题。研究人员提出了 GPSR 未来可能的研究策略和发展方向。未来的 VANETs 路由协议的方向应该是位置与电子地图相结合的基于地图的路由协议，根据电子地图获取整个网络的交通情况，并做出合理、高效的路由选择。

1. 单播路由

单播路由是指数据包源节点向网络中一个节点转发数据。

2. 广播路由

广播路由是指数据包源节点向网络中所有其他节点转发数据。

3. 多（组）播路由

多（组）播路由是指数据包源节点向网络中多个节点转发数据。

三、车载移动网络的特点及移动方式

（一）车载移动网络的含义

移动互联网：是以移动网络作为接入网络的互联网及服务，包括移动终端、移动网络和应用服务 3 个要素。

车载移动互联网包含两方面含义。一方面，车载移动互联网是移动通信网络与互联网的融合，客户以移动终端接入无线移动通信网络、无线城域网、无线局域网等方式访问互联网；另一方面，车载移动互联网还产生了大量新型的应用，这些应用与终端的可移动、可定位和随身携带等特性相结合，可以为客户提供个性化的、与位置相关的服务如图 7–5 所示为车载移动互联网。

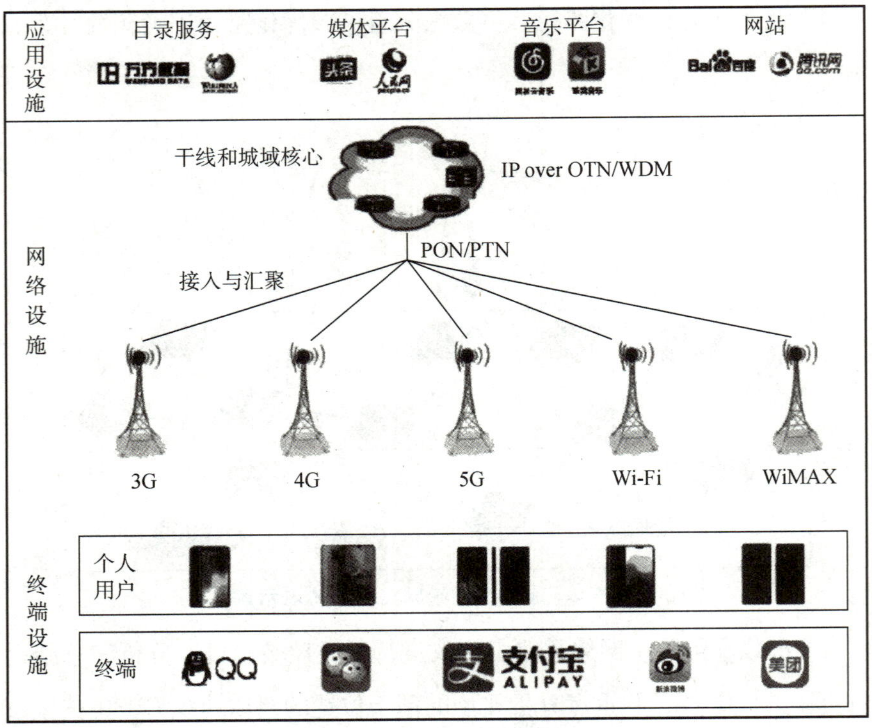

图 7-5　车载移动互联网

（二）车载移动互联网的特点

1. 终端移动性

客户可以在移动状态下接入和使用互联网服务，移动终端便于客户随身携带和随时使用。

2. 业务及时性

客户使用移动互联网能够随时随地获取自身或其他终端的信息，及时获取所需的服务和数据。

3. 服务便利性

由于移动终端的限制，移动互联网服务要求操作简便，响应时间短。

4. 业务 / 终端 / 网络的强关联性

移动互联网服务需要同时具备移动终端、接入网络和运营商提供的业务 3 项基本条件。

5. 终端和网络的局限性

在网络能力方面，受到无线网络传输环境、技术能力等因素限制；在终端能力方面，受到终端大小、处理能力、电池容量等因素限制。

（三）车载移动互联网的接入方式

1. 卫星通信网络

卫星通信网络的优点是通信区域大、距离远、频段宽、容量大、可靠性高、质量好、噪声小、可移动性强、不容易受自然灾害影响；卫星通信网络的缺点是传输时延大、回声大、费用高。卫星通信网络如图 7-6 所示。

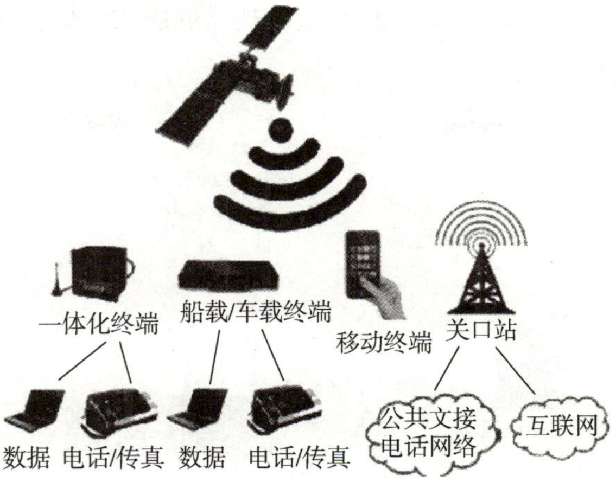

图 7-6　卫星通信网络

2. 无线城域网

无线城域网的优点是以微波等无线传输为介质，提供同城数据高速传输、多媒体通信业务和互联网接入服务等，具有传输距离远、覆盖面积大、接入速度快、高效、灵活、经济、具有较为完备的 QoS 机制等优点。无线城域网的缺点是暂不支持客户在移动过程中实现无缝切换。无线城域网的组成如图 7-7 所示。

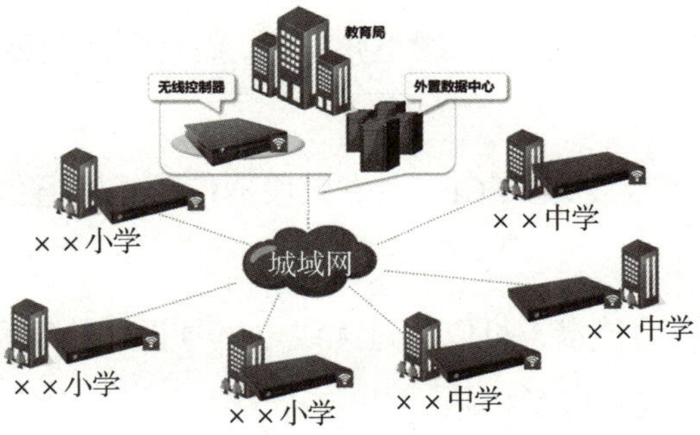

图 7-7　无线城域网

QoS 是指一个网络能够利用各种基础技术，为指定的网络通信提供更好的服务能力，是网络的一种安全机制。

3. 无线局域网

无线局域网是指以无线或无线与有线相结合的方式构成的局域网，如 Wi-Fi 就是无线局域网。无线局域网的优点是布网便捷、可操作性强、网络易于扩展等；缺点是性能、速率和安全性存在不足。如图 7-8 所示为无线局域网的组成。

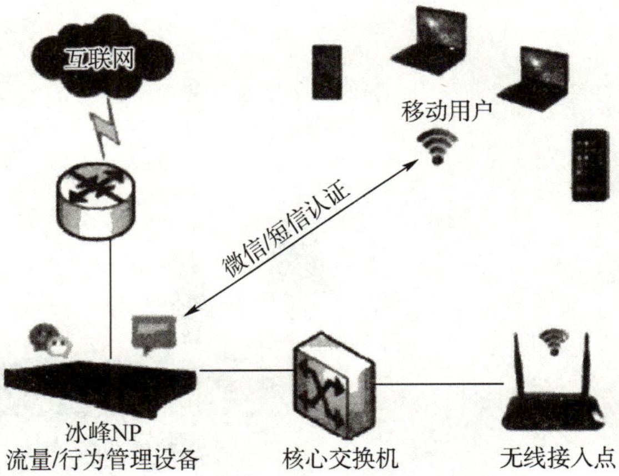

图 7-8　无线局域网

4. 无线个域网

无线个域网是采用红外、蓝牙等技术构成的覆盖范围更小的局域网，有蓝牙、紫蜂网络（zigBee）、超宽带（ultra wide band，UWB）、60 GHz 毫米波通信、红外传输（infrared data assoclation，IrDA）、射频识别技术（radio frequency identification，RFID）、近

场通信（near field communication，NFC）等，具有低功耗、低成本、体积小等优点；缺点主要是覆盖范围小。如图 7–9 所示无线个域网的组成。

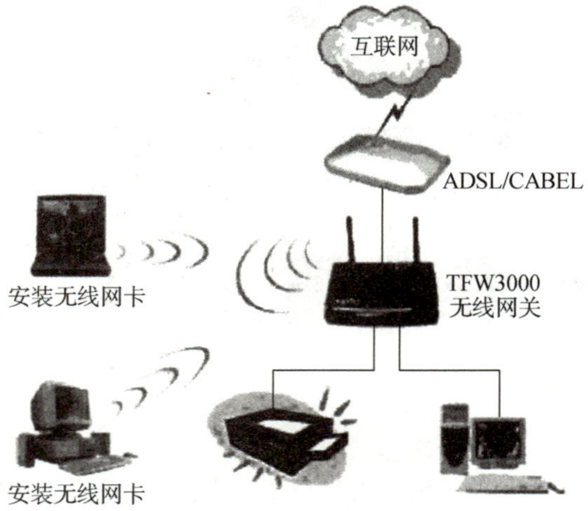

图 7–9　无线个域网的组成

紫蜂网络是一种低速短距离传输的无线网上协议，底层是采用 IEEE 802.15.4 标准规范的媒体访问层与物理层。主要特色有低速、低耗电、低成本、支持大量网上节点、支持多种网上拓扑、低复杂度、快速、可靠、安全。

超宽带是一种无线载波通信技术，它不采用正弦载波，而是利用纳秒级的非正弦波窄脉冲传输数据，因此其所占的频谱范围很宽。

60 GHz 毫米波通信——通信载波为 60 GHz 左右频段通信的无线通信技术，能够实现设备间数 Gbps 的超高速无线传输。

射频识别技术是一种无线通信技术，可以通过无线电讯号识别特定目标并读写相关数据，而无须识别系统与特定目标之间建立机械或者光学接触。

近场通信，又称近距离无线通信，是一种短距离的高频无线通信技术，允许电子设备之间进行非接触式点对点数据传输（在 10 cm 内）交换数据。

5. 蜂窝形无线网络

蜂窝形无线网络由移动站、基站子系统、网络子系统组成如图 7–10 所示。采用蜂窝网络（4G/5G 网络）作为无线组网方式，通过无线信道将移动终端和网络设备连接。

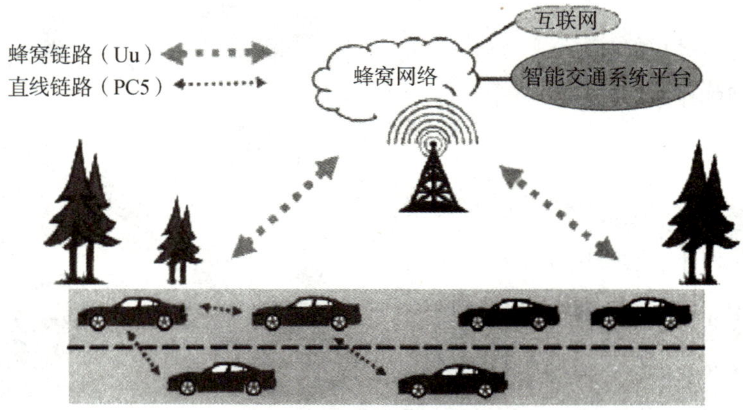

图 7–10　蜂窝网络

第三节　车载信息支撑服务平台

一、汽车无线通信技术

（一）汽车无线通信的含义和组成

汽车无线通信指不用导线、电缆、光纤等有线介质，而是利用电磁波信号在自由空间中传播的特性进行信息交换的一种通信方式，可以传输数据、图像、音频和视频等。汽车无线通信如图 7–11 所示。

汽车无线通信系统一般由发射设备、传输介质和接收设备组成，如图 7–12 所示。发射设备和接收设备需要安装天线，以完成电磁波的发射与接收。

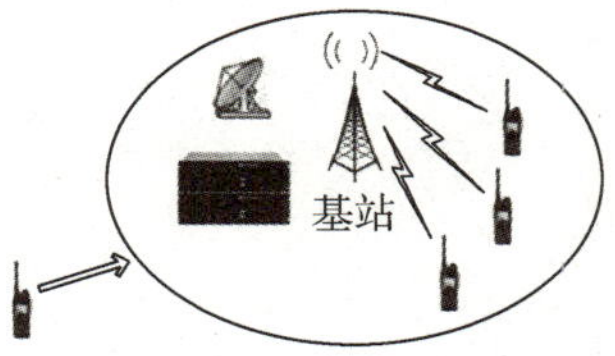

图 7–11　汽车无线通信

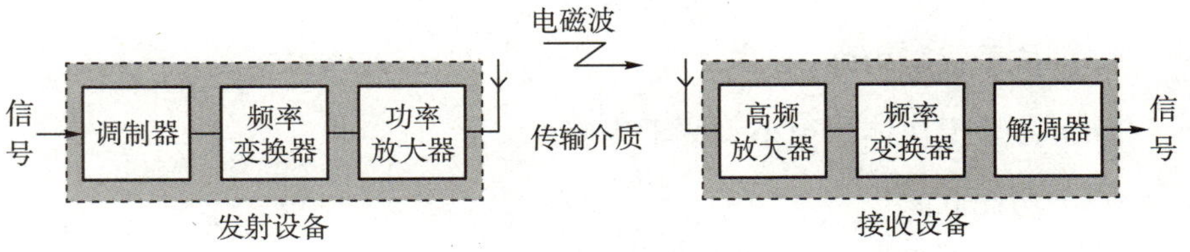

图 7–12　汽车无线通信系统的组成

（二）无线通信的分类

（1）按照信道路径和传输方式的不同可分为红外通信、可见光通信、微波中继通信和卫星通信。

（2）按照通信距离的不同可分为短距离无线通信和远距离无线通信。

短距离无线通信技术主要有蓝牙技术、紫蜂网络技术、Wi–Fi 技术、超宽带技术、60 GHz 技术、红外技术、射频识别技术、近场通信技术、可见光技术、专用短程通信技术、LTE–V 技术等。

可见光——指利用可见光波段的光作为信息载体，不使用光纤等有线信道的传输介质，而在空气中直接传输光信号的通信方式。

专用短程通信——专用短程通信技术是一种新型的技术，专门用于机动车辆在高速公路等收费点实现不停车自动收费的 ETC 技术。

（三）常见的无线通信技术

1.V2X 通信

智能网联汽车 V2X 通信的代表有车辆与车辆通信、车辆与基础设施通信、车辆与行人通信、车辆与应用平台或云端通信，如图 7–13 所示。

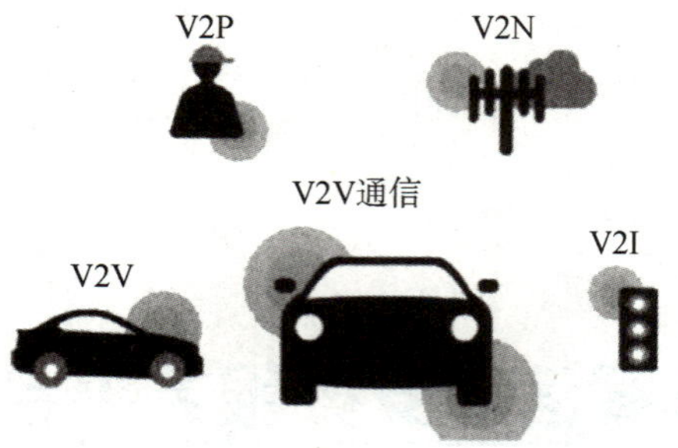

图 7-13　智能王联汽车 V2X 通信

2. 蓝牙通信

蓝牙（Bluetooth）通信是由世界著名的 5 家大公司——爱立信、诺基亚、东芝、IBM 和英特尔，于 1998 年 5 月联合宣布的一种短距离无线通信技术。其特点如下。

（1）全球范围适用。蓝牙工作在 2.4 GHz 的 ISM 频段。2.4 GHz 的 ISM 频段——各国均开放出某一段频段，主要开放给工业、科学和医学机构使用。

（2）通信距离为 0.1 ～ 10 m，发射功率 100 mW 时可以达到 100 m。

（3）可同时传输语音和数据。

（4）可以建立临时性的对等连接。

（5）抗干扰能力强。

（6）蓝牙模块体积很小，便于集成。

（7）功耗低。

（8）接口标准开放。

（9）成本低。

3. 移动通信

移动通信是指通信的双方至少有一方在运动中实现通信的方式，包括移动台与固定台之间、移动台与移动台之间、移动台与客户之间的通信。移动通信由车载台、基站、移动业务交换中心（MSC）等组成，如图 7-14 所示。

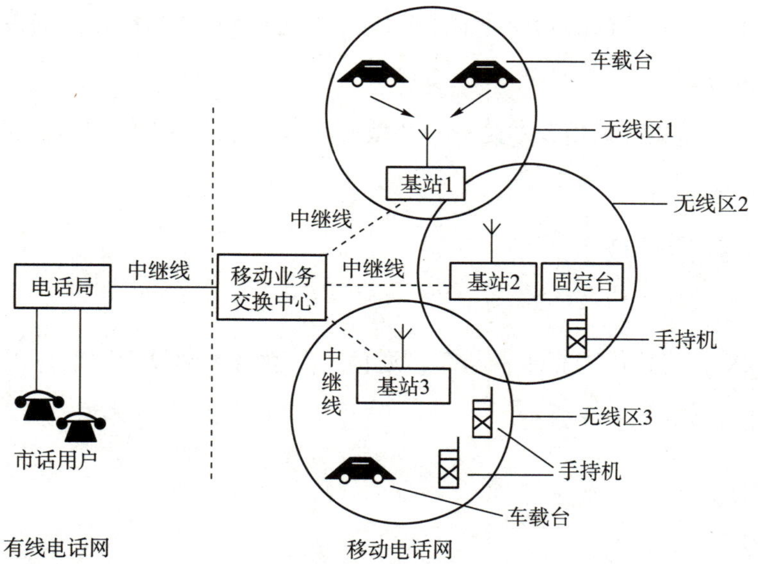

图 7-14　移动通信

二、汽车环境感知系统

汽车环境感知离不开车载传感器，而车载传感器是能感受规定的被测量，并按照一定的规律（数学函数法则）转换成可用信号的器件或装置，通常由敏感元件和转换元件组成。

环境感知技术通常包括车辆本身状态感知、道路感知、行人感知、交通信号感知、交通标识感知、交通状况感知、周围车辆感知等。车载传感器像人的感官一样将感知信号传给汽车的大脑决策单元，并通过决策分析控制执行原件进行工作。

所以，环境感知就是利用车载超声波传感器、毫米波雷达、激光雷达、视觉传感器，以及 V2X 通信技术等获取道路、车辆位置和障碍物的信息，并将这些信息传输给车载控制中心，为智能网联汽车提供决策依据，是高级驾驶辅助系统（advanced driving assistance system，ADAS）实现的第一步。

（一）环境感知的定义和组成

高级驾驶辅助系统是利用安装在车上的各式各样的传感器（毫米波雷达、激光雷达、单 / 双目摄像头以及卫星导航）在汽车行驶过程中随时感应周围的环境，收集数据，进行静态、动态物体的辨识、侦测与追踪，并结合导航仪地图数据，进行系统的运算与分析，从而预先让驾驶员察觉到可能发生的危险，有效增加汽车驾驶的舒适性和安全性。环境感知各系统的组成如图 7–15 所示。

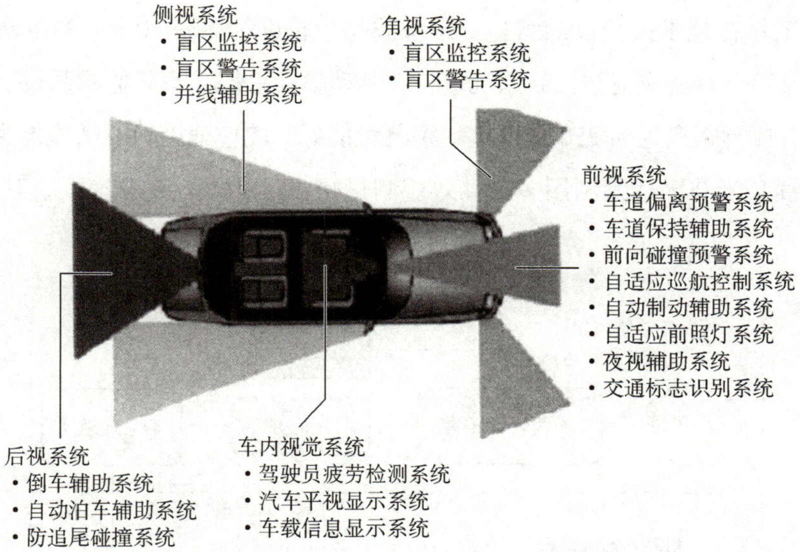

图 7–15　环境感知各系统的组成

（二）环境传感器的功能

环境传感器所能完成的功能有以下几点。

（1）图像级融合，以视觉传感器为主体，将毫米波雷达输出的整体信息进行图像特征转化，然后与视觉系统的图像输出进行融合。

（2）目标级融合，对视觉传感器和毫米波雷达输出进行综合可信度加权，配合精度标定信息进行自适应的搜索匹配后融合输出。

（3）信号级融合，对视觉传感器和毫米波雷达传出的数据源进行融合。信号级别的融合数据损失最小，可靠性最高，但需要大量的运算。

环境传感器主要包含超声波传感器、毫米波雷达、激光雷达、视觉传感器 4 种。

1. 超声波传感器

超声波传感器使用频率大于 20 000 Hz 的声波，其主要特点包括探测距离短，有盲区；对色彩、光照度不敏感；对光线和电磁场不敏感；简单、体积小、成本低。

超声波传感器的原理：通过超声波发射器发出的声波，对障碍物反射到超声波接收器所用的时间进行测量，以获得实际的距离，如图 7–16 所示。

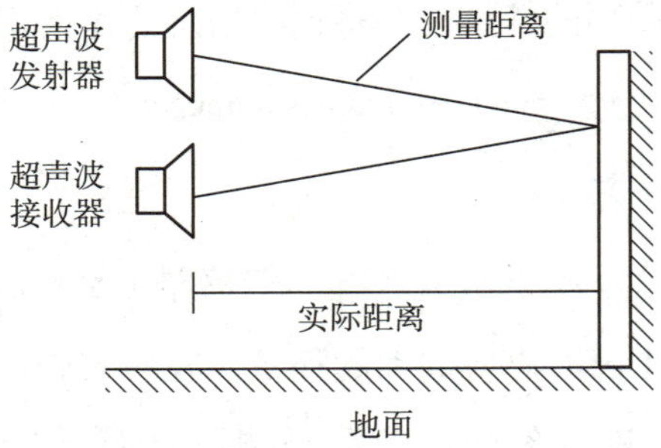

图 7–16　超声波传感器工作原理示意

2. 毫米波雷达

毫米波雷达是工作在毫米波频段的雷达。毫米波是指长度为 1 ～ 10 mm 的电磁波，对应的频率为 30 ～ 300 GHz，主要用于自适应巡航控制系统、自动制动辅助系统、盲区监测系统、行人检测等。

毫米波雷达具有探测距离远为 250 m 以上、探测性能好、响应速度快、适应能力强、抗干扰能力强等特点。调频式连续毫米波雷达是利用多普勒效应测量得出目标的距离和速度，其工作原理如图 7–17 所示。

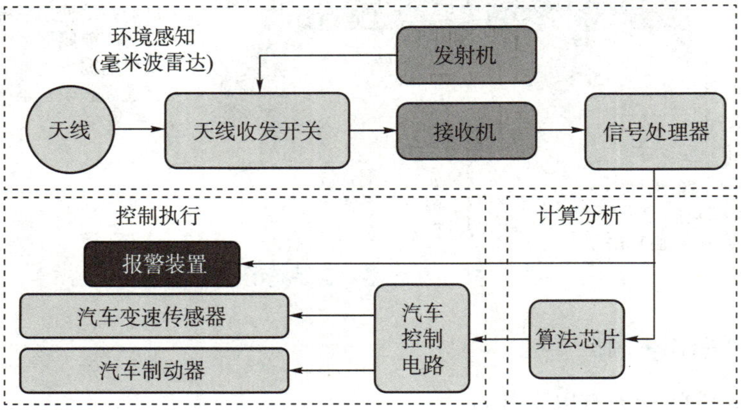

图 7–17　毫米波雷达的工作原理

3. 激光雷达

激光雷达系统由收发天线、收发前端、信号处理模块、汽车控制装置和报警模块组成。主要应用在以下领域。

（1）行人保护：能检测 0.3 ～ 30 m 视场范围内所有的行人。

（2）自适应巡航控制系统的启和停：可在 0 ～ 200 km/h 的速度范围内实现自动行驶。

（3）车道偏离预警：可以检测车辆行驶前方的车道线标识和潜在的障碍，同时也可以计算车辆在道路中的位置。

（4）自动紧急制动：实时检测车辆行驶前方的所有静止的和移动的物体，并且判断它们的外形，当要发生危险时，自动紧急制动。

（5）预碰撞处理：通过分析所有的环境扫描数据，不管即将发生什么样的碰撞，都会在碰撞发生前 0.1 s 发出警告。

（6）交通拥堵辅助：消除频繁启停，实现低速下的自动跟车和车道保持。

（7）低速防碰撞功能：在 30 km/h 以下，LUX（4 线束）激光雷达检测并分析前方的路况，车辆会在发生碰撞前自动停驶。

4. 视觉传感器

视觉传感器主要由光源、镜头、图像传感器、模 / 数转换器、图像处理器、图像存储器等组成，其主要功能是获取足够的机器视觉系统要处理的原始图像。其工作原理如图 7-18 所示。

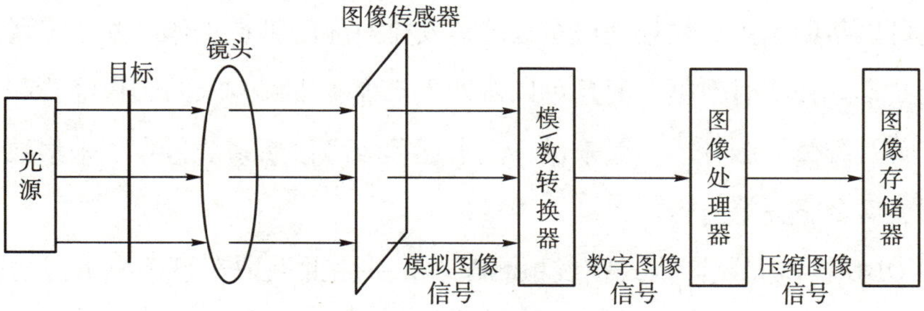

图 7-18　视觉传感器工作原理

视觉传感器的主要特点为以下几点。

（1）信息量极为丰富：不仅包含视野内物体的距离信息，还有该物体的颜色、纹理、深度和形状等信息。

（2）多任务检测：在视野范围内可同时实现道路检测、车辆检测、行人检测、交通标志检测、交通信号灯检测等。

（3）实时获取场景信息：提供的信息依赖于经验或者经验性的证据和理论（如 GPS 导航依赖地图信息），有较强的适应环境的能力。

三、卫星导航定位系统

当前在部分车联网中，如通用汽车产品采用的安吉星（OnStar）系统，丰田公司的智能副驾（G-Book）系统，金龙客车的客车智慧运营系统（G-BOS 系统），都采用 GPS（全球定位）+GPRS（通信分组业务）+GIS（地理信息系统方式）。GPS 接收机安装在汽车上，汽车行驶时通过 GPS 接受卫星信号，对数据进行解析，获取当前车辆的位置、速度和方向等信息，根据设定的时间间隔或者以主动方式通过 GPRS 或 GSM 网络发送给交通信息中心的车联网服务器，服务器端再利用 GIS 地理信息系统对数据进行分析处理，得到实时交通信息或者根据客户发送的需求生成相应的结果响应，将信息共享到整个路网或者返回给当前客户。

在车联网的 V2R 组网方式中，一个 RSU（路侧单元）覆盖半径一般从 300 ～ 1 000 m 不等，若采用单纯 GPS 定位，则会带来 10 m 以上的误差，对半径范围来说已经是一个不可忽视的影响，所以必须采用更加精确的定位方法消除误差带来的影响。采用差分 GPS 和 RSU 位置区相结合的方式，既可以精确当前车辆的行驶速度、行驶方向和精确位置信息，同时对车联网中其余服务（诸如多媒体、车间信息共享、车路广告、不停车收费等）也有很大的使用价值。

汽车主要行驶在道路上，考虑到这一点，车联网基础通信设施 RSU 主要沿道路两侧部署，各个 RSU 设备与车联网位置服务器之间通过以太网连接，车辆行驶在道路上通过 RSU 接入车联网。RSU 实时广播车联网识别信号，当车辆进入 RSU 信号范围接收到信号并经过身份验证后，即与车联网建立通信连接，可以共享车联网中相关信息。

四、远程故障诊断系统

这一系统可以自主获取汽车运行期间的故障信息，并运用已有通信技术将故障信息传递给处理中心，而后在与维修网点、车厂等有效沟通后，认真复检收集故障信息，促使车主在发现故障的基础上快速处理，同时，系统也可以帮助车主尽快处理汽车故障，安排对应的维护工作。基于车联网的汽车远程故障诊断系统，不仅能共享远程实时数据，而且可以协调生产商和维修专家的工作经验和专业技能，向车主提供远程诊断、监管及维修等服务。一般来讲，汽车远程故障诊断系统包含了采集数据、电信通信及智能诊断、远程协调、后台服务等内容。

首先，在车辆 OBD 接口安装嵌入式在线检测模块，并由此获取车辆总线上传的电子控制单元的运行信息，明确全球定位系统提供的实时信息，而后按照规定数据协议将这些内容封装；其次，要运用全球移动通信系统，将封装内容传递给信息管理服务中心，在对它们进行深层解析的同时，研究传递故障诊断信息。这样不仅能明确故障原因，而且可以提出最佳的处理对策。

当前汽车远程故障诊断系统包含的模块有车载数据采集、定位、数据传输及车辆信息管理等。

（一）车载数据采集终端

这一模块主要用来帮助外来设备取得车辆内部信息，其中包含 OBD 数据采集模块、USB 与总线诊断转换接口等。运用 LINUX 操作系统，让外部设备与车内电子控制单元采集汽车故障、车内传感器数据流在汽车诊断数据接口数据传递插接器（data link connector，DLC）中有效连接。

（二）定位模块

这一模块主要用于收集车辆实时位置信息，其中包含数据采集、内置 Sliver Box 等内容，在实际运行中会结合需求选择单频或双频的定位信息。最常见的依旧是 GPS 单频定位模块，其不仅处理速度快，而且定位精确。

（三）数据传输模块

这一模块主要用于车载数据采集终端与远端车辆信息管理服务中心系统间的数据传递，其中包含了无线网、全球移动通信系统等内容。在实践工作中，通过合理运用上述技术，有助于位置信息、车辆传输信息等内容的优化，及时且准确地传递给管理服务中心，促使相关部门严格按照规定要求进行工作。

（四）车辆信息管理服务中心

这一模块主要用于管理和解析车辆信息、了解故障处理情况及接听电话等，其中包含监控中心、管理软件及推理机、车况动态性能采集库等。由于其属于汽车远程故障诊断系统运行的重要平台，因此在日常管理工作中占据重要地位，所以企业需要提高对员工的管理力度，以确保车主可以正常应用各项诊断功能。

五、驾驶辅助系统

先进驾驶辅助系统按照环境感知系统的不同可以分为自主式和网联式两种。

自主式驾驶辅助系统基于车载传感器完成环境感知，依靠车载中央控制系统进行分析决策，技术比较成熟，多数已经装备量产车型。自主式驾驶辅助系统按照功能可以分为自主预警类、自主控制类和视野改善类等。

网联式驾驶辅助系统基于V2X通信完成环境感知，依靠云端大数据进行分析决策，目前处于试验阶段。

（一）前向碰撞预警系统

前向碰撞预警（forward collision warning，FCW）系统主要是利用车载传感器（如视觉传感器、毫米波雷达等）实时监测前方车辆，判断本车与前车之间的距离、相对速度及方位，当系统判断存在潜在危险时，将对驾驶员进行警告，提醒驾驶员进行制动，保障行车安全。

利用V2X通信技术及时在运行车辆之间交换和及时获取周围环境路况和车辆信息，经过碰撞预警算法判断是否存在碰撞危险，同时，根据危险级别提前报警，提醒驾驶员及时采取避撞措施，确保行车安全。

（二）自动紧急制动系统

自动紧急制动（automatic emergency braking，AEB）系统是基于环境感知传感器（如毫米波雷达或视觉传感器）感知前方可能与车辆、行人或其他交通参与者所发生的碰撞风险并通过系统自动触发执行机构来实施制动，以避免碰撞或减轻碰撞程度的先进驾驶辅助系统。

本章小结

近几年，我国汽车行业取得了突飞猛进的高速发展，同时相关企业正面临不同阶段的发展障碍和鸿沟，为此必须及时进行管理变革，进行管理模式创新以适合自身发展，从而增强实力、赢得市场，在成长和竞争中保持优势。信息技术和信息系统能够为企业发展创造竞争优势。因此成长性企业在每个发展阶段要相应采用灵活贴身的方案，以应对不断出现的管理症结。

课程思政

2021 易车年度汽车盛典

2021 年 11 月 19 日，由易车主办，中国国际贸易促进委员会汽车行业分会指导，腾讯特别支持的 2021 易车年度汽车盛典在广州车展前夕隆重举行，在千余行业嘉宾的共同见证下，多项车市重磅大奖隆重揭晓，涵盖了人物、品牌、车型 、企业、二手车 、商用车多个维度，无论是覆盖面、含金量，还是影响力，在行业里都位居前列。

作为中国汽车行业的顶级盛会，2021 易车年度汽车盛典汇聚业内精英，集结中国汽车行业中坚力量，对 2020 汽车市场的成绩进行盘点，对 2021 汽车市场的趋势进行预见和研判，分享汽车从业者的成绩和荣耀，把脉汽车市场的趋势和未来。易车公司深耕汽车行业二十载，一直不断强化对用户的连接，提升用户在选车、买车、用车和换车过程中的全程体验。为中国汽车用户提供专业、丰富的互联网资讯和导购服务，并为汽车厂商和汽车经销商提供卓有成效的互联网营销解决方案。

当前，易车正深入布局、发展大数据和 AI 业务，以大数据和 AI 整合产品和服务，深度赋能汽车产业，不断完善服务汽车产业的能力，继续在移动互联网与人工智能时代引领汽车互联网行业。

来源：时刻头条

思考练习

1. 信息技术在汽车及交通行业中的应用主要体现在哪些方面？
2. 简述车载网络分类及特点。
3. 简述车载移动网络的特点及移动方式。
4. 汽车无线通信的含义是什么？
5. 无线通信分成哪几类？

第八章

企业文化

本章导读

企业文化是企业在长期生产经营过程中形成的价值观、企业精神、行为准则等内容的总和，体现了该企业与其他企业的差异和存在价值，是企业管理的灵魂，就像杰克·韦尔奇所说：“健康向上的企业文化是一个企业战无不胜的动力之源”。在当今市场经济条件下，企业的竞争已经渗透到文化层面，企业文化成为决定胜负的一个重要因素。建设优秀的企业文化，塑造良好的企业形象，设计特色鲜明的企业形象识别系统，已成为企业管理的重要任务。

学习目标

1. 了解企业文化内涵及特征，认识企业文化的内容及构成要素。
2. 掌握企业文化建设的基本程序和基本方法。
3. 了解企业形象的构成要素和功能。

第一节 企业文化概述

一、企业文化内涵及特征

（一）企业文化内涵

了解“文化”的概念，是研究企业文化的起点。英国学者爱德华·泰勒在其《原始文化》一书中指出：“文化是一个复杂的总体，包括知识、信仰、艺术、道德、法律、风俗，以及人类在社会里所获得的一切能力和习惯。”通常对文化的理解有广义和狭义之分。广义的文化是指人类在社会历史实践中所创造的物质财富和精神财富的总和，狭义的文化是指社会的意识形态，以及与之相适应的礼仪制度、组织机构、行为方式等物化的精神。

企业文化或称组织文化(corporate culture或organizational culture)是一个组织由其价值观、信念、仪式、符号、处事方式等组成的其特有的文化形象。企业文化是在一定的条件下，企业在生产经营和管理活动中所创造的具有该企业特色的精神财富和物质形态。它包括文化观念、价值观念、企业精神、道德规范、行为准则、历史传统、企业制度、文化环境、企业产品等，其中价值观念是企业文化的核心。

（二）企业文化的特征

企业文化的特征是由其内容决定的，经过抽象概括，可以发现企业文化具有以下特征。

1. 人本性

企业文化作为一种管理哲学，强调以人为本，这是企业文化与传统的以物为中心的管理思想的根本区别。企业文化理论强调人的道德、理想、价值观、行为规范等“本位素质”在企业管理中的核心作用，在生产经营活动中，关心人、尊重人、信任人，让员工积极参与企业的管理，激发他们的使命感，满足员工自我实现的需要，通过全体员工的努力，促进企业的发展。

2. 整体性

企业文化是企业在长期的经营过程中形成的，为企业全体员工共同认可和遵守的价值观、行为准则和道德规范，是依靠企业全体员工的共同努力才建立和完善起来的。企业文化通过企业集体的精神风貌和物质文化表现出来，是企业及全体员工共有的精神财富和物质财富，它不属于企业的某个成员或某一部分成员。

3. 民族性

企业文化对于民族文化而言，是亚文化，是本民族传统文化的组成部分。因此，企业文化必然以民族文化为基础，受民族文化的影响和制约。虽然每个企业都有自己独特的企业文化，但在企业文化中都会体现出本民族的文化精髓和特点，离开民族的传统文化，企业文化就会失去底蕴和内涵，成为无源之水、无本之木。

4. 规范性

企业文化是由企业内部的全体成员共同创造的，体现着全体员工共同的价值取向，是全体员工遵守共同的行为准则和道德规范。因而企业文化规范着每一个员工的思维方式和行为方式。当员工的思想行为与企业文化发生矛盾时，应当服从企业文化的规范要求，在这一规范要求下，力求将个人利益和集体利益、个人目标和企业目标统一起来。

5. 稳定性

企业文化是企业经过长期经营活动积淀下来的物质财富和精神财富，是企业在长期的实践活动中形成的精华，得到企业每个员工的认可和遵守。由于每个员工文化水平、个性、经历有很大差异，要形成共同的价值观、道德观和行动规范，需要长期的、潜移默化的过程。因此，企业文化形成后，具有一定的稳定性，不会轻易消失和改变，不会因为改变领导机构、组织形式和产品的生产方向而发生重大变化。

6. 时代性

任何企业都置身于一定的时代之中，服务于社会环境。企业文化作为时代的产物，必然会受到时代文化和精神的影响和感染。随着时代的前进和发展，企业管理的技术在不断提高，企业管理的经验也在不断地丰富和发展，这就对企业文化提出新的要求。因此，企业会摒弃那些落后的文化内容，加入新的文化内容，使企业文化的内容不断丰富和完善，企业文化的时代性表明，企业文化的稳定性是相对的，而企业文化的变动性是绝对的。因而一个成功的企业往往会紧跟时代的发展，创造出符合时代要求的企业文化。

7. 多样性

由于每个企业内部条件和所处的外部环境存在很大差异，使企业经营目标、组织形式和管理制度都有很大不同，更重要的是，每个企业遵循和奉行的经营思想、价值观、行为准则和道德规范不一样，因而形成的企业文化是千差万别的。企业文化的多样性，使企业文化具有鲜明的个性，而个性鲜明的企业文化能树立企业的品牌形象，增强企业的核心竞争能力，使企业在激烈的市场竞争中求得生存和发展。

二、企业文化的内容

企业文化包括企业的理念文化、制度文化、行为文化和物质文化，几乎涵盖了企业生产经营所有方面。企业文化是服务于企业经营管理活动的，因此企业文化的内容与企业的经营目标、经营宗旨和企业的发展战略存在密切的关系，主要包括经营哲学、企业价值观、企业精神等方面的内容。

1. 经营哲学

经营哲学也称企业哲学，是企业在长期的生产经营活动中形成的世界观和方法论，是企业进行各种活动、处理各种关系的指导思想，体现着企业的历史使命感和社会责任感。一个企业在激烈的市场竞争环境中，面临着各种矛盾和多种选择，经营哲学的根本问题是如何处理好企业经营过程中的各种关系，包括企业与国家、消费者的关系，企业的经济利益与社会利益、环境利益的关系，企业中的人与物的关系，企业与员工的关系等。

经营哲学是企业经营活动的指导思想，指导企业应该做什么，为什么要做以及怎样去做。企业经营目标、价值观、企业精神和道德观念等，都是在经营哲学的指导下形成的。有效的经营哲学的重要性远远超过技术、资源、组织结构等要素，因而许多优秀的企业往往都有独到的经营哲学，如麦当劳的经营哲学是“客户第一”，海尔的经营哲学是“先卖信誉，再卖产品”“先谋事，再谋利”等；再如汽车服务企业“遵守合同，确保质量，准时交车，严守承诺”的经营哲学。

2. 企业价值观

价值观是人们判断客观事物和人是否有价值或价值大小的总的看法和根本观点，是人们追求某种功利或道义时的评判标准。价值观念决定着人们的追求目标，它不体现在一时一事上，而是在长期实践活动中形成的价值观念体系。

企业价值观是企业及其员工的价值取向，它不是企业领导随意决定的，而是企业领导和所有员工判断企业的生产经营活动和员工的行为是否有价值或价值大小的统一标准，这个标准包括什么事情是重要的，什么事情是不重要的；什么事情是正确的，什么事情是不正确的；什么事情要争取，什么事情要放弃等。

由于价值观对企业和员工的行为起着直接的支配作用，因而企业价值观在企业文化中居于核心的地位，对企业兴衰具有决定性作用。正如日本企业家松下幸之助说的那样，公司可以凭借自己高尚的价值观，把全体员工的思想引导到自身想象不到的至高境界，产生意想不到的激情和工作干劲，这才是决定企业成败的根本。《寻找优势——美国最成功公司的经验》一书的作者美国管理学家彼得斯和沃得曼也有同样的看法，他们认为公司的成败取决于价值观正确与否及其清晰程度。

3. 企业精神

企业精神是指企业在长期的生产经营活动中，经过精心设计、精心培育而逐步形成的，能使员工积极向上的群体意识和信念。它反映了企业全体员工精神风貌。企业精神包括主人翁精神、爱国精神、创新精神、竞争精神、服务精神、团队精神和民主精神等。

企业精神是一种群体意识和信念，是企业和全体员工的精神支柱和动力源泉，是企业最为宝贵的精神财富。企业精神所具有的感召和激励作用，能引导员工树立正确的价值观，强化员工的职业道德，激励全体员工奋发向上，增强了企业的凝聚力和向心力。

企业精神需要企业有意识地精心设计和培育，需要企业员工从思想上了解它、接受它，并且通过企业全体职工有意识的实践活动体现出来。企业可以利用经营活动中出现的先进人物的优秀精神，结合民族精神和其他企业的优秀精神，培育出自己的企业精神。

企业精神通常用富于哲理、简洁明快的语言表达出来，时刻激励自己，比如索尼提倡“不断开拓”的企业精神，海尔倡导“产业报国，追求卓越”的企业精神。

4. 企业目标

企业目标是指企业在分析外部环境和内部条件的基础上确定的，在一定时期所要达到的经营目标。企业目标代表着企业发展的方向，它是企业从实际出发，以科学的态度制订的企业发展目标，具有可行性和科学性等特点，企业员工就是在这一目标的指导下从事生产经营活动。

企业目标包括物质文明建设目标和精神文明建设目标，企业不仅要确定经济效益目标，还要确定社会效益目标和个人的发展目标。

企业目标是企业精神的具体化和明确化，它使企业和员工有了奋斗的方向。当目标实现后，企业和员工会有成就感和满足感，增强自信心，激励他们追求更高、更新的目标。

5. 企业道德

企业道德是指调整本企业与其他企业之间、企业与客户之间、企业与政府之间、企业与社会之间、企业内部职工之间关系的行为规范的总和。它是从伦理关系的角度，以善与恶、公与私、荣与辱、诚实与虚伪等道德范畴为标准来评价和规范企业和员工的行为。

企业道德与法律规范、制度规范不同，它不具有法律和制度的强制性和约束力。但是，企业道德具有积极的示范效应和强烈的感染力，被人们认可和接受后具有自我约束的力量，因此它具有更广泛的适应性，是约束企业和职工行为的重要手段。中国老字号同仁堂药店之所以三百多年长盛不衰，在于它把中华民族优秀的传统美德融于企业经营过程之中，形成了具有行业特色的职业道德，即“济世养身、精益求精、童叟无欺、一视同仁”。

企业道德的建设主要处理好以下几方面的关系。

（1）处理好企业与国家、社会的关系。企业要树立良好的社会公德，企业的发展不能损害国家和社会的利益，要与其他企业之间进行公平的竞争，并在力所能及的范围内，积极参加社会公益活动。

（2）处理好企业与环境的关系。企业应合理利用自然资源，重视环境治理，减少环境污染，注重产品的循环利用，使企业和自然环境、社会环境和谐发展。

（3）处理好企业与消费者的关系。企业应做到真诚、守信，不欺骗坑害消费者，维护消费者的利益，生产和销售有利于消费者身心健康的绿色产品。

（4）处理好企业与内部员工的关系。企业要保证员工的利益，改善经营条件，做好劳动保护，处理好人际关系，尊重、信任员工，尽可能提供给他们展示才能的机会，满足他们各种层次的需求。

6. 企业规章制度

企业规章制度是指以文字形式对企业各项管理工作和经营活动的具体要求所做的规定，是企业全体员工的行为规范和准则，具有强制性、目的性和保障职工权利等特点。

企业规章制度能约束和规范企业各个部门、各环节以及全体员工的行为活动，使个人的活动得以合理进行，各部门、各环节的关系得以协调，员工的共同利益受到保护，从而使企业有序地组织起来实现企业的目标。

7. 企业民主

企业民主是指企业员工参与企业管理和决策，对生产经营活动进行监督以及维护自身权益的氛围。它包括企业的民主意识、民主权利和民主义务。企业民主与企业文化理论提倡“以人为本”的思想是一致的。员工参与企业的管理和决策，对生产经营活动进行监督，是“以人为本”经营思想的具体体现，企业民主可以激发起员工的主人翁精神，使员工对企业有家一般的归属感. 从而调动他们的积极性，为企业的发展做出更大的贡献。

企业民主化的程度可以反映一个国家的社会民主化程度，它的形成需要一个长期的培育过程，既需要外在的社会经济条件，又需要企业内部领导和员工的共同努力，而关键在于领导层的认识和观念。如果企业的领导层具有民主意识，运用正确的方法培育员工的民主意识和主人翁精神，企业就会形成民主气氛和民主环境。

8. 团队意识

团队意识是指企业全体成员的集体观念。团队意识是企业内部凝聚力形成的重要心理因素。团队意识使企业的每个职工把自己的工作和行为都看成是实现企业目标的一个组成部分，对企业的成就产生荣誉感，对自己作为企业的成员而感到自豪，把企业看成是自己利益的共同体和归属。团队意识能培育出团队精神，它能使企业员工为实现企业的目标而努力奋斗，自觉地克服与实现企业目标不一致的行为。

9. 企业形象

企业形象是企业的外在形象和内在精神在社会公众心目中的总体印象。企业形象是企业文化的外在表现，包括人员素质、技术、生产经营能力、管理水平、资本实力、服务特色、产品质量、厂房、设备、企业标志、产品包装、广告、服饰和营业环境等。

企业的物质文化、精神文化和制度文化可以通过企业形象反映出来。社会公众了解和认识一个企业，首先是从企业形象开始的，企业形象影响着企业在公众心目中的地位，影响着企业的信誉，影响着社会对企业的认知程度。因此，企业形象是企业文化的重要内容，企业不仅要重视精神文化和制度文化建设，还要重视物质文化的建设，在社会公众心目中树立良好的企业形象。

三、企业文化要素

迪尔和肯尼迪把企业文化整个理论系统概述为 5 个要素，即企业环境、价值观、英雄人物、文化仪式和文化网络。

（1）企业环境。企业环境是指企业的性质、企业的经营方向、外部环境、企业的社会形象与外界的联系等方面，它往往决定企业的行为。

（2）价值观。价值观是指企业内成员对某个事件或某种行为的好与坏、善与恶、正确与错误、是否值得仿效的一致认识。价值观是企业文化的核心，统一的价值观使企业内成员在判断自己行为时具有统一的标准，并以此来指导自己的行为。

（3）英雄人物。英雄人物是指企业文化的核心人物或企业文化的人格化，其作为一种活的样板，给企业中其他员工提供可仿效的榜样，对企业文化的形成和强化起着极为重要的作用。

（4）文化仪式。文化仪式是指企业内的各种表彰、奖励活动、聚会以及文娱活动等，它可以把企业中发生的某些事情戏剧化和形象化，来生动的宣传和体现企业的价值观，使人们通过这些生动活泼的活动来领会企业文化的内涵，以“寓教于乐”的模式助推企业文化建设。

（5）文化网络。文化网络是指非正式的信息传递渠道，主要是传播文化信息。它由某种非正式的组织和人群所组成，所传递出的信息往往能反映出员工的愿望和心态。

四、企业文化的功能

企业文化的功能是指企业文化在企业管理中发挥的作用。企业文化以企业的经营管理活动为出发点，倡导“以人为本”的经营思想，在经营活动中发挥导向、约束、凝聚和激励等功能。

1. 导向功能

导向功能是指企业文化对企业的领导者和职工具有引导作用。企业文化是企业前进的旗帜和方向，企业提倡什么，反对什么，追求什么，有什么目标，都体现在企业文化中。企业文化使企业具有一种“文化定势”，把员工的努力方向引导到企业目标上来，使员工把企业追求作为自己的追求，把企业荣辱作为自己的荣辱。

企业文化的导向功能主要体现在以下两个方面，一是经营哲学和价值观念的导向作用。经营哲学是企业经营活动的指导思想，它引导着经营者和员工的思维方式和行为方式；企业的价值观念是企业全体员工的价值取向，引导着企业的员工为了他们所认定的价值目标去行动；二是企业目标的导向功能。企业目标代表着企业发展的方向，指出了企业的奋斗目标，企业员工在这一目标的指导下，会始终不渝地为实现这一目标而努力。

2. 约束功能

企业文化的约束功能主要是通过制度文化和精神文化的规范而发挥作用。制度文化对领导者和全体员工发挥硬性约束作用，精神文化是通过道德规范，使员工自觉地约束自己的行为。

企业文化通过对企业员工潜移默化的熏陶，培养员工的荣誉感、自豪感、归属感和责任感，使他们产生自律行为，如果违反了企业规范，他们会感到不安、内疚和自责，就会修正自己的行为。因此，企业的每一个员工会自觉服从企业文化的行为规范要求，约束自己的行为。

3. 凝聚功能

企业文化使人们明确企业的使命与目标，树立起以企业为中心的群体意识，摒弃了以个人利益为中心的行为意识，把员工的意志和行为引向同一方向和目标，使员工之间产生共同的语言、共同的组织荣誉感和共同的责任心，为一个共同的方向和目标协同工作。

企业文化强调“以人为本”，尊重人的价值，建立人与企业、人与人之间的和谐关系，在企业中形成了一种团结友爱、相互信任的和睦氛围，强化了团体意识。员工将企业看成是自己的“精神家园”，对企业产生归属感，在意识深处产生一种对企业的向心力，进而形成强大的凝聚力。

共同的价值观念形成了共同的目标和理想，把员工紧密地联系在一起，员工把企业看成是一个命运共同体，员工对本职工作有一种使命感，把本职工作看成是实现共同目标的重要组成部分，整个企业协调一致，形成统一的整体。

4. 激励功能

激励作用是指企业文化使人产生奋发向上的动力，使员工以高昂的士气进行生产活动。企业文化关心人、尊重人、信任人的核心思想，使每个员工都感到自己的价值受到尊敬和重视，自我价值的实现是人们最高的精神需求，这种精神需要必将形成强大的激励作用，使每个员工振奋精神，努力工作，创造出不平凡的业绩。另外，企业精神和企业形象对企业员工有着极大的鼓舞作用，特别是当企业文化在社会上产生影响时，企业员工会产生强烈的荣誉感和自豪感，他们会加倍努力，用自己的实际行动去维护企业的荣誉和形象。

企业文化反映了一个企业的最高追求，是企业想要达到的理想境界。只要这种追求和境界与每一位成员的切身利益息息相关，就将激励全体员工共同为这一目标的实现而拼搏奋斗。企业文化形成的群体意识以及受到良好企业文化氛围的熏陶和感染，使员工的事业心、责任感得到不断加强，积极性、创造性得到不断发挥，为企业提供了源源不断的激励力量。

5. 调适功能

调适是指调整和适应。调适功能是企业文化能动作用的一种表现。企业各部门之间、员工之间，由于各种原因会产生一些矛盾，解决这些矛盾需要各自进行自我调节；企业与环境、客户、企业、国家、社会之间也会存在不协调、不适应之处，这也需要企业进行调整和适应。企业哲学、价值观和企业道德规范使经营者和普通员工能科学地处理这些矛盾，自觉地约束自己。良好的企业形象就是进行自我调节的结果。

6. 辐射功能

辐射功能是指一个企业的文化向外部的扩散和影响。一个企业的文化是否优秀，其影响绝不限于本企业。企业文化会通过其产品、服务、人员的行为等多种形式向外界辐射，对社会经济、社会文化等产生好的或坏的影响。有时，企业文化还直接影响到国家的声誉。因此创建优秀的企业文化，可以树立良好的企业形象，提高企业和产品的知名度，产生良好的经济效益和社会效益。

第二节 企业文化建设

企业文化建设是指企业文化的构建过程，是企业经营战略中一项长期的、系统的工程。企业发展，文化先行，企业应把企业文化建设放在生产经营活动的先导地位。

企业文化建设的主体是企业领导者和全体员工，企业文化是由企业领导者和企业员工的积极创造和精心培育形成的企业成果。企业的领导者往往是企业文化的倡导者，他们提倡的价值观、企业风尚和经营哲学，直接影响着企业的发展方向，这种价值观和经营哲学经过长期的、潜移默化地对员工的影响，逐步被员工接受，成为企业文化的核心。企业员工是企业文化建设的基本力量，一方面，在生产经营过程中，他们产生的群体意识和先进思想，是企业文化的组成部分，他们是企业文化的创造者；另一方面，企业员工在生产和生活中积极实践企业的优秀文化，将精神文化转化为行为文化和物质文化，他们又是企业文化的实践者。因此，企业文化的建设过程，从本质上就是企业全体员工在生产经营活动中不断创造、不断实践的过程。

企业文化建设的目标是培育优秀的企业文化，推动企业的长远发展。通过建设优秀的企业文化，培养员工正确的价值观，提高员工的职业素质、道德素质和文化素质，增强他们的企业责任感和社会责任感；调动每一个员工的积极性和主动性，提高员工的物质文化生活水平；创造舒畅的经营环境以及和谐的人际关系，树立良好的企业形象；增强企业的竞争能力，使企业获得好的经济效益和社会效益。

一、企业文化建设的基本原则

企业文化建设是一个长期而复杂的过程，要综合各种因素，经过慎重的考虑和选择。企业文化建设应遵循以下基本原则。

（一）“以人为本”原则

企业是以人为主体的经济实体企业，人才是企业最重要的资源，是企业生存和发展的最大动力。“以人为本”是现代企业管理的出发点，是企业文化建设的重要任务。人是企业文化的创造者，是企业文化的实践者，因此企业文化建设要把人的作用放在第一位，在企业文化建设中要关心人、尊重人、相信人、激励人，充分发挥人的积极性和创造性，满足每一个人的经济、安全、社交、尊重、自我实现和自我发展的需要。

（二）目标原则

每个企业都有自己的经营目标，企业文化的建设必须服务于企业目标的实现。企业文化通过规范每个员工的行为，使企业员工拥有共同的价值观，从而让每个员工将自己的工作与企业的目标联系在一起，为实现企业的目标而努力。

（三）从实际出发原则

对于某一个企业而言，企业文化是在本企业发展过程中形成的。每个企业都有自己的历史传统和经营特点，企业要根据自己的经营条件和经营特点，以科学的态度，建设具有一定特色的企业文化。当这种独具特色的企业文化被公众所接受和认可，就能使企业独树一帜，在市场竞争中具有优势。脱离企业现实，人为拔高地构建企业文化，不利于企业发展。不同企业的企业文化各具特色，同类企业的企业文化各具特色，只能参考学习，没有统一的模式可以照搬。企业文化只能由企业自己构建，企业是企业文化构建的主体，没有其他力量能取代企业自身的这种地位与功能。

（四）兼容原则

在企业文化的建设过程中，可以吸收和借鉴国内外企业文化中的优秀文化，吸收本民族的传统文化，使之融入自己的企业文化中，可以丰富和完善企业文化的内容。我国企业文化的建设，在借鉴国外先进文化时，不能盲目照搬，必须要吸收我国优秀的传统文化，建设有本民族特色的企业文化。

（五）社会责任原则

企业作为社会的基本单元，在获取利润的同时，还要承担一定的社会责任，比如纳税、增加就业和环境保护等。因此，在企业文化建设中，企业的经营哲学和价值观念应体现出企业应承担的社会责任。

二、企业文化建设基本程序

建设企业文化是一项复杂而艰巨的系统工程，一种优秀的企业文化的构建不像制定一项制度、提一个宣传口号那样简单，它需要企业有意识、有目的、有组织地进行长期的总结、提炼、倡导和强化。

建设企业文化的基本程序，一般包括调查研究、定格设计、实践巩固和完善提高 4 个环节。

（一）调查研究

除了新创建的企业外，多数企业建设自身的文化都是在原有“文化”的基础上进行的，即都是“非零起点”。所以，建设企业文化，应首先搞好调查研究，把握企业现有的文化状况及影响企业文化的各种因素，为企业文化的定格做好准备。调查研究主要内容包括，企业的经营领域、企业领导者的个人修养和风范、企业员工的素质及需求特点、企业的优良传统及成功经验、企业现有文化理念及其适应性、企业面临的主要矛盾、企业所处地区的环境等方面内容。

（二）定格设计

企业文化的定格设计，即在分析总结企业现有文化状况的基础上，充分考虑到企业的经营领域、企业领导者的个人修养和风范、员工素质及其需求特点、企业的优良传统及其成功经验、企业现有文化理念及其适应性、企业面临的主要矛盾和所处地区环境等因素的影响，用确切的文字语言，把肯定的企业价值观念表述出来，成为固定的理念体系。企业理念体系大体包括企业使命、企业目标、企业价值观、企业道德、企业精神、经营观、管理观、人才观、服务观、员工基本行为准则及企业风尚等。

企业文化定格设计应遵从下述原则，从实际出发和积极创新相结合；创造个性与体现共性相结合；领导组织和群众参与相结合。

（三）实践巩固

企业文化定格后，就要创造条件付诸实践并加以巩固。即把企业文化所确定的价值观全面地体现在企业的一切经济活动和员工行为之中，同时采取必要的手段，强化新理念，使之在实践中得到员工的进一步认同，使新型的企业文化逐步得到巩固。具体需要做好以下工作。

积极创造适应新的企业文化运行机制的条件；加强精神灌输和舆论宣传；企业领导者以身作则、积极倡导；利用制度、规范、礼仪、活动等进行强化；鼓励正确行为。

（四）完善提高

企业文化定格并在实践中得到巩固以后，尽管其核心且有特色的内容不易改变，但随着企业经营管理实践的发展、内外环境的改变，企业文化还是需要不断充实、完善和发展。企业领导者要依靠群众，积极推进企业文化建设，及时吸收社会文化和外来文化中的精华，剔除本企业文化中沉淀的消极成分，不断对现有文化进行提炼、升华和提高，从而更好地适应企业变革与发展的需要。

三、企业文化建设方法

建设企业文化的方式与方法是多种多样的，与企业经营管理活动相互伴随、相互渗透、相互推动。但从相对独立的角度讲，建设企业文化的方式与方法主要有以下几个方面。

（一）开展企业文化活动

开展唱歌、跳舞、体育比赛、举办国庆晚会、元旦晚会等活动，可以把企业文化的价值观贯穿其中。例如，可以演唱歌颂爱岗敬业精神的歌曲，利用体育比赛展现积极向上、搏竞争的精神，将舞会的主题定为团结协作等。如果是国庆晚会或元旦晚会，还可以穿插先进表彰或请典型人物做报告等。用文化活动来建设企业文化要生动有趣，富有艺术性。企业文化的内容应巧妙而不是生硬地穿插其中，让员工在欣赏节目时不知不觉地接受企业文化的理念。

（二）营造企业文化氛围

所谓氛围，一般是指特定环境中的气氛和情调。能够形成氛围，必定使人产生一种强烈的感觉，这种感觉来自特定环境中所体现的精神。企业文化氛围是指笼罩在企业整体环境中，体现企业所推崇的特定传统、习惯及行为方式的精神格调。企业文化氛围是无形的，以其潜在形态使企业全体成员受到感染，体验到企业的精神追求，从而产生思想升华和自觉意愿。因此，企业文化氛围对于企业成员的精神境界、气质风格的形成具有十分重要的作用。例如，可在每天的上班前和下班前用若干时间宣讲公司的价值观念。还可树立先进典型，给员工树立一种形象化的行为标准，使员工明白“何为工作积极”“何为工作主动”“何为敬业精神”“何为成本观念”“何为效率高”，从而提升员工的行为。

（三）创立企业文化礼仪

企业文化礼仪是指企业在长期的文化活动中所形成的交往行为模式、交往规范性礼节和固定的仪式。它规定了在特定场合企业成员所必须遵守的行为规范、语言规范、着装规范，若有悖礼仪，便被视为“无教养”行为。企业文化礼仪根据不同的文化活动内容具体规定了活动规格、规模、场合、程序和气氛。这种礼仪往往有固定的周期性。不同企业的文化礼仪体现了不同企业的个性及传统。

四、企业文化建设运作管理

企业文化作为一种当代企业管理理论，其意义在于把企业价值观渗透到企业经营管理的各个方面、各个层次和全过程，用文化的手段、文化的功能、文化的力量，去促进企业整体素质、管理水平和经济效益的提高。企业文化建设的运作管理包括以下几方面。

（1）激励机制。企业文化管理的首要任务是调动人的积极性，其激励方式有目标激励、参与激励、强化激励、领导者言行激励等。

（2）纪律约束机制。要明确规范，并在落实上不走样，将企业理念贯穿到制度、纪律与行为规范中。

（3）凝聚机制。确立广大员工认同的企业价值观，确立企业目标，确立企业人际关系。

在企业文化管理上，一要处理好借鉴与创新的关系，把握企业文化的个性化、特色化；二要处理好用文化手段管理文化，坚持以文化引导人、培育人；三要处理好虚与实、无形与有形的关系，坚持内外双修、软硬管理相结合。

第三节 企业形象

企业形象概述

一、企业形象概述

（一）企业形象的概念

企业形象是指人们通过企业的各种标志（如产品特点、行销策略、人员风格等）而建立起来的对企业的总体印象，是企业文化建设的核心。企业形象是企业精神文化的一种外在表现形式，是社会公众在与企业接触的过程中所感受到的总体印象，这种印象是通过人体的感官而获得的。

（二）企业形象的分类

企业形象的分类方法很多，根据不同的分类标准，企业形象可以划分为以下几类。

1. 内在形象和外在形象

这是以企业的内在与外在表现来划分的，好比我们观察一个人，有内在气质和外在容貌、体型之分，企业形象也同样有这种区别。内在形象主要指企业目标、企业哲学、企业精神、企业风气等看不见、摸不着的部分，是企业形象的核心部分。外在形象则指企业的名称、商标、广告、厂房、厂歌、产品的外观和包装、典礼仪式、公开活动等看得见、听得到的部分，是内在形象的外在表现。

2. 实态形象和虚态形象

这是按照主客观属性来划分的。实态形象又叫做客观形象，指企业实际的观念、行为和物质形态，它是不以人的意志为转移的客观存在。例如，企业生产经营规模、产品和服务质量、市场占有情况、产值和利润等，都属于企业的实态形象。虚态形象则是用户、供应商、合作伙伴、内部员工等企业关系者对企业整体的主观印象，是实态形象通过传播媒体等渠道给人留下的印象。

3. 内部形象和外部形象

这是根据接受者的范围划分的。外部形象是员工以外的社会公众所形成的对企业的认知，一般所说的企业形象主要就是指这种外部形象。内部形象则指该企业的全体员工对企业的整体感觉和认识。由于员工置身企业之中，他们不但能感受到企业的外在属性，而且能够充分感受到企业精神、风气等内在属性，有利于形成更丰满深入的企业形象。但是如果缺乏内部沟通，员工就往往只重局部而看不到企业的全部形象，颇有“不识庐山真面目”的感觉。我们认为，内部形象的接受者范围虽小，作用却很大，内部形象与外部形象有着同等重要的地位，决不可忽视。

4. 正面形象和负面形象

这是按照社会公众的不同评价态度来划分的。社会公众对企业形象认同或肯定的部分就是正面形象，抵触或否定的部分就是负面形象。任何企业的企业形象都是由正反两方面构成的，换言之，应该一分为二地来看待企业形象，公众中任何一个理智的个体都会既看到企业的正面形象又看到企业的负面形象。对于企业来说，一方面要努力扩大正面形象，另一方面要努力避免或消除负面形象，两方面同等重要。因为往往不是正面形象决定用户购买某企业产品或接受某项服务，而是负面形象使得他们拒绝购买该企业的产品和接受其服务。

5. 直接形象和间接形象

这是根据公众获取企业信息的媒介渠道来划分的。公众通过直接接触某企业的产品和服务，由亲身体验而形成的企业形象是直接形象，通过大众传播媒介或借助他人的亲身体验得到的企业形象则是间接形象。对企业形象做这种划分十分必要，如果一个用户在购买某种商品时看到的是粗陋的包装、落后的设计，试用时不能满足体验感，那么无论别人告诉他这产品有多么好，这家企业有多不错，他也一定不会购买，因为直接形象比间接形象更能够决定整个企业的形象。有些企业以为树立企业形象只能靠广告宣传，而不注重提高产品质量和服务水平，就是只看到了间接形象而忽视了直接形象。

6. 主导形象和辅助形象

这是根据公众对企业形象因素的关注程度来划分的。公众最关注的企业形象因素构成主导形象，而其他一般因素构成辅助形象。例如，公众最关心电视机的质量（图像、色彩、音质等）和价格（是否公道合理），因而电视机的质量和价格构成电视机厂的主导形象，电视机厂的企业理念、员工素质、企业规模、厂区环境、是否赞助公益事业等则构成企业的辅助形象。企业形象由主导形象和辅助形象共同组成，决定企业形象性质的是主导形象；辅助形象对主导形象有影响作用，而且在一定条件下能够与主导形象实现相互转化。

二、企业形象的构成要素

企业形象的构成要素一般可概括为企业的有形要素、无形要素和企业员工 3 大类。企业的有形要素主要包括企业的产品、技术装备、内外环境、产品广告、包装等内容，无形要素主要包括企业经营理念、企业精神、企业管理的规章制度、企业信誉等内容，企业员工主要包括员工的文化素质和技术水平、职业道德、精神风貌、言谈举止等内容。上述要素构成了企业的整体形象。但其中影响企业形象较大的要素主要有产品形象、服务形象、环境形象、员工形象、企业家形象。

（一）产品形象

产品形象是企业形象的代表，也是企业形象的基础。社会公众主要是通过企业产品的质量、性能、品种、规格、造型、设计、商标、包装、价格等内容来了解和认识企业的，企业也是依靠向社会提供性能良好、外形美观的产品和提供优质服务来塑造良好的形象，因此产品形象是企业形象的物质基础。

（二）服务形象

服务形象是通过企业及其员工在产品售前、售后和技术服务过程中所表现的服务态度、服务方式、服务质量，以及由此引起消费者和社会公众的客观评价而树立的。企业服务方式越广泛、服务态度越好，社会公众对企业的亲切感、信任感就越强。因此在市场经济中，强化服务，以精准地道的服务取胜，不失为激烈竞争中塑造企业形象的关键一招。

（三）环境形象

环境形象是指企业的生产环境、销售环境、办公环境、厂房建筑和厂区各种设施等。环境形象反映着企业的经济实力、管理水平和精神风貌，是企业向社会公众展示自己的重要窗口，特别是生产和销售部门环境的布局、造型、设计、色彩及各种装饰等，都直接关系到企业的环境形象。加强“三废”治理；减少环境污染；注意生态平衡，对提高企业知名度和信赖度有直接的影响。

（四）员工形象

员工形象不仅包括企业员工的装束仪表、言谈举止、劳动态度、服务态度和精神风貌等，而且还包括员工良好的价值观念和道德行为。企业是员工的集合体，员工形象是决定企业形象的能动力量。员工形象好，可以强化企业的凝聚力和竞争力，为企业长期稳定发展打下牢固的基础。

（五）企业家形象

企业家在企业形象中处于核心和关键地位。企业的成败、兴衰与企业家素质、审时度势和灵活应变能力、敬业和信息灵通程度，以及组织指挥能力等有着密切关系。在企业形象塑造过程中，企业家不断完善和提高自身形象，努力成为员工的楷模，因为企业家形象既影响社会公众对企业的评价，又影响到企业自身的声誉和形象等。

企业形象是企业的一项重要的无形资产，因为它代表着企业的信誉、产品的质量、员工的素质，决定了股票价格的涨跌等，它与企业的人力、财力、物力处于同等地位，被称为企业形象力或第四种资源。良好的企业形象是先进企业文化的集中体现。

三、企业形象设计要点

企业形象是一种有价值的无形资产。企业经理应树立这样一种观念，为塑造企业形象而导入企业形象系统所花费的金钱不是“开支”，而是“投资”，是一种开发性的投资。既然是投资，就要有投资效应。为了使形象投资产生预期的效应，在导入企业形象系统之前，企业经理应注意以下几点。

（一）编制企业形象塑造规划

在企业形象规划中，要制定企业形象发展目标与具体实施步骤。编制规划前应找出企业实际形象与期望形象之间的差距，同时应注意规划的可建设性与可操作性。此外，还应保证必要的投入，不能因为对企业形象的投资与对建筑物、设施设备、名人字画等固定资产的投资不同，便犹豫不决。如果一开始就不敢投资，往后的工作就无法进行。如果为了节省经费而删除某些必要的项目，就会使企业形象建设受阻，甚至半途而废。

（二）企业形象塑造要坚持从实际出发

企业形象如何塑造，应根据不同企业的不同条件、优势、基础和需要来考虑。例如，有的企业可从视觉形象入手，重点抓企业标志、品牌或开展广告宣传；有的企业可注重行为识别的培育，着眼于提高企业整体素质，培养企业凝聚力和竞争力；还有的企业注重理念识别，倡导企业文化与企业精神，探索适应市场经济发展的经营之道。需要指出的是，企业形象建设应由一点入手，带动其余的方方面面，不能只顾一点、不问其余，否则极易使形象扭曲变形。

（三）企业形象塑造要有特色

差别性是企业形象塑造最基本的特征。在市场经济条件下，企业应追求富有个性化的企业形象。个性化的形象可方便消费者识别，给企业带来较稳定的客源和生机。比如，有两家大型企业，设施、规模、商品相同，但一家以“享受服务温情”的形象面向市场，另一家则没有什么特色，这两家企业的销售结果就大不一样。

（四）提高文化素质、业务素质与道德水平

企业要定期和不定期地对企业全体员工进行职业道德、思想素质、业务素质的培训与教育，要培养员工养成讲质量、讲信誉的风气，要培育员工爱岗敬业、忠于职守、和睦团结的敬业精神。

总之，塑造良好的企业形象，是发展社会主义市场经济的客观需要，是社会主义制度下企业对国家和社会所承担的责任，是企业在竞争中奋进取胜的必要条件，也是企业文化建设的重要内容。

四、企业形象的功能

良好的企业形象对内可以强化群体意识，增强企业的向心力和凝聚力；同时，通过标准化、系统化的规范管理，还可以改善企业形象，增强适应能力。对外可使社会大众更明晰地认知该企业，建立起特色鲜明的企业形象，为企业未来的发展创造整体竞争优势。企业形象的主要功能有以下几个方面。

（一）文化教育功能

企业形象的建立依赖于企业文化并促进企业文化建设，与企业文化关系密切。企业形象建成以后，其包含的共同的价值观和经营理念会教育新的员工认同企业的精神和文化，会巩固和强化老员工的凝聚力，使新老员工效忠于企业。

（二）协调功能

好的企业形象能增强全体员工的归属感和凝聚力，增强员工的协作意识和大局观念，使员工能齐心协力地密切合作，形成强有力的团队。

（三）传播功能

企业形象是企业各种信息展示的结果，信息的统一和较强的感染力有利于企业形象的快速形成。所以，企业形象有利于企业信息更经济有效地传播，有利于企业知名度和美誉度的提高。

（四）管理功能

企业形象能对企业全体员工产生约束作用，使员工自觉地维护企业良好的形象，因此在管理上，员工就能自觉地制订和遵守各种规章制度，增强责任心，加强自我管理，提高工作效率。

（五）识别功能

企业形象最基本的功能是能把本企业与其他企业区别开来，使企业在公众心目中确立独特的地位和良好的感觉。如今，各企业的产品品质、性能、外观、促销手段等都已趋同化，特色鲜明的企业形象可以使企业在市场竞争中脱颖而出，独树一帜。这有利于在消费者心目中取得认同，建立起对企业的偏好和信心。

五、企业形象的作用

（一）企业形象的内部作用

企业形象对于企业内部的主要作用：①有利于塑造企业理念。企业理念是企业形象的核心和灵魂，企业理念反过来又能促进企业形象的稳固和提高。②有利于增强产品的竞争力。好的企业形象有利于增强产品的影响力，塑造强势品牌，增强产品的市场竞争力。③有利于企业多元化、集团化和国际化经营。好的企业形象有利于企业进行品牌延伸和产品组合的扩大，也有利于企业进入新的经营领域和新的市场，还有利于企业实施资本扩张和资产组合，组建实力强大的企业集团，并有利于加强同国际企业的合作和进军国际市场。④有利于强化内部管理。企业形象对企业是一种约束和压力，如果不维护好形象就会前功尽弃。所以企业为了维护形象，会加强对生产经营活动的管理。⑤有利于企业文化建设。企业形象能增强员工的凝聚力，鼓舞员工的士气，从而有利于企业文化的建设。⑥有利于提高促销效果。好的企业形象可以增强消费者的产品信念，提高客户对品牌的忠诚度，降低促销费用，提高广告、宣传等促销活动的效果。

（二）企业形象的外部作用

企业形象对于企业外部的主要作用：①有利于提高企业的融资能力。良好的企业形象可以使投资者对企业产生信心，从而有利于企业进行融资，快速扩大企业的生产规模，增强企业的竞争实力。②有利于建立消费者的品牌偏好。企业形象是产品、服务、人员等形象的综合体现，好的企业形象可以反作用于品牌形象的塑造，有利于消费者对企业的产品产生坚定的信念和品牌偏好。③有利于开展公共关系活动。良好的企业形象可以取得人们的好感和认同，在开展公共关系活动时，更能引人注意和形成对企业有利的信息传播，使公共关系活动取得更好的效果。④有利于吸引优秀人才。良好的企业形象可以使公众和员工看到企业的美好前途，对企业充满希望和信心，因此，能够吸引社会优秀人才到企业工作。

第四节 企业形象识别系统

企业形象作为一种特殊的社会意识，是企业客观实态在公众心灵上的投影，是企业内秀外美的集中体现。企业形象的构成要素通过企业形象识别系统集中而统一地表现出来，传达给社会公众。

企业形象识别系统（corporate identity system，CIS），或叫企业识别系统。企业形象识别系统是由理念识别系统（mind identity system，MIS）、行为识别系统（behavior identity system，BIS）、视觉识别系统（visual identity system，VIS）3 部分构成的，如图 8–1 所示。

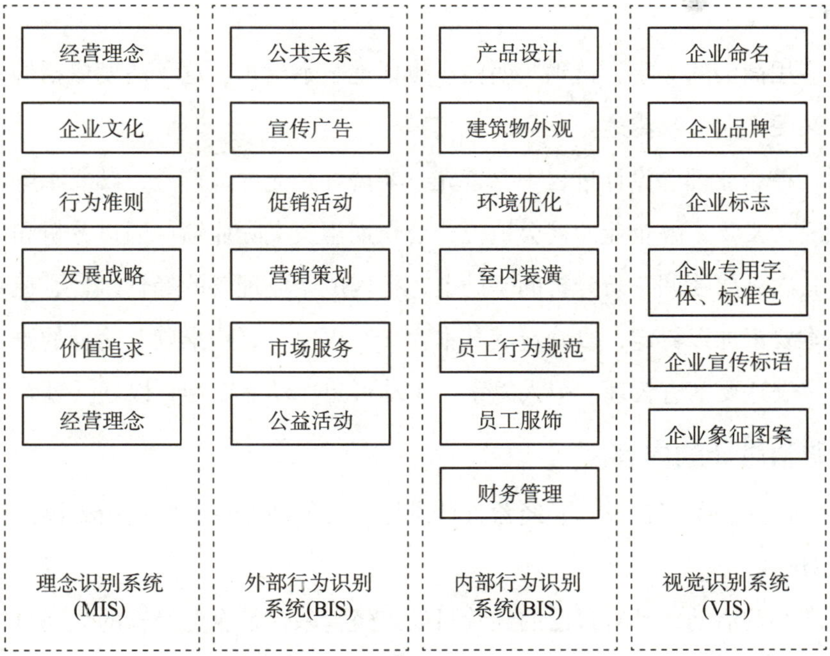

图 8-1　企业形象的识别系统

理念识别系统、行为识别系统、视觉识别系统是企业形象塑造的 3 个不同的层次。理念识别系统是核心和灵魂；行为识别系统是理念识别系统动态的表现；视觉识别系统是理念识别系统静态的表现。理念识别系统、行为识别系统、视觉识别系统是有机的整体，三者必须保持和谐统一。

一、理念识别系统（MIS）

理念识别系统是指企业在长期的经营活动实践中形成的和其他企业不同的价值观、经营思想、经营方式、企业精神、道德准则等。如日本的银座松屋（百货店）的经营理念为“客户第一主义”，麦当劳的经营理念为“质量、服务、清洁、价值”，海尔的经营理念为“要干就要拿第一”，台湾顶新企业的经营理念为“诚信、务实、创新”。企业理念的实质在于区别他人确立自我，它是企业的灵魂，向人们说明企业是“如何想的”。

（一）企业理念设计的原则

企业理念设计，是要确定或提升企业的经营宗旨、经营方针、价值观和精神风貌，目的是增强企业理念的识别力和认同力，因而作为灵魂的企业理念设计，必须遵循以下的原则。

1. 个性化原则

企业理念的个性化，就是要在其设计中，从企业经营目标、自身环境、内部条件、历史传统、独特风格等因素出发，找出本企业与其他企业的理念差异，从而创造出独具个性的企业理念。

2. 民族化原则

企业理念设计，应根据自身的民族精神、民族习惯、民族特点来体现本民族的形象。“只有民族的，才是世界的”。企业理念的民族化，只有在民族文化的范围内得到普遍认同，才能在世界范围内弘扬企业的民族文化个性。中国现代企业的理念设计，固然要赋予社会主义市场经济条件下新的内涵，但也必须坚持和弘扬民族精神。

3. 概括化原则

企业理念设计应用简洁的文字，精确、明白、概括地表示出来。这种高度概括的企业理念，既要易读、易记、易懂，又便于向公众传达。

根据上述原则，在企业理念设计过程中，首先，要搞好企业内外调查，既要了解企业的经营方向、行业特点及运行状况，又要了解企业的社会地位、公众期望及实际业绩，通过分析和比较，以确定企业理念的诉求方向。其次，要在调查与分析的基础上，把构成企业理念的经营宗旨、经营方针、经营价值观及企业精神等基本要素加以界定，以确定其基本含义。再次，要用准确、简练的语言文字，借以表达企业理念。这种文字表达要富有哲理、引人思索、生动形象、动之以情，以增强理念的感染力。

（二）企业理念设计的内容

企业理念设计，包括经营宗旨设计、经营方针设计、价值观设计、企业精神设计等。

1. 经营宗旨设计

任何企业的生产经营活动，都有自己的经营目的。经营宗旨是企业经营的最高目标和根本目的，它体现了企业的理想与追求。经营宗旨设计，实质上是企业自身的社会定位。企业经营目标定位涉及如何处理经济目标、社会目标和文化目标之间的关系。企业经营宗旨设计或社会定位，直接影响着企业与社会的关系，决定着企业的生存与发展。

2. 经营方针设计

经营方针是指企业在经营思想指导下，为实现经营宗旨所确定的基本原则，它是企业一切活动的指南。经营方针不同于企业本身的工作守则、行为标准、操作要求等各种具体行为规范，它规定了企业经营活动必须统一遵守的最高准则，保证企业发展不可偏离所规定的方向。

3. 企业价值观设计

企业价值观是指在企业占主导地位的、为企业绝大多数员工所共有的对企业经营行为意义的总观点和总看法，是整个企业理念的基础。企业价值是企业中占主导地位的观念，企业的价值观决定企业宗旨、使命、经营方针及其行为规范等。企业价值观通过潜移默化的形式渗透到企业经营管理活动的全过程，决定着企业及其员工的行为取向和判断标准。

4. 企业精神设计

企业精神是企业生产经营活动中，为谋求自身的存在和发展而长期形成的，并为企业员工认同和接受的一种先进群体意识。企业精神是企业的精神动力，代表着企业员工的精神风貌，渗透在企业宗旨、战略目标、经营方针、职业道德、人事关系等各个方面，反映在厂风、厂纪、厂容、厂誉等各个层面上。企业精神对企业员工具有强大的凝聚力、感召力、引导力和约束力，能够增强员工对企业的信任感、自豪感和荣誉感，并使外界通过企业精神产生对企业的信任和好感，获得社会公众的认同和支持。

二、行为识别系统（BIS）

行为识别系统是指企业区别于其他企业的各种具体的生产经营服务活动，如员工行为、公共关系、广告、人员推销、营业推广等。它是企业理念的具体行为表现，包括对内和对外的行为活动。对内的行为主要有敬业、守信、合作、员工教育、组织制度、企业文化建设等；对外的行为主要有社交活动、服务、公共关系、广告、人员推销、市场拓展等。它向人们说明企业是“如何做事的”。

当企业理念识别设计完成之后，紧接着就要进行企业行为识别设计。企业行为识别是企业理念的传播形式，它涵盖了企业内部和外部所有经营管理活动，通过企业的具体行为来塑造企业形象。同企业理念识别相比，企业行为识别内容具体、实实在在、便于操作，是企业理念的外化或表现。

（一）企业行为识别的结构

企业行为识别贯彻于企业整个生产经营活动中，规范着企业的组织、管理、教育、生产、开发以及对社会的一切活动。具体来说，企业行为识别由对内和对外两个方面所构成。

1. 企业内部行为识别

是在独特的企业理念指导下，通过员工教育等一系列活动，使企业理念渗透到企业及其员工的行为之中，以形成和提升企业形象。它主要包括员工教育、组织设计、强化管理、环境建设、研究开发、福利制度、行为规范、企业文化建设等。通过企业内部这些活动，全面提高企业素质，特别是每个员工的素质，达成一致的共识，为实现企业目标而竭尽全力。

2. 企业外部行为识别

是在独特的企业理念指导下，通过广泛而有成效的对外经营活动，取得社会公众的广泛认同，达到理解、支持企业的目的。它主要包括市场调查、产品开发、市场服务、营销策划、公关活动、广告宣传、公益活动等。通过这些活动，将企业宗旨、商品质量、人员素质、经营特色、工作绩效等企业形象信息，传播给消费者及其他社会公众，使社会公众对企业产生认同感和信赖感，从而在社会公众中树立成功的企业形象。

（二）企业行为识别设计的内容

1. 员工教育设计

员工既是企业管理的主体，又是企业管理的客体。员工作为管理主体，就要具有较高的政治素质、文化素质、技术素质和操作技能；员工作为管理客体，也要具有较高的政治素质、文化素质以及理解、接受、遵从管理者的要求。企业员工的这些素质状况直接决定着企业的生存与发展，并影响着企业的形象。为造就高素质的员工队伍，就要加强对员工的教育与培训。

2. 组织结构设计

现代企业组织的基本结构，主要有 3 种可供选择的结构模式，即功能垂直结构模式（U 形结构）、事业部型分权结构模式（M 形结构）和母子公司分权结构模式（H 形结构）。

3. 管理行为设计

企业管理行为是企业为实现企业目标而在生产经营领域中所进行的管理活动，主要包括计划管理、生产管理、质量管理、技术管理、财务管理、营销管理、人事管理、基础管理等内容。

三、视觉识别系统（VIS）

视觉识别系统是指企业的可视事物通过视觉传达给社会公众的专有化或个性化形象。它是企业的外部特征，向人们展示企业“是个什么样子”。

企业视觉识别设计是继企业理念和企业行为识别设计之后的又一重要识别设计。它是企业理念和行为识别的集中而直接的反映，是将企业识别系统中非可视的内容转化为静态的识别符号，以无比丰富而多样的应用形式，在最广泛的层面上，塑造独特的企业形象。

视觉识别系统是企业整体形象的静态识别符号系统，它是通过个体可见的识别符号，经由组织化、系统化和统一化的识别设计，传达企业经营理念和情报信息的形式。企业视觉识别涉及项目最多，层面最广，效果也最直接，可使社会公众快速而明确地识别和认知企业。

视觉识别系统包括基本视觉因素和应用视觉因素两大部分。

基本视觉因素有企业名称、企业标志、企业标准字、企业标准色、企业造型和象征图案、企业专用印刷字体、企业宣传标语和口号、企业吉祥物等。这些要素是表达企业经营理念的，它要求形式与内涵的完美统一。

应用视觉因素有事务性办公用品、办公室器具设备和装饰、招牌旗帜标示牌、建筑物外观群落、衣着制服、展览橱窗、交通工具、广告媒介、产品包装、包装用品、展示陈列、工作场所规划等。这些要素是传达企业形象的具体载体，因而在对应用要素所包括的内容进行设计时，必须严格遵循基本要素的规定，使应用要素能够形成统一的视觉形象。

在企业视觉识别的诸要素中，企业名称、企业标志、企业标准字、企业标准色等基本要素的设计最为重要。

本章小结

随着市场经济的不断发展和企业制度的逐步创新，企业文化日渐成为企业竞争力的重要组成部分，并成为人们研究企业运行机制、探索企业成功奥秘、构建企业发展动力的一种不可缺少的管理理论。企业文化的内涵、特点以及企业文化对企业竞争力的影响，对打造新型的企业文化、不断提升企业自身竞争力，在国际竞争中立于不败之地具有重要作用。

课程思政

广西最大一站式汽车文旅生活综合体

2021 年 12 月 18 日，南宁五象汽车生活广场二期盛大开业，标志着广西最大的一站式汽车文旅生活综合体整体落成并开放运营。

五象汽车生活广场是自治区服务业重点项目，被评为南宁市文化产业示范园区，由自治区大型国有企业广西现代物流集团直属的广西桂物机电集团为构建现代汽车流通体系打造的首个汽车生活服务平台。

五象汽车生活广场二期由中国一冶集团有限公司广西公司以EPC模式承建，注重将新技术、新材料、新工艺以及现代节能环保等新概念融入其中，打造成了绿色生态汽车城。

五象汽车生活广场首创超大型汽车文旅生活综合体，带来全新消费体验。主要业态涵盖新车展销、二手车、房车体验、户外装备、汽车旅游等多种业态，配套汽车检测、汽车维修、汽车改装等后市场服务，链接车管服务、金融保险、驾考中心等衍生汽车服务，为消费者提供包括学车、看车、买车、养车、玩车、审车、换车在内的一站式汽车生活服务。集合汽车文化与空间美学概念，以汽车服务产业为核心，汽车主题和汽车文化为特色，融入汽车旅游业态，融合多业态生活体验，形成了高端化、新能源化、大众化的汽车服务产业集群，多层次满足人们对专业性、社交性、互动性、娱乐性等全方位需求，引领汽车生活文化潮流。

五象汽车生活广场是广西首批新能源汽车推广应用示范点。目前，一大批世界级新能源汽车品牌和国内新能源汽车新势力已抢先进驻，提供新能源汽车展销、采购、维修、保养、充电、行业交流等一站式服务，是广西新能源汽车品牌最全、配套最优的现代服务业聚集区。

来源：人民网－广西频道

思考练习

1. 简述企业文化的内容和特征。
2. 企业文化建设的原则包括哪些?
3. 简述企业文化建设的基本程序。
4. 企业形象的含义是什么?
5. 简述企业形象的构成与分类。
6. 企业形象识别系统由几部分构成?
7. 简述理念识别系统设计的原则和内容。
8. 简述行为识别系统设计的内容。

参 考 文 献

[1] 凌濛，张仲颖．汽车服务企业管理实务 [M]．武汉：华中科技大学出版社，2021.

[2] 冉广仁．汽车服务企业管理 [M]．北京：北京理工大学出版社，2021.

[3] 王忠良．汽车服务企业管理 [M]．北京：高等教育出版社，2019.

[4] 胡寒玲．汽车服务企业管理 [M]．北京：化学工业出版社，2020.

[5] 应建明．汽车服务企业管理 [M]．2 版．北京：人民交通出版社股份有限公司，2021.

[6] 周洪如，卞荣花．汽车服务企业管理 [M]．2 版．北京：北京理工大学出版社，2019.

[7] 阎岩．汽车服务企业管理 [M]．2 版．北京：机械工业出版社，2023.

[8] 李杰，牛雅丽．汽车服务企业客户关系管理 [M]．北京：机械工业出版社，2022.

[9] 赵计平，金明．汽车售后服务企业经营与管理 [M]．3 版．北京：机械工业出版社，2022.

[10] 许兆棠．汽车服务企业管理 [M]．2 版．北京：机械工业出版社，2022.